[Wissen für die Praxis]

Hans-Peter Welte

Drittstaatsangehörige:

Familiennachzug

Bleiberechte

Praxis-Handbuch zum Zuwanderungsrecht
mit Brexit-Folgen

2., aktualisierte Auflage

WALHALLA

Bibliografische Information der Deutschen Nationalbibliothek
Die Deutsche Nationalbibliothek verzeichnet diese Publikation in der Deutschen
Nationalbibliografie; detaillierte bibliografische Daten sind im Internet über
http://dnb.dnb.de abrufbar.

Zitiervorschlag:
Hans-Peter Welte, Drittstaatsangehörige: Familiennachzug Bleiberechte
Walhalla Fachverlag, Regensburg 2017, 2. Aufl.

Hinweis: Unsere Werke sind stets bemüht, Sie nach bestem Wissen zu informieren.
Alle Angaben in diesem Buch sind sorgfältig zusammengetragen und geprüft. Durch
Neuerungen in der Gesetzgebung, Rechtsprechung sowie durch den Zeitablauf ergeben
sich zwangsläufig Änderungen. Bitte haben Sie deshalb Verständnis dafür, dass wir für die
Vollständigkeit und Richtigkeit des Inhalts keine Haftung übernehmen.
Bearbeitungsstand: April 2017

2., aktualisierte Auflage
© Walhalla u. Praetoria Verlag GmbH & Co. KG, Regensburg
Produktion: Walhalla Fachverlag, 93042 Regensburg
Printed in Germany
ISBN 978-3-8029-1892-6

Schnellübersicht

Vorwort zur 2. Auflage   15

Abkürzungsverzeichnis   17

Aufenthalt aus familiären Gründen   27   I

Aufenthaltsrecht für Familienangehörige nach dem
ARB 1/80   213   II

Famillienfreizügigkeit nach Unionsrecht   225   III

Literaturverzeichnis   251   IV

Stichwortverzeichnis   257   V

Gesamtinhalt

Vorwort zur 2. Auflage 15

Abkürzungsverzeichnis 17

I.   **Aufenthalt aus familiären Gründen** 27

1   Nachzugsvoraussetzungen nach dem
Aufenthaltsgesetz 33

1.   Allgemeines 33

2.   Kategorien des Familiennachzugs.................................... 35

3.   Anwendungsbereich 35

3.1   Familiennachzugsregelungen... 35

3.2   Drittstaatsangehörige, Unionsbürger, Brexit................. 36

4.   Aufenthaltszweck.. 37

5.   Voraussetzungen für die Erteilung eines
Aufenthaltstitels... 39

5.1   Sperrwirkungen, Ausschlusstatbestände 39

5.2   Allgemeine und spezielle Erteilungsvoraussetzungen.... 40

5.3   Einhaltung der Visumpflicht – Zwingende
Voraussetzung 42

5.4   Sicherstellung des Lebensunterhalts – Voraussetzung
im Regelfall 52

5.5   Nichtbestehen eines Ausweisungsinteresses –
Voraussetzung im Regelfall... 55

5.6   Beeinträchtigung oder Gefährdung sonstiger
Interessen der Bundesrepublik.. 59

5.7   Einhaltung der Passpflicht – Voraussetzung im
Regelfall 60

5.8   Schutz der Sicherheit der Bundesrepublik Deutschland
– Zwingende Voraussetzung 61

6.   Erteilung einer Aufenthaltserlaubnis nach der Einreise.. 61

7.   Bedingungen und Auflagen zur Aufenthaltserlaubnis... 62

8.   Wohnsitzregelung... 64

9.	Ausübung einer Erwerbstätigkeit durch Familienangehörige – Nebenbestimmung	69
2	Familienzusammenführung nach dem Aufenthaltsgesetz	71
1.	Allgemeine Voraussetzungen für die Familienzusammenführung	71
2.	Begriff des Familiennachzugs	71
3.	Grundtatbestand für den Familiennachzug	72
4.	Familiäre Zweck- und Zwangsgemeinschaften	74
4.1	Ausschlusstatbestand	74
4.2	Täuschung	75
4.3	Scheinehe	76
4.4	Zwangsverheiratung	79
5.	Versagungsermessen	82
6.	Familiennachzug nach erfolglosem Asylantrag	83
7.	Befristung der Aufenthaltserlaubnis zum Zweck des Familiennachzugs	85
3	Familiennachzug zu Deutschen	86
1.	Allgemeines	86
2.	Rechtsanspruch auf Familiennachzug zu Deutschen	88
3.	Ehegattennachzug zu Deutschen	90
3.1	Eheliche Lebensgemeinschaft	90
3.2	Mindestalter und Spracherfordernis	94
4.	Nachzug eines ausländischen minderjährigen Kindes eines Deutschen	95
4.1	Nachzugsanspruch	95
4.2	Missbräuchliche Vaterschaftsanerkennung	96
5.	Nachzug des sorgeberechtigten Elternteils eines minderjährigen ledigen Deutschen	97
6.	Sicherstellung des Lebensunterhalts	99
6.1	Sicherstellung des Lebensunterhalts beim Ehegattennachzug	99

6.2 Sicherstellung des Lebensunterhalts beim Nachzug zu minderjährigen ledigen Bezugspersonen 101

7. Nachzug des nichtsorgeberechtigten Elternteils eines minderjährigen ledigen Deutschen 103

7.1 Gelebte Gemeinschaft und Kindeswohl 103

7.2 Sicherstellung des Lebensunterhalts 109

8. EU-Nichtverlassensfälle 110

9. Verlängerung der Aufenthaltserlaubnis 113

9.1 Erstmalige Erteilung und Verlängerung 113

9.2 Sicherstellung des Lebensunterhalts bei der Verlängerung der Aufenthaltserlaubnis 113

10. Erteilung einer Niederlassungserlaubnis für Familienangehörige von Deutschen 114

11. Aufenthaltsrecht für Elternteile 117

12. Eigenständiges Aufenthaltsrecht 117

13. Sonstige Familienangehörige 118

14. Ausübung einer Erwerbstätigkeit 118

4 Familiennachzug zu Ausländern 119

1. Allgemeine Nachzugsvoraussetzungen 119

2. Aufenthaltsrecht der Bezugsperson bzw. des Stammberechtigten im Bundesgebiet 121

3. Ausreichender Wohnraum beim Nachzug zu Ausländern 123

4. Beschränkung und Ausschluss des Familiennachzugs 124

5 Ehegattennachzug – Nachzug bei eingetragener Lebenspartnerschaft 126

1. Allgemeines 126

2. Vorliegen einer ehelichen Lebensgemeinschaft 129

3. Anspruch auf Erteilung einer Aufenthaltserlaubnis zum Zweck des Ehegattennachzugs 133

3.1 Allgemeines 133

3.2 Mindestalter 134

3.3 Spracherfordernis 134

3.4 Spracherfordernis bei türkischen
Assoziationsberechtigten 139

3.5 Ausnahmen vom Mindestalter und Spracherfordernis ... 140

4. Anspruchsgruppen 145

5. Ehegattennachzug im Ermessenswege 149

6. Verlängerung der Aufenthaltserlaubnis 151

7. Eingetragene Lebenspartnerschaft 152

8. Verlängerung der Aufenthaltserlaubnis,
Niederlassungserlaubnis 153

9. Doppel- und Mehrehen 154

6 Kindernachzug zu den Eltern oder dem Elternteil 156

1. Allgemeines 156

2. Begriff des allein personensorgeberechtigten
Elternteils 159

3. Vaterschaftsanerkenntnis – Verfahren 159

4. Feststellung der Anspruchsvoraussetzungen 160

5. Nachzugsberechtigung des Kindes zu bestimmten
Bezugspersonen 164

6. Nachzugsanspruch des minderjährigen ledigen Kindes . 165

7. Nachzugsbeschränkung bei minderjährigen ledigen
Kindern nach Vollendung des 16. Lebensjahres 167

8. Regelanspruch bei gemeinsamem Sorgerecht 169

9. Ermessenserteilung in besonderen Härtefällen 170

10. Kindernachzug – Geburt eines Kindes im Bundesgebiet 172

10.1 Allgemeines 172

10.2 Ermessenserteilung 174

10.3 Anspruchserteilung 175

10.4 Eintritt der Rechtmäßigkeitsfiktion bei der Geburt 175

11. Verlängerung der Aufenthaltserlaubnis 176

7 Nachzug der Eltern und sonstiger Familienangehöriger zur Vermeidung einer außergewöhnlichen Härte........... 177

1. Elternnachzug zu unbegleiteten Flüchtlingskindern und Resettlement-Flüchtlingen................................ 177

2. Nachzug zur Vermeidung einer außergewöhnlichen Härte.. 179

3. Ermessensausübung....................................... 185

4. Verlängerung der Aufenthaltserlaubnis........................ 185

8 Eigenständiges Aufenthaltsrecht der Familienangehörigen... 186

1. Allgemeines.. 186

2. Eigenständiges Aufenthaltsrecht für Ehegatten und Lebenspartner.. 188

2.1 Verselbstständigung des Aufenthaltsrechts des Ehegatten und Lebenspartners............................... 188

2.2 Beisammensein der Ehegatten in einer gemeinsamen Wohnung... 189

2.3 Prüfungskriterien hinsichtlich des Bestehens einer ehelichen Lebensgemeinschaft............................. 190

3. Ausschluss der Erlangung eines eigenständigen Aufenthaltsrechts... 193

4. Eigenständiges Aufenthaltsrecht zur Vermeidung einer besonderen Härte... 195

5. Ausübung einer Erwerbstätigkeit............................. 199

6. Verlängerung der Aufenthaltserlaubnis........................ 199

7. Erteilung einer Niederlassungserlaubnis...................... 201

8. Eigenständiges Aufenthaltsrecht für nachgezogene und im Bundesgebiet geborene Kinder.......................... 202

8.1 Begünstigter Personenkreis................................ 202

8.2 Verlängerung der Aufenthaltserlaubnis nach Erlangung eines eigenständigen Aufenthaltsrechts....... 202

9. Erlangung eines eigenständigen Aufenthaltsrechts im Adoptionsverfahren.. 204

9	Niederlassungserlaubnis für nachgezogene Kinder	205
1.	Niederlassungserlaubnis für 16-jährige Ausländer	205
2.	Dauer des Besitzes einer Aufenthaltserlaubnis	205
3.	Niederlassungserlaubnis für volljährige Ausländer	206
3.1	Ausreichende Deutschkenntnisse	207
3.2	Integrative Vorleistungen	207
4.	Ausschluss eines Anspruchs	208
4.1	Auf dem persönlichen Verhalten beruhendes Ausweisungsinteresse	208
4.2	Verurteilung in den letzten drei Jahren	209
5.	Niederlassungserlaubnis oder Aufenthaltserlaubnis im Ermessenswege	210
6.	Erleichterte Erteilung bei Krankheit oder Behinderung.	210
7.	Aufenthaltserlaubnis für den Ehegatten, den Lebenspartner oder minderjährige ledige Kinder von gut integrierten Ausländern	211
8.	Aufenthaltserlaubnis für den Ehegatten, den Lebenspartner oder minderjährige ledige Kinder von nachhaltig integrierten Ausländern	212
II.	**Aufenthaltsrecht für Familienangehörige nach dem ARB 1/80**	**213**
1	Anwendungsvorrang	214
2	Bescheinigung des materiellen Aufenthaltsrechts	214
3	Aufenthaltsrecht nach Art. 7 Satz 1 ARB 1/80	215
1.	Begünstigter Personenkreis	215
2.	Beschäftigungsrecht	218
3.	Art. 7 Satz 1 erster Spiegelstrich ARB 1/80	218
4.	Art. 7 Satz 1 zweiter Spiegelstrich ARB 1/80	219
4	Verlust des Assoziationsrechts	220
5	Eigenständiges Aufenthaltsrecht von Ehegatten	222
6	Aufenthaltsrecht nach Art. 7 Satz 2 ARB 1/80	223

III. Familienfreizügigkeit nach Unionsrecht **225**

1   Familiennachzug von Familienangehörigen zu
     drittstaatsangehörigen Unionsbürgern 226

1.   Allgemeines 226

2.   Begriff des Familienangehörigen 229

3.   Visumpflicht von drittstaatsangehörigen
     Familienmitgliedern eines Unionsbürgers 230

4.   Einreise- und Aufenthaltsrecht drittstaatsangehöriger
     Familienangehöriger 237

5.   Rückkehrer-Fälle 239

6.   Elterliche Sorge für ein Kind 244

7.   Ausstellung einer Aufenthaltskarte 244

2   Bleiberecht der drittstaatsangehörigen
     Familienangehörigen 245

3   Einreise- und Aufenthaltsverbot für
     Familienangehörige von Unionsbürgern 248

Literaturverzeichnis 251

Stichwortverzeichnis 257

Vorwort zur 2. Auflage

Der Gesetzgeber sah sich vor allem wegen der Flüchtlingswelle zu mannigfachen und weitreichenden Änderungen im Ausländer- und Asylrecht veranlasst. So sind seit der ersten Auflage des Buches insbesondere das Integrationsgesetz, das Gesetz zur Einführung beschleunigter Asylverfahren und das Gesetz zur erleichterten Ausweisung von straffälligen Ausländern (Asylpaket II), das Asylverfahrensbeschleunigungsgesetz (Asylpaket I) und das Gesetz zur Neubestimmung des Bleiberechts und der Aufenthaltsbeendigung in Kraft getreten.

Daher entstand auf dem Gebiet des Ausländer- und Asylrechts im Bereich des Familiennachzugs ein umfangreicher Aktualisierungsbedarf, dem in der zweiten Auflage des Praxishandbuchs Rechnung getragen wird.

So gilt die neue Wohnsitzregelung, die einer sozialverantwortlichen Steuerung der Integration dienen soll, auch für Familienangehörige der Schutzberechtigten. Hinsichtlich des Spracherfordernisses beim Ehegattennachzug ist in Anpassung an die Rechtsprechung eine Härteklausel eingeführt worden.

Ein Bleiberecht für Familienangehörige von gut bzw. nachhaltig integrierten Ausländern wurde normiert und zugleich der Ausschluss des Familiennachzugs gelockert. Die Umstellung der Ausweisungsgründe in ein schwer- und besonders schwerwiegendes Ausweisungsinteresse hat einen Änderungsbedarf in unterschiedlichen Bereichen des Familiennachzugs auch deswegen bewirkt, weil Sozialhilfebedürftigkeit und längerfristige Obdachlosigkeit nicht mehr für die Ausweisung, sondern nur noch hinsichtlich der Sicherung des Lebensunterhalts relevant sind.

Am 29. März 2017 hat das Vereinigte Königreich die Erklärung über den Austritt aus der EU nach Art. 50 EUV abgegeben. Sofern sich nicht alle 27 EU-Mitgliedstaaten (einschl. einiger Regionalparlamente) und das EU-Parlament auf eine neues Vertragsverhältnis (oder eine Fristverlängerung) einigen, ist das Vereinigte Königreich zwei Jahre später ein Drittstaat im Verhältnis zur Europäischen Union und deren Mitgliedstaaten.

Vor diesem Hintergrund zeigt das aktualisierte Praxishandbuch grundlegende rechtliche Neuerungen im Familiennachzugsbereich auf und legt den Schwerpunkt auf wesentliche Anwendungsfragen.

Dr. Hans-Peter Welte

Hinweis:

Dieses Praxishandbuch behandelt Themen und Fallkonstellationen im Bereich der Familienzusammenführung sowohl von Ausländerinnen wie auch von Ausländern. Die im Buchtext verwendeten männlichen Bezeichnungen dienen lediglich der Vereinfachung und besseren Lesbarkeit und lassen daher nicht auf eine Begrenzung des begünstigten Personenkreises beim Familiennachzug schließen.

Abkürzungsverzeichnis

AA	Auswärtiges Amt
a. A.	anderer Auffassung
AAH	Allgemeine Anwendungshinweise
a. a. O.	am angegebenen Ort
ABl. EU	Amtsblatt (der Europäischen Union)
Abs.	Absatz
Abschn.	Abschnitt
ADS	Antidiskriminierungsstelle des Bundes
AdÜbAG	Adoptionsübereinkommens-Ausführungsgesetz vom 5.11.2001 (BGBl. I S. 2950)
AEUV	Vertrag über die Arbeitsweise der Europäischen Union
a. F.	Alte Fassung
AGG	Allgemeines Gleichbehandlungsgesetz
AIDS	Acquired Immune Deficiency Syndrome
ALG II	Arbeitslosengeld II
Amtl.	Amtliche
ANBA	Amtliche Nachrichten der Bundesagentur für Arbeit
Anh.	Anhang
Anm.	Anmerkung
APS	Akademische Prüfstelle
ARB 1/80	Beschluss Nr. 1/80 des Assoziationsrats EWG-Türkei über die Entwicklung der Assoziation (ANBA 1981, 4)
ArGV	Verordnung über die Arbeitsgenehmigung für ausländische Arbeitnehmer (Arbeitsgenehmigungsverordnung)
Art.	Artikel
AS	Amtliche Sammlung
ASAV	Verordnung über Ausnahmeregelungen für die Erteilung einer Arbeitserlaubnis an neueinreisende ausländische Arbeitnehmer (Anwerbestopp-Ausnahmeverordnung)
AsylbLG	Asylbewerberleistungsgesetz
AsylG	Asylgesetz
AsylZBV	Asylzuständigkeitsbestimmungsverordnung
AuAS	Ausländer- und Asylrecht Schnellbrief (Fachzeitschrift)
AufenthG	Aufenthaltsgesetz

AufenthV	Aufenthaltsverordnung
Aufl.	Auflage
AuslG	Ausländergesetz
AuslR	Ausländerrecht
AV	Amsterdamer Vertrag
AZR	Ausländerzentralregister
AZRG	Gesetz über das Ausländerzentralregister
BA	Bundesagentur für Arbeit
BAföG	Bundesausbildungsförderungsgesetz
BAMF	Bundesamt für Migration und Flüchtlinge
BAnz.	Bundesanzeiger
Bay.	Bayerisches
B-Bbg.	Berlin-Brandenburg
BDSG	Bundesdatenschutzgesetz
Bek.	Bekanntmachung
ber.	berichtigt
Beschl.	Beschluss
BeschV	Beschäftigungsverordnung
BGB	Bürgerliches Gesetzbuch
BGBl. I oder II	Bundesgesetzblatt Teil I oder Teil II
BGH	Bundesgerichtshof
BKAG	Bundeskriminalamtgesetz
BMI	Bundesministerium des Innern
BMZ	Bundesministerium für wirtschaftliche Zusammenarbeit und Entwicklung
BPA-Bull.	Bulletin des Presse- und Informationsamtes der Bundesregierung
BR	Bundesrat
BR-Drucks.	Drucksache des Bundesrates
BSG	Bundessozialgericht
BT	Bundestag
BT-Drucks.	Drucksache des Bundestages
BtMG	Betäubungsmittelgesetz
BVA	Bundesverwaltungsamt
BVerfG	Bundesverfassungsgericht
BVerfSchG	Bundesverfassungsschutzgesetz
BVerwG	Bundesverwaltungsgericht
BVFG	Bundesvertriebenengesetz
BW	Baden-Württemberg
BZR	Bundeszentralregister

BZRG	Gesetz über das Zentralregister und das Erziehungsregister (Bundeszentralregistergesetz)
bzw.	beziehungsweise
DA	Dienstanweisung für die Standesbeamten
DaueraufenthaltRL/	Richtlinie 2003/109/EG des Rates v. 25.11.2003
EU	betreffend die Rechtsstellung langfristig aufenthaltsberechtigter Drittstaatsangehöriger (ABl. EU 2004 Nr. L 16 S. 44)
dergl.	dergleichen
d. h.	das heißt
DIHK	Deutscher Industrie- und Handelskammertag
DITIB	Türkisch-Islamische Union der Anstalt für Religionen e.V.
DÖV	Die öffentliche Verwaltung (Fachzeitschrift)
DÜ	Dubliner Übereinkommen
DVBl.	Deutsches Verwaltungsblatt (Fachzeitschrift)
ECRI	Europäische Kommission gegen Rassismus und Intoleranz
EEA	Einheitliche Europäische Akte
EFA	Europäisches Fürsorgeabkommen vom 11.12.1953 (BGBl. II 1956, S. 563; 1958, S. 18)
EFF	Europäischer Flüchtlingsfonds
EG	Europäische Gemeinschaft
EGGVG	Einführungsgesetz zum Gerichtsverfassungsgesetz
EGMR	Europäischer Gerichtshof für Menschenrechte
EheG	Ehegesetz
EMA	Europa-Mittelmeer-Abkommmen
EMRK	Konvention zum Schutze der Menschenrechte und Grundfreiheiten vom 4.11.1950 (BGBl. 1952 II S. 686)
ENA	Europäisches Niederlassungsabkommen vom 13.9.1955 (Gesetz vom 13.9.1959, BGBl. II S. 997), in Kraft seit 23.2.1965 (Bekanntmachung vom 30.7.1965, BGBl. II S. 1099)
EP	Europäisches Parlament
ERF	Europäischer Rückkehrfonds
ESF	Europäischer Sozialfonds
EU	Europäische Union
EuGH	Gerichtshof der Europäischen Gemeinschaften

EU-RL-UG	Gesetz zur Umsetzung aufenthalts- und asyl-rechtlicher Richtlinien der Europäischen Union v. 19.8.2007 (BGBl. I S. 1970); es ist in weiten Teilen am 28.8.2007 in Kraft getreten (auch RL-UG)
EUV	Vertrag über die Europäische Union vom 7.2.1992
EUVisumVO	Verordnung (EG) Nr. 539/2001
EWR	Europäischer Wirtschaftsraum
EWR-Abkommen	Abkommen über den Europäischen Wirtschafts-raum vom 2.5.1992 (BGBl. II 1993 S. 267) in der Fassung des Anpassungs-Protokolls vom 17.3.1993 (BGBl. II S. 1294)
EZAR	Entscheidungssammlung zum Ausländer- und Asylrecht
f.	folgende
ff.	die folgenden
FamFG	Gesetz über das Verfahren in Familiensachen und in den Angelegenheiten der freiwilligen Gerichtsbarkeit
FamiliennachzugRL/EU	Richtlinie 2003/86/EG des Rates v. 22.9.2003 betreffend das Recht auf Familienzusammen-führung (ABl. EU Nr. L 251 S. 12)
FamRZ	Ehe und Familie im privaten und öffentlichen Recht. Zeitschrift für das gesamte Familienrecht
FEVG	Gesetz über das gerichtliche Verfahren bei Frei-heitsentziehungen
ForscherRL/EU	Richtlinie 2005/71/EG des Rates v. 12.10.2005 über ein besonderes Zulassungsverfahren für Drittstaatsangehörige zum Zwecke der wissen-schaftlichen Forschung (ABl. EU Nr. L 289 S. 15)
FuR	Familie und Recht (Fachzeitschrift)
Fn.	Fußnote
FreizügG/EU	Freizügigkeitsgesetz/EU
FreizügRL/EU	Richtlinie 2004/38/EG des Europäischen Par-laments und des Rates über das Recht der Unionsbürger und ihrer Familienangehörigen, sich im Hoheitsgebiet der Mitgliedstaaten frei zu bewegen und aufzuhalten v. 29.4.2004 (ABl. EU Nr. L 158 S. 77; ber. ABl. L 229 S. 35)
GBl.	Gesetzblatt
GCIM	Global Commission on Migration

GER	Gemeinsamer Europäischer Referenzrahmen für Sprache
Ges.	Gesetz
GewArch	Gewerbe Archiv (Fachzeitschrift)
GG	Grundgesetz für die Bundesrepublik Deutschland
ggf.	gegebenenfalls
GK (GFK)	Abkommen über die Rechtsstellung der Flüchtlinge vom 28.7.1951 (BGBl. II 1953 S. 559) i. d. F. vom 31.1.1967 (BGBl. II 1969 S. 1293, 1970 II S. 194)
GK-Asylrecht	Gemeinschaftskommentar Asylrecht
GMBl.	Gemeinsames Ministerialblatt
GRCh	Grundrechtscharta der EU
GUS	Gemeinschaft unabhängiger Staaten
HAG	Gesetz über die Rechtsstellung heimatloser Ausländer im Bundesgebiet
Hamb.	Hamburgisches
Hess.	Hessischer
i. d. F.	in der Fassung
i. e. S.	im engeren Sinne
IGC	Intergovernmental Consultations on Migration, Asylum and Refugees
IM	Innenministerium
IMK	Innenministerkonferenz/Konferenz der Innenminister und /-senatoren
InfAuslR	Informationsbrief Ausländerrecht (Fachzeitschrift)
INPOL	Polizeiliches Informationssystem
IntG	Integrationsgesetz v. 31.7.2016 (BGBl. I S. 1939)
IntV	Integrationskursverordnung
IRG	Gesetz über die internationale Rechtshilfe in Strafsachen
i. S. d.	im Sinne des
i. S. v.	im Sinne von
i. V. m.	in Verbindung mit
i. w. S.	im weiteren Sinne
JA	Juristische Arbeitsblätter
JGG	Jugendgerichtsgesetz

JR	Juristische Rundschau
JUS	Juristische Schulung
JVA	Justizvollzugsanstalt
JZ	Juristenzeitung
Kap.	Kapitel
KindRG	Gesetz zur Reform des Kindschaftsrechts (Kind-schaftsrechtsreformgesetz) v. 16.12.1997 (BGBl. I S. 2942, ber. S. 946)
Komm.	Kommentar
KMK	Kultusministerkonferenz
KOM	(EU-)Kommission
KRK	UN-Kinderrechtskonvention
L	Leitsatz
LG	Landgericht
LPartG	Lebenspartnerschaftsgesetz
LSG	Landessozialgericht
MDR	Monatsschrift für deutsches Recht
m. E.	meines Erachtens
MEB	Migrationserstberatung
MOE	Mittel-/Osteuropa
MiStra	Anordnung über Mitteilungen in Strafsachen
MSÜ	Übereinkommen über die Zuständigkeit der Be-hörden und das anzuwendende Recht auf dem Gebiet des Schutzes von Minderjährigen vom 5.10.1961 (BGBl. II 1971, S. 219). In Kraft getreten gemäß Bekanntmachung vom 11.10.1971 (BGBl. II S. 1150) mit Wirkung vom 17.9.1971
MV	Mecklenburg-Vorpommern
m. w. N.	mit weiteren Nachweisen
NAK	Niederlassungsabkommen
NATO	Nordatlantikpakt
n. F.	neue Fassung
NJW	Neue Juristische Wochenschrift (Fachzeitschrift)
Nr.	Nummer
NTS	NATO-Truppenstatut
NStZ	Neue Zeitschrift für Strafrecht
NV	Niederlassungsvertrag

NVwZ	Neue Zeitschrift für Verwaltungsrecht (Fachzeitschrift)
NVwZ-RR	NVwZ-Rechtsprechungs-Report Verwaltungsrecht
NW	Nordrhein-Westfalen
OECD	Organisation for Economic Co-operation and Development (Organisation für wirtschaftliche Zusammenarbeit und Entwicklung)
o. g.	oben genannte
OK	Organisierte Kriminalität
OLG	Oberlandesgericht
OpferschutzRL/EU	Richtlinie 2004/81/EG v. 29.4.2004 über die Erteilung von Aufenthaltstiteln für Drittstaatsangehörige, die Opfer des Menschenhandels sind oder denen Beihilfe zur illegalen Einwanderung geleistet wurde und die mit den zuständigen Behörden kooperieren (ABl. EU Nr. L 261 S. 19)
OVG	Oberverwaltungsgericht
OWi	Ordnungswidrigkeit
OWiG	Gesetz über Ordnungswidrigkeiten
PassG	Passgesetz
PKS	Polizeiliche Kriminalstatistik
PolG	Polizeigesetz
QRL	Qualifikationsrichtlinie, Richtlinie 2011/95/EU des Europäischen Parlaments und des Rates v. 13.12.2011 über Normen für die Anerkennung von Drittstaatsangehörigen oder Staatenlosen als Personen mit Anspruch auf internationalen Schutz, für einen einheitlichen Status für Flüchtlinge oder für Personen mit Anrecht auf subsidiären Schutz und für den Inhalt des zu gewährenden Schutzes (ABl. EU Nr. L 337 S. 9)
RdSchr.	Rundschreiben
REAG/GARP	Reintegration and Emigration Programme for Asylum-Seekers in Germany (REAG)/Government Assisted Repatriation Programme (GARG)
Reg. Präs.	Regierungspräsidium

RFRL	Richtlinie 2008/115/EG des Europäischen Parlaments und des Rates v. 16.12.2008 über gemeinsame Normen und Verfahren in den Mitgliedstaaten zur Rückführung illegal aufhältiger Drittstaatsangehöriger – Rückführungsrichtlinie – (ABl. EG 2008 Nr. L 348, S. 98)
RGBl.	Reichsgesetzblatt
RL	Richtlinie
RL-UG	Gesetz zur Umsetzung aufenthalts- und asylrechtlicher Richtlinien der Europäischen Union v. 19.8.2007 (BGBl. I S. 1970); es ist in weiten Teilen am 28.8.2007 in Kraft getreten (auch EU-RL-UG)
RP	Rheinland-Pfalz
Rn.	Randnummer
SDÜ	Übereinkommen zur Durchführung des Übereinkommens von Schengen vom 14.6.1985 (Schengener Durchführungsübereinkommen) vom 19.6.1990 (BGBl. II 1993 S. 1010, 1013)
SGB (I–XII)	Sozialgesetzbuch (Erstes bis Zwölftes Buch)
SGG	Sozialgerichtsgesetz
SGK	Verordnung (EG) Nr. 562/2006 des Europäischen Parlaments und des Rates über einen Gemeinschaftskodex für das Überschreiten der Grenzen durch Personen (Schengener Grenzkodex) v. 15.3.2006 (ABl. EU L 105 S. 1)
SIS	Schengener Informationssystem
sog.	sogenannte, sogenannter
StAG	Staatsangehörigkeitsgesetz
StGB	Strafgesetzbuch
StGH	Staatsgerichtshof
StlÜbk.	Übereinkommen über die Rechtsstellung der Staatenlosen (Staatenlosenübereinkommen) vom 28.9.1954 (Gesetz v. 12.4.1976, BGBl. II S. 473), in Kraft getreten am 24.1.1977 (Bekanntmachung v. 10.2.1977, BGBl. II S. 235)
StPO	Strafprozessordnung
st. Rspr.	ständige Rechtsprechung

StudentenRL/EU	Richtlinie 2004/114/EG des Rates v. 13.12.2004 über die Bedingungen über die Zulassung von Drittstaatsangehörigen zwecks Absolvierung eines Studiums oder Teilnahme an einem Schüleraustausch einer unbezahlten Ausbildungsmaßnahme oder einem Freiwilligendienst (ABl. EU Nr. L 375 S. 12)
StV	Strafverteidiger
türk.	türkisches
UNCHR	United Nations High Commissioner for Refugees
UNICEF	Kinderhilfswerk der Vereinten Nationen
UNMIK	United Nations Interim Administration Mission in Kosovo
Urt.	Urteil
USA	Vereinigte Staaten von Amerika
usw.	und so weiter
u. U.	unter Umständen
VBl.	Verwaltungsblatt
VBlBW	Verwaltungsblätter Baden-Württemberg (Fachzeitschrift)
VerfGH	Verfassungsgerichtshof
VerwArch	Verwaltungsarchiv (Fachzeitschrift)
VG	Verwaltungsgericht
VGH	Verwaltungsgerichtshof
vgl.	vergleiche
VO	Verordnung
VwGO	Verwaltungsgerichtsordnung
(L)VwVfG	(Landes-)Verwaltungsverfahrensgesetz
VwKostG	Verwaltungskostengesetz
VwVG	Verwaltungsvollstreckungsgesetz
VwZG	Verwaltungszustellungsgesetz
ZA	Zusatzabkommen
ZAR	Zeitschrift für Ausländerrecht und Ausländerpolitik (Fachzeitschrift)
z. B.	zum Beispiel
Ziff.	Ziffer
ZIRF	Zentralstelle für Informationsvermittlung zur Rückkehrförderung beim BAMF

ZP	Zusatzprotokoll
ZPO	Zivilprozessordnung
ZRP	Zeitschrift für Rechtspolitik
ZSchG	Zeugenschutzgesetz
ZSHG	Zeugenschutz-Harmonisierungsgesetz
ZStW	Zeitschrift für die gesamten Strafrechtswissenschaften
ZuwG	Zuwanderungsgesetz, Gesetz zur Steuerung und Begrenzung der Zuwanderung und zur Regelung des Aufenthalts und der Integration von Unionsbürgern und Ausländern
ZWSt	Zentralwohlfahrtsstelle der Juden in Deutschland

I. Aufenthalt aus familiären Gründen

1 Nachzugsvoraussetzungen nach dem
Aufenthaltsgesetz 33

1. Allgemeines 33

2. Kategorien des Familiennachzugs 35

3. Anwendungsbereich 35

3.1 Familiennachzugsregelungen 35

3.2 Drittstaatsangehörige, Unionsbürger, Brexit 36

4. Aufenthaltszweck 37

5. Voraussetzungen für die Erteilung eines
Aufenthaltstitels 39

5.1 Sperrwirkungen, Ausschlusstatbestände 39

5.2 Allgemeine und spezielle Erteilungsvoraussetzungen... 40

5.3 Einhaltung der Visumpflicht – Zwingende
Voraussetzung 42

5.4 Sicherstellung des Lebensunterhalts – Voraussetzung
im Regelfall 52

5.5 Nichtbestehen eines Ausweisungsinteresses –
Voraussetzung im Regelfall 55

5.6 Beeinträchtigung oder Gefährdung sonstiger
Interessen der Bundesrepublik 59

5.7 Einhaltung der Passpflicht – Voraussetzung im
Regelfall 60

5.8 Schutz der Sicherheit der Bundesrepublik Deutschland
– Zwingende Voraussetzung 61

6. Erteilung einer Aufenthaltserlaubnis nach der Einreise.. 61

7. Bedingungen und Auflagen zur Aufenthaltserlaubnis... 62

8. Wohnsitzregelung 64

9. Ausübung einer Erwerbstätigkeit durch
Familienangehörige – Nebenbestimmung 69

2 Familienzusammenführung nach dem
Aufenthaltsgesetz 71

1. Allgemeine Voraussetzungen für die
Familienzusammenführung 71

2. Begriff des Familiennachzugs 71

3. Grundtatbestand für den Familiennachzug 72

4. Familiäre Zweck- und Zwangsgemeinschaften 74

4.1 Ausschlusstatbestand 74

4.2 Täuschung 75

4.3 Scheinehe 76

4.4 Zwangsverheiratung 79

5. Versagungsermessen 82

6. Familiennachzug nach erfolglosem Asylantrag 83

7. Befristung der Aufenthaltserlaubnis zum Zweck des
Familiennachzugs 85

3 Familiennachzug zu Deutschen 86

1. Allgemeines 86

2. Rechtsanspruch auf Familiennachzug zu Deutschen 88

3. Ehegattennachzug zu Deutschen 90

3.1 Eheliche Lebensgemeinschaft 90

3.2 Mindestalter und Spracherfordernis 94

4. Nachzug eines ausländischen minderjährigen Kindes
eines Deutschen 95

4.1 Nachzugsanspruch 95

4.2 Missbräuchliche Vaterschaftsanerkennung 96

5. Nachzug des sorgeberechtigten Elternteils eines
minderjährigen ledigen Deutschen 97

6. Sicherstellung des Lebensunterhalts 99

6.1 Sicherstellung des Lebensunterhalts beim
Ehegattennachzug 99

6.2 Sicherstellung des Lebensunterhalts beim Nachzug zu
minderjährigen ledigen Bezugspersonen 101

7.	Nachzug des nichtsorgeberechtigten Elternteils eines minderjährigen ledigen Deutschen	103
7.1	Gelebte Gemeinschaft und Kindeswohl	103
7.2	Sicherstellung des Lebensunterhalts	109
8.	EU-Nichtverlassensfälle	110
9.	Verlängerung der Aufenthaltserlaubnis	113
9.1	Erstmalige Erteilung und Verlängerung	113
9.2	Sicherstellung des Lebensunterhalts bei der Verlängerung der Aufenthaltserlaubnis	113
10.	Erteilung einer Niederlassungserlaubnis für Familienangehörige von Deutschen	114
11.	Aufenthaltsrecht für Elternteile	117
12.	Eigenständiges Aufenthaltsrecht	117
13.	Sonstige Familienangehörige	118
14.	Ausübung einer Erwerbstätigkeit	118
4	Familiennachzug zu Ausländern	119
1.	Allgemeine Nachzugsvoraussetzungen	119
2.	Aufenthaltsrecht der Bezugsperson bzw. des Stammberechtigten im Bundesgebiet	121
3.	Ausreichender Wohnraum beim Nachzug zu Ausländern	123
4.	Beschränkung und Ausschluss des Familiennachzugs	124
5	Ehegattennachzug – Nachzug bei eingetragener Lebenspartnerschaft	126
1.	Allgemeines	126
2.	Vorliegen einer ehelichen Lebensgemeinschaft	129
3.	Anspruch auf Erteilung einer Aufenthaltserlaubnis zum Zweck des Ehegattennachzugs	133
3.1	Allgemeines	133
3.2	Mindestalter	134
3.3	Spracherfordernis	134

3.4 Spracherfordernis bei türkischen
Assoziationsberechtigten 139

3.5 Ausnahmen vom Mindestalter und Spracherfordernis... 140

4. Anspruchsgruppen 145

5. Ehegattennachzug im Ermessenswege 149

6. Verlängerung der Aufenthaltserlaubnis......................... 151

7. Eingetragene Lebenspartnerschaft 152

8. Verlängerung der Aufenthaltserlaubnis,
Niederlassungserlaubnis 153

9. Doppel- und Mehrehen 154

6 Kindernachzug zu den Eltern oder dem Elternteil 156

1. Allgemeines 156

2. Begriff des allein personensorgeberechtigten
Elternteils 159

3. Vaterschaftsanerkenntnis – Verfahren 159

4. Feststellung der Anspruchsvoraussetzungen................. 160

5. Nachzugsberechtigung des Kindes zu bestimmten
Bezugspersonen 164

6. Nachzugsanspruch des minderjährigen ledigen Kindes . 165

7. Nachzugsbeschränkung bei minderjährigen ledigen
Kindern nach Vollendung des 16. Lebensjahres 167

8. Regelanspruch bei gemeinsamem Sorgerecht............... 169

9. Ermessenserteilung in besonderen Härtefällen.............. 170

10. Kindernachzug – Geburt eines Kindes im Bundesgebiet 172

10.1 Allgemeines 172

10.2 Ermessenserteilung 174

10.3 Anspruchserteilung... 175

10.4 Eintritt der Rechtmäßigkeitsfiktion bei der Geburt 175

11. Verlängerung der Aufenthaltserlaubnis.......................... 176

7 Nachzug der Eltern und sonstiger Familienangehöriger
zur Vermeidung einer außergewöhnlichen Härte.......... 177

1. Elternnachzug zu unbegleiteten Flüchtlingskindern und Resettlement-Flüchtlingen...... 177

2. Nachzug zur Vermeidung einer außergewöhnlichen Härte...... 179

3. Ermessensausübung...... 185

4. Verlängerung der Aufenthaltserlaubnis...... 185

8 Eigenständiges Aufenthaltsrecht der Familienangehörigen...... 186

1. Allgemeines...... 186

2. Eigenständiges Aufenthaltsrecht für Ehegatten und Lebenspartner...... 188

2.1 Verselbstständigung des Aufenthaltsrechts des Ehegatten und Lebenspartners...... 188

2.2 Beisammensein der Ehegatten in einer gemeinsamen Wohnung...... 189

2.3 Prüfungskriterien hinsichtlich des Bestehens einer ehelichen Lebensgemeinschaft...... 190

3. Ausschluss der Erlangung eines eigenständigen Aufenthaltsrechts...... 193

4. Eigenständiges Aufenthaltsrecht zur Vermeidung einer besonderen Härte...... 195

5. Ausübung einer Erwerbstätigkeit...... 199

6. Verlängerung der Aufenthaltserlaubnis...... 199

7. Erteilung einer Niederlassungserlaubnis...... 201

8. Eigenständiges Aufenthaltsrecht für nachgezogene und im Bundesgebiet geborene Kinder...... 202

8.1 Begünstigter Personenkreis...... 202

8.2 Verlängerung der Aufenthaltserlaubnis nach Erlangung eines eigenständigen Aufenthaltsrechts...... 202

9. Erlangung eines eigenständigen Aufenthaltsrechts im Adoptionsverfahren...... 204

9 Niederlassungserlaubnis für nachgezogene Kinder...... 205

1. Niederlassungserlaubnis für 16-jährige Ausländer...... 205

2.   Dauer des Besitzes einer Aufenthaltserlaubnis 205

3.   Niederlassungserlaubnis für volljährige Ausländer 206

3.1 Ausreichende Deutschkenntnisse 207

3.2 Integrative Vorleistungen 207

4.   Ausschluss eines Anspruchs 208

4.1 Auf dem persönlichen Verhalten beruhendes
Ausweisungsinteresse 208

4.2 Verurteilung in den letzten drei Jahren 209

5.   Niederlassungserlaubnis oder Aufenthaltserlaubnis im
Ermessenswege 210

6.   Erleichterte Erteilung bei Krankheit oder Behinderung. 210

7.   Aufenthaltserlaubnis für den Ehegatten, den
Lebenspartner oder minderjährige ledige Kinder von
gut integrierten Ausländern 211

8.   Aufenthaltserlaubnis für den Ehegatten, den
Lebenspartner oder minderjährige ledige Kinder von
nachhaltig integrierten Ausländern 212

1 Nachzugsvoraussetzungen nach dem Aufenthaltsgesetz

1. Allgemeines

Das Aufenthaltsgesetz erfüllt das verfassungsrechtliche Schutz- und Förderungsgebot für Ehe und Familie nach Art. 6 GG, indem es in Kapitel 2 Abschnitt 6 beim Aufenthalt aus familiären Gründen das Vorliegen einer nach dem Grundgesetz schützenswerten familiären Lebensgemeinschaft voraussetzt (vgl. § 27 Abs. 1 AufenthG). Danach kann die Aufenthaltserlaubnis zum Zwecke des nach Art. 6 GG gebotenen Schutzes von Ehe und Familie für die „Herstellung und Wahrung der familiären Lebensgemeinschaft" im Bundesgebiet erteilt und verlängert werden. Begünstigt sind Deutsche mit ausländischen Familienangehörigen (§§ 27, 28 AufenthG) und rein ausländische Familien samt eingetragene Lebenspartner (§§ 27, 29 ff. AufenthG). Stellen sich Unionsbürger und deren drittstaatsangehörige Familienangehörige nach dem Aufenthaltsgesetz günstiger als nach dem Freizügigkeitsgesetz/EU, findet bei ihnen das Aufenthaltsgesetz auch in Fällen des Familiennachzugs Anwendung (§ 11 Abs. 1 letzter Satz FreizügG/EU – Grundsatz der Meistbegünstigung; Diskriminierungsverbot nach Art. 18 AEUV, Art. 21 GRCh).

Hinweis:

Der Rat der EU hat am 22.9.2003 die für die EU-Mitgliedstaaten verbindliche Richtlinie 2003/86/EG betreffend das Recht auf Familienzusammenführung erlassen – FamiliennachzugRL/EU – (ABl. EU L 251 v. 3.10.2003, S. 12). Diese Richtlinie regelt die Familienzusammenführung von rechtmäßig in den EU-Mitgliedstaaten lebenden Drittstaatsangehörigen. Ziel der Richtlinie ist die Harmonisierung der aufenthaltsrechtlichen Voraussetzungen für die Erteilung, Versagung oder Entziehung eines Aufenthaltstitels zum Zwecke der Familienzusammenführung zu Drittstaatsangehörigen, die sich rechtmäßig im Hoheitsgebiet der EU-Mitgliedstaaten aufhalten. Sie beinhaltet das Recht auf Nachzug von Ehegatten, minderjährigen Kindern und ggf. weiteren Familienangehörigen sowie nicht verheirateten oder eingetragenen Lebenspartnern. Das Gesetz zur Umsetzung aufenthalts- und asylrechtlicher Richtlinien der Europäischen Union – erstes Richtlinienumsetzungsgesetz – v. 19.8.2007 (BGBl. I S. 1970) diente der vollständigen bzw. weiteren Umsetzung der Richtlinie 2003/86/EG in das innerstaatliche Recht (vgl. *Welte*, Die Reform des Zuwanderungsrechts, S. 59 ff., Walhalla Fachverlag, Regensburg 2008; *Thym*, Europäischer Grundrechtsschutz und Familienzusammenführung, NJW 2006, 3249; *Groenendijk*, Familienzusammenführung als Recht nach Gemeinschaftsrecht, ZAR 2006, 191; *Hailbronner*, Die Richtlinie zur Familienzusammenführung, FamRZ 2005, S. 1–8; *Hauschild*, Neues europäisches Einwanderungsrecht: Das Recht auf Familienzusammenführung, ZAR 2003, 266).

Für den Aufenthaltszweck „Familiennachzug" (Oberbegriff), der sich in den Nachzug zu Deutschen in Bezug auf ausländische Ehegatten, Kinder und Eltern (§ 28 AufenthG) sowie den Ehegattennachzug (§ 30 AufenthG), den Kindernachzug (§§ 32 und 33 AufenthG) und den Nachzug der Eltern und sonstiger Familienangehöriger (§ 36 AufenthG) zu Ausländern gliedert, stellt das Aufenthaltsgesetz eine Reihe abgestufter Regelungen zur Verfügung, in denen dem Schutz- und Förderungsgebot des Art. 6 GG nach Maßgabe der nach Fallgruppen gewichteten besonderen Schutzbedürftigkeit der Betroffenen Rechnung getragen wird (vgl. BVerwG, InfAuslR 1998, 276).

Der Familiennachzug erfordert das Vorliegen des Grundtatbestandes des § 27 Abs. 1 AufenthG. Anknüpfungspunkt für die Bestimmung des nachzugsberechtigten Personenkreises ist der Familienbegriff i. S. v. Art. 6 Abs. 1 GG, nämlich die familiäre bzw. eheliche Lebensgemeinschaft (Kreis der besonders schützenswerten Kleinfamilie, z. B. Ehegatten und minderjährige Kinder). Eingetragene Lebenspartner sind weitgehend gleichgestellt (§ 27 Abs. 2 AufenthG).

Beim Familiennachzug zu Ausländern müssen bestimmte Grundvoraussetzungen für einen geordneten Familiennachzug erfüllt werden (vgl. § 29 Abs. 1 AufenthG). Die Bestimmungen über den Familiennachzug setzen den Besitz einer Blauen Karte EU, Aufenthalts-, Niederlassungserlaubnis oder Erlaubnis zum Daueraufenthalt-EU desjenigen voraus, zu dem der Nachzug erfolgt (Stammberechtigter bzw. Bezugsperson, § 28 Abs. 1 Satz 1, § 29 Abs. 1 Nr. 1, § 31 Abs. 1 Satz 1, § 32 Abs. 1 AufenthG). Insoweit handelt es sich um ein hergeleitetes, akzessorisches Aufenthaltsrecht, das grundsätzlich an die aufenthaltsrechtliche Position der Bezugsperson gekoppelt ist, solange nicht ein eigenständiges Aufenthaltsrecht oder Assoziationsrecht erlangt oder eine rechtliche Verfestigung durch die Erteilung einer Niederlassungserlaubnis oder Erlaubnis zum Daueraufenthalt-EU gewährt wird (§ 9, § 9a, § 28 Abs. 2 Satz 1, § 31 Abs. 1 und Abs. 3, § 34 Abs. 2, § 35 AufenthG, Art. 6 Abs. 1 und Art. 7 ARB 1/80).

2. Kategorien des Familiennachzugs

Der Familiennachzug samt eigenständigem Aufenthaltsrecht umfasst

■ den Nachzug von ausländischen Ehegatten, Kindern oder Eltern zu Deutschen (§ 28 AufenthG),

■ den Nachzug zu Ausländern (§§ 29 bis 36 AufenthG), bestehend aus

– Ehegattennachzug (§ 30 AufenthG)

– Kindernachzug (§ 32 AufenthG) und

– Nachzug der Eltern und sonstiger Familienangehöriger (§ 36 Abs. 1 und 2 Satz 1 AufenthG) sowie

■ die eigenständigen Aufenthaltsrechte sowie die nachzugsbezogene rechtliche Verfestigung (§ 28 Abs. 2 Satz 1 und Abs. 3, § 31 Abs. 1 und 3, § 34 Abs. 2, § 35 AufenthG).

3. Anwendungsbereich

3.1 Familiennachzugsregelungen

Die Familiennachzugsregelungen finden auf alle Drittstaatsangehörigen i. S. v. § 2 Abs. 1 AufenthG, die

■ ein nationales Visum (§ 6 Abs. 3 AufenthG),

■ eine Aufenthaltserlaubnis (§ 7 AufenthG),

■ eine Blaue Karte EU (§ 19a AufenthG),

■ eine Niederlassungserlaubnis (§ 9 AufenthG) oder

■ eine Erlaubnis zum Daueraufenthalt-EU (§ 9a AufenthG)

besitzen (§ 29 Abs. 1 Nr. 1 AufenthG), grundsätzlich unabhängig davon Anwendung, zu welchem Zweck der Bezugsperson der Aufenthaltstitel erteilt worden ist (Ausnahme: Ausschlusstatbestand des § 29 Abs. 3 Satz 3 AufenthG, Aufenthalte zum Zweck der Arbeitsplatzsuche, § 18c AufenthG).

I

Da der Familiennachzug an den Besitz eines Aufenthaltstitels anknüpft, sind Familienangehörige von Asylbewerbern, die geduldet werden oder deren Aufenthalt nach § 55 Abs. 1 Satz 1 und 3 AsylG gestattet ist, nicht nach §§ 27 ff. AufenthG nachzugsberechtigt. Dem steht nicht entgegen, dass Familienangehörige von Asylbewerbern, die sich in einem anderen EU-Mitgliedstaat aufhalten und Asylantrag gestellt haben, nach Art. 9 bis 11 Dublin III-VO zur Durchführung des Asylverfahrens zur ihren Familienangehörigen nach Deutschland kommen dürfen (vgl. *Welte*, Der Familienschutz in der Dublin III-Verordnung, InfAuslR 2016, 157–162). Diesen vorrangigen Verteilungsregelungen der Dublin III-VO steht § 104 Abs. 13 AufenthG über die vorübergehende Aussetzung des Familiennachzugs zu subsidiär Schutzberechtigten nicht entgegen.

Hinweis:

Die nachzugsberechtigten Drittstaatsangehörigen werden in Kapitel 2 Abschnitt 6 des Aufenthaltsgesetzes je nach Bezugsperson als Familienangehöriger, Ehegatte, Kind, Eltern(teil) oder sonstiger Familienangehöriger bezeichnet. Die Bezugsperson wird als Ausländer bezeichnet.

3.2 Drittstaatsangehörige, Unionsbürger, Brexit

Für (drittstaatsangehörige) Familienangehörige von Unionsbürgern gelten die besonderen Regelungen im Freizügigkeitsgesetz/EU (§§ 3, 4 Satz 2 und 3; vgl. auch Art. 7 Abs. 1 Buchst. d und Abs. 4, Art. 10 bis 14 RL 2004/38/RL).

Hinweis:

Für März 2017 ist angekündigt, dass das Vereinigte Königreich die Erklärung über den Austritt aus der EU nach Art. 50 EUV abgibt. Sofern sich nicht alle 27 EU-Mitgliedstaaten (einschl. einiger Regionalparlamente) und das EU-Parlament auf eine neues Vertragsverhältnis (oder eine Fristverlängerung) einigen, ist das Vereinigte Königreich zwei Jahre später ein Drittstaat im Verhältnis zur Europäischen Union und deren Mitgliedstaaten.

Das Vereinigte Königreich will nach dem Ausscheiden aus der Europäischen Union die Freizügigkeit für andere Unionsbürger beenden. Dies bedeutet, dass Angehörige anderer EU-Mitgliedstaaten und deren Familienangehörige im Vereinigten Königreich nicht mehr freizügigkeitsberechtigt sind.

Die Angehörigen des Vereinigten Königreichs und deren Familienangehörige sind mit dem Ausscheiden ihres Landes aus der Europäischen Union nicht mehr Unionbürger i. S. v. Art. 20 AEUV und kommen daher nicht mehr in den Genuss des Freizügigkeitsrechts. Deren aufenthaltsrechtliche Position als Drittstaatsangehörige regelt sich daher nach innerstaatlichem Recht (AufenthG), es sei denn, dass im Unionsrecht auch aufenthaltsrechtliche Sonderregelungen geschaffen werden, die etwa dem EWR-Abkommen (vgl. § 12 FreizügG/EU) oder dem Freizügigkeitsabkommen EG/Schweiz v. 21.6.1999, in denen allerdings Freizügigkeit gewährleistet wird, angenähert sind. Ansonsten wird sich die aufenthaltsrechtliche Position der Angehörigen des Vereinigten Königreichs, deren Unionsbürgerstatus wegfallen wird, und die Position ihrer Familienangehörigen, die bislang in den Genuss des Freizügigkeitsrechts gekommen sind, nach innerstaatlichen Vorschriften, in denen der besonderen Situation durch eine Übergangsregelung Rechnung getragen werden kann, richten.

4. Aufenthaltszweck

Das Aufenthaltsgesetz ermöglicht grundsätzlich bei allen zweckgebundenen (Kapitel 2 Abschnitt 3 bis 5 des Aufenthaltsgesetzes) und zweckungebundenen Aufenthalten (§ 9, § 9a, § 26 Abs. 3 und 4, § 28 Abs. 2 Satz 1, § 31 Abs. 3, § 35 AufenthG) einen Familiennachzug nach §§ 27 ff. AufenthG. In Bezug auf humanitäre Aufenthaltszwecke gelten jedoch z. T. gesetzliche Ausschlusstatbestände (vgl. § 29 Abs. 3 Satz 3 AufenthG) und Sperrklauseln (§ 10 Abs. 1 und 3 AufenthG; dazu BVerwG, Urt. v. 16.12.2008 – 1 C 37.07, DÖV 2009, 467 = DVBl. 2009, 592 = NVwZ 2009, 789, zur absoluten Sperre bei offensichtlich unbegründetem Asylantrag oder Asylantragsrücknahme).

Wichtig: Eine für einen anderen Aufenthaltszweck erteilte Aufenthaltserlaubnis kann nach einem Zweckwechsel nach Maßgabe der §§ 27 ff. AufenthG in eine Aufenthaltserlaubnis aus familiären Gründen überführt werden. Dies erfordert dann eine Änderungsmitteilung an das AZR. So kann der Ehegatte, der bis zur Heirat eines Asylberechtigten eine Aufenthaltserlaubnis nach § 25 Abs. 5

I. Aufenthalt aus familiären Gründen

AufenthG besitzt, in den Besitz einer Aufenthaltserlaubnis nach § 30 Abs. 1 Satz 1 Nr. 3 Buchst. c AufenthG kommen.

Der (Haupt-)Aufenthaltszweck „Familiennachzug" wird nicht dadurch berührt, dass zum Berechtigungsinhalt der Aufenthaltserlaubnis auch die Ausübung einer Erwerbstätigkeit (Nebenzweck) gehört (§ 27 Abs. 5 AufenthG), wie dies in einer deklaratorischen „Nebenbestimmung" der Aufenthaltserlaubnis (vgl. § 52 Abs. 2 Satz 2, § 84 Abs. 1 Nr. 3 AufenthG) auf einem Trägervordruck zum Ausdruck zu bringen ist (§ 4 Abs. 2 und 3 AufenthG).

Eine zum Zweck des Familiennachzugs erteilte Aufenthaltserlaubnis ist zunächst vom Zweck der Herstellung und Wahrung der familiären Lebensgemeinschaft (vgl. § 27 Abs. 1, § 7 Abs. 1 AufenthG) abhängig – Zweckbindung –, kann aber unter den Voraussetzungen des § 31 Abs. 1 und Abs. 2 und des § 34 Abs. 2 AufenthG zu einem eigenständigen Aufenthaltsrecht werden, das dann vom Aufenthaltszweck Familiennachzug abgekoppelt ist und nicht mehr nach § 7 Abs. 2 Satz 2 AufenthG durch Verkürzung der Geltungsdauer der Aufenthaltserlaubnis oder durch Versagung einer Aufenthaltserlaubnis wegen Wegfalls des Aufenthaltszwecks beendet werden kann. Mit der Erteilung einer Niederlassungserlaubnis (§ 9 Abs. 1, § 28 Abs. 2 Satz 1, § 31 Abs. 3, § 35 AufenthG) oder der Erteilung einer Erlaubnis zum Daueraufenthalt-EU (§ 9a AufenthG) wird ebenfalls ein eigenständiges bzw. verfestigtes Aufenthaltsrecht erlangt (vgl. auch § 28 Abs. 3 Satz 1, § 31 Abs. 3, § 34 Abs. 2 Satz 2 AufenthG), das nicht mehr einer familienbezogenen Zweckbindung und den damit verbundenen Beschränkungsmöglichkeiten nach deren Wegfall unterliegt.

Familienangehörige von Ausländern, die eine Aufenthaltserlaubnis nach § 25 Abs. 5 AufenthG i. V. m. Art. 6 GG, Art. 7 GRCh und Art. 8 EMRK oder § 104a oder § 104b AufenthG aus eigenem Recht besitzen, gehören nach dem „Trennungsprinzip", das dem Aufenthaltsgesetz innewohnt (vgl. BVerwG, Urt. v. 4.9.2007 – 1 C 43.06, InfAuslR 2008, 71), nicht zu dem nach Kapitel 2 Abschnitt 6 – Aufenthalt aus familiären Gründen – des Aufenthaltsgesetzes begünstigten Personenkreis und können sich daher nicht zum Zweck des Familiennachzugs im Bundesgebiet aufhalten (vgl. § 29 Abs. 3 Satz 3 AufenthG). Sie kommen daher nicht in den Genuss des unbeschränkten Arbeitsmarktzugangs nach § 27 Abs. 5 AufenthG; deren Beschäftigungsmöglichkeit regelt sich nach § 31 BeschV.

Wichtig: Dies ist in Bezug auf die Anwendung des Art. 7 Satz 1 ARB 1/80 von Bedeutung, der Familienangehörige von türkischen Arbeitnehmern, die dem regulären Arbeitsmarkt angehören, nur dann begünstigt, wenn diese nach nationalem Recht die Genehmigung erhalten haben, zu ihm zu ziehen (= Familiennachzug).

I

5. Voraussetzungen für die Erteilung eines Aufenthaltstitels

5.1 Sperrwirkungen, Ausschlusstatbestände

Die gesetzlichen Sperrwirkungen nach § 11 Abs. 1 Satz 6 und 7 AufenthG stehen der Erteilung eines Aufenthaltstitels aus familiären Gründen zwingend entgegen (vgl. auch Art. 11 RFRL, zum Einreiseverbot nach Rückführung). Gemäß § 11 Abs. 1 AufenthG führen die Ausweisung einschl. Abschiebungsanordnung, Zurückschiebung oder Abschiebung zu einem Einreise- und Aufenthaltsverbot, das von Amts wegen angemessen zu befristen ist und aus Gründen des Familienschutzes nach Art. 6 Abs. 1 GG, Art. 7 GRCh und Art. 8 EMRK nach § 11 Abs. 4 AufenthG aufgehoben wird (vgl. Art. 11 Abs. 1 und 2 RL 2008/115/EG – Rückführungsrichtlinie, RFRL). Die Dauer des Einreiseverbots darf fünf Jahre nur überschreiten, wenn der Ausweisung eine strafrechtliche Verurteilung zugrunde liegt oder von dem Ausländer eine schwerwiegende Gefahr für die öffentliche Sicherheit und Ordnung ausgeht (§ 53 Abs. 1, § 54 Abs. 1 AufenthG), und soll zehn Jahre nicht überschreiten, wobei die Frist mit der Ausreise beginnt.

In asylbezogenen Fällen (§ 31 AsylG) sind die gesetzlichen Ausschlusstatbestände des § 25 Abs. 1 Satz 2, Abs. 2 Satz 2 und Abs. 3 Satz 3 AufenthG sowie die Sperrklauseln des § 10 Abs. 1 und 3 AufenthG zu berücksichtigen, deren Überwindung grundsätzlich das Vorliegen eines gesetzlichen Anspruchs auf Erteilung eines Aufenthaltstitels voraussetzt (vgl. BVerwG, Urt. v. 17.12.2015 – 1 C 31.14, InfAuslR 2016, 133 = ZAR 2016, 147, mit Anmerkung *Pfersich*, zum Vorliegen eines gesetzlichen Anspruchs).

Familienangehörige von international Schutzberechtigten (§ 2 Abs. 13 AufenthG; § 1 Abs. 1 Nr. 2 AsylG, zum Begriff) und **Resettlement-Flüchtlingen**, die einen entsprechenden Aufenthaltstitel besitzen, sind nach § 29 Abs. 2 Satz 1 AufenthG begünstigt, so dass beim Familiennachzug nach Kapitel 2 Abschnitt 6 des Aufenthaltsgesetzes (z. B. Ehegattennachzug nach § 30 AufenthG, Kindernachzug nach § 32 AufenthG) von den Voraussetzungen der Lebensunterhaltssicherung (§ 5 Abs. 1 Nr. 1 AufenthG) und des ausreichenden Wohnraums (§ 29 Abs. 1 Nr. 2 AufenthG) abgesehen werden kann (vgl. *Tometten*, Resettlement-Flüchtlinge: Die teilweise Gleichstellung nach der Reform des Aufenthaltsgesetzes und ihre Konformität mit dem internationalen Flüchtlingsrecht, ZAR 2015, 299–303). In den Fällen des § 29 Abs. 2 Satz 2 AufenthG ist von diesen Voraussetzungen zwingend abzuweichen.

§ 29 Abs. 3 AufenthG enthält Beschränkungen (Satz 1 und 2) und Ausschlusstatbestände (Satz 3) in Bezug auf den Familiennachzug. Diese Beschränkungen stehen jedoch nicht der Einreise und dem Aufenthalt aus eigenem Recht (z. B. humanitäre Gründe) nach §§ 22, 23 AufenthG entgegen

Hinweis:

Nach § 104 Abs. 13 AufenthG ist der Familiennachzug zu subsidiär Schutzberechtigten i. S. v. § 4 Abs. 1 AsylG (§ 60 Abs. 2 und 3 AufenthG), die eine Aufenthaltserlaubnis nach § 25 Abs. 2 Satz 1 Alt. 2 AufenthG besitzen, für zwei Jahre bis zum 16.3.2018 ausgesetzt. Ausnahmen sind gemäß §§ 22, 23 AufenthG möglich (vgl. Art. 2 Nr. 4 des Gesetzes zur Einführung beschleunigter Asylverfahren v. 11.3. 2016 – BGBl. I S. 390).

5.2 Allgemeine und spezielle Erteilungsvoraussetzungen

Bei der Erteilung einer Aufenthaltserlaubnis aus familiären Gründen sind neben den Kann-Versagungsgründen des § 27 Abs. 3 Satz 1 und 2 AufenthG zusätzlich die allgemeinen Erteilungsvoraussetzungen nach § 5 Abs. 1, Abs. 2 und Abs. 4 AufenthG zu berücksichtigen, wenn spezielle Regelungen nicht eine Abweichung zulassen (Ausnahme: z. B. § 28 Abs. 1 AufenthG). Beim Familiennachzug zu Deutschen findet auch § 27 AufenthG Anwendung. Beim Nachzug zu Drittstaatsangehörigen sind vorgreiflich auch die Grundvoraussetzungen des § 29 Abs. 1 AufenthG zu erfüllen, es sei denn, eine spezielle Regelung lässt eine Abweichung zu (z. B. § 30 Abs. 3, § 33 Satz 1, § 34 Abs. 1 AufenthG).

In Fällen der familienbezogenen Verlängerung der Aufenthaltserlaubnis kann von § 5 Abs. 1 Nr. 1 (Sicherstellung des Lebensunterhalts) und § 29 Abs. 1 Nr. 2 AufenthG (ausreichender Wohnraum) unter Wahrung der Grenzen des § 27 Abs. 3 Satz 1 und 2 AufenthG abgesehen werden (vgl. § 30 Abs. 3 AufenthG zum Ehegattennachzug; § 34 Abs. 1 AufenthG zum Kindernachzug).

Bei dieser Rechtslage ist ein Familiennachzug unbeschadet abweichender Regelungen (vgl. z. B. § 27 Abs. 3 Satz 2 AufenthG) nur dann zulässig, wenn die allgemeinen Voraussetzungen für die Einreise und den Aufenthalt im Bundesgebiet nach § 5 Abs. 1, Abs. 2 und Abs. 4 AufenthG erfüllt sind (vgl. BVerwG, Urt. v. 13.6.2013 – 10 C 16.12, InfAuslR 2013, 364, zur Ausnahme von der Regelerteilungsvoraussetzung der Sicherung des Lebensunterhalts beim Kindernachzug im Interesse des Kindeswohls). Dies ergibt sich aus den Verweisungen in § 27 Abs. 3 Satz 2, § 28 Abs. 1 Satz 2 und Satz 3, § 29 Abs. 2 und Abs. 4, § 30 Abs. 3, § 33 Satz 1, § 34 Abs. 1 AufenthG (Abweichungsregeln) auf § 5 AufenthG, der die allgemeinen Erteilungsvoraussetzungen festlegt.

Die allgemeinen Erteilungsvoraussetzungen nach § 5 AufenthG bestehen aus folgenden Regelungen:

- § 5 Abs. 1 AufenthG bestimmt, welche Voraussetzungen im Regelfall erfüllt sein müssen.

- § 5 Abs. 2 AufenthG gewährleistet die Einhaltung der gesetzlichen Visumpflicht.

- § 5 Abs. 3 AufenthG stellt auf die besondere Situation der international und national Schutzberechtigten und der humanitären Aufenthalte ab und ist in Fällen des Familiennachzugs nach §§ 27 ff. AufenthG nicht relevant.

- § 5 Abs. 4 AufenthG enthält zwingende Versagungsgründe, wenn es um die Sicherheit des Staates oder Terrorismusgefahr geht.

Wichtig: Bei der Einschätzung, ob ein Ausnahmefall vorliegt, der eine Abweichung von den Regelerteilungsvoraussetzungen des § 5 Abs. 1 AufenthG rechtfertigt, sind insbesondere Verfassungsrecht (Art. 7 GRCh, Art. 6 GG) sowie völkerrechtliche Verpflichtungen (Art. 8 EMRK) zu berücksichtigen. Eine atypische Fallgestaltung ist gegeben, wenn der Versagung der Aufenthaltserlaubnis höherrangiges Recht entgegenstehen würde, insbesondere die Versagung mit verfassungsrechtlichen Wertentscheidungen (Grundrechte und die in ihnen verkörperte Wertordnung, familiäre Schutztatbestände nach Art. 6 Abs. 1 GG; Art. 7 GRCh; Art. 24 GRCh; Art. 8 EMRK) nicht vereinbar ist.

5.3 Einhaltung der Visumpflicht – Zwingende Voraussetzung

Welche zwingenden Erteilungsvoraussetzungen beim Nachzug von Familienangehörigen grundsätzlich vorliegen müssen, ergibt sich aus § 5 Abs. 2 und Abs. 4 AufenthG. § 5 Abs. 2 Satz 1 AufenthG setzt in Übereinstimmung mit Art. 5 Abs. 3 Unterabs. 1 und Art. 16 Abs. 2 Buchst. a FamiliennachzugRL 2003/86/EG (vgl. VGH München, Beschl. v. 21.2.2013 – 10 CS 12.2679, InfAuslR 2013, 372, 378) für die Erteilung eines Aufenthaltstitels voraus, dass die nach der EUVisum-VO vorgeschriebene Visumpflicht eingehalten und ordnungsgemäß erfüllt wird. In den visumpflichtigen Fällen des Familiennachzugs bestimmt sich der verwaltungsinterne Zustimmungsvorbehalt der für den vorgesehenen Aufenthaltsort zuständigen Ausländerbehörde im Visumverfahren nach § 31 Abs. 1 Satz 1 Nr. 1 AufenthG, da der Aufenthalt im Bundesgebiet länger als 90 Tage dauern wird. Die Erteilung einer Aufenthaltserlaubnis, Blauen Karte EU, Niederlassungserlaubnis oder Erlaubnis zum Daueraufenthalt-EU setzt nach § 5 Abs. 2 Satz 1 AufenthG voraus, dass der Ausländer mit einem erforderlichen nationalen Visum (§ 6 Abs. 3 AufenthG) eingereist ist – Nr. 1 – und die für die Erteilung maßgeblichen Angaben bereits im Visumantrag gemacht hat – Nr. 2 – (vgl. § 14 Abs. 1 Nr. 2a AufenthG, zur unerlaubten Einreise wegen unrichtiger Angaben).

Wird die Visumpflicht nicht auf diese Weise eingehalten, kann nach der Einreise in das Bundesgebiet ein Aufenthaltstitel grundsätzlich nicht erteilt werden (vgl. OVG Hamburg, Beschl. v. 25.3.2013 – 3 Bs 90/13, InfAuslR 2013, 371, zu Falschangaben beim Familiennachzug).

Ob ein Ausländer (§ 2 Abs. 1 AufenthG, zum Begriff) bzw. Drittstaatsangehöriger (vgl. Art. 2 Nr. 6 SGK, zum Begriff) nach § 4 Abs. 1 Satz 1 AufenthG, der die Aufenthaltstitelpflicht regelt, visumpflichtig ist und daher „vor der Einreise in das Bundesgebiet" ein erforderliches Visum einholen muss, richtet sich unbeschadet zwischenstaatlicher Sichtvermerksabkommen (§ 16 AufenthV) grundsätzlich nach der Verordnung (EG) Nr. 539/2001 – EUVisumVO – v. 15.3.2002 in der jeweils geltenden Fassung (vgl. auch Art. 2 Nr. 15 SGK und Mitteilung gemäß der Verordnung (EG) Nr. 539/2001 des Rates zur Aufstellung der Liste der Drittländer, deren Staatsangehörige beim Überschreiten der Außengrenzen im Besitz eines Visums sein müssen, sowie der Liste der Drittländer, deren Staatsangehörige von dieser Visumpflicht befreit sind – ABl. EU Nr. C 74 v. 20.3.2008 S. 40).

Hinweis:

Unionsbürger (Art. 20 Abs. 1 Satz 2 AEUV), EWR-Angehörige (§ 12 FreizügG/EU), die nicht einem EU-Mitgliedstaat angehören (Island, Liechtenstein, Norwegen), Schweizer und ihre Familienangehörigen – sowie drittstaatsangehörige Familienangehörige von Unionsbürgern, wenn sie eine Aufenthaltskarte des EU-Aufenthaltsmitgliedstaates besitzen – sind von der Visumpflicht befreit (vgl. § 2 Abs. 4 FreizügG/EU bezüglich Unionsbürgern und Familienangehörige; § 28 AufenthV bezüglich Schweizer; *Welte*, Das Abkommen über den Europäischen Wirtschaftsraum – Freier Personenverkehr, ZAR 1994, 80–84).

In Art. 1 Abs. 1 EUVisumVO ist bestimmt, dass Drittstaatsangehörige im Besitz eines Visums (Art. 2 EUVisumVO, zum Begriff) beim Überschreiten der EU-Außengrenzen sein müssen, wenn sie einem der in Anhang I genannten Drittstaaten angehören. In der gemeinsamen Liste gemäß Art. 1 Abs. 2 EUVisumVO (Anhang II) sind Drittstaaten aufgeführt, deren Staatsangehörige von der Visumpflicht für einen Aufenthalt, der 90 Tage je Zeitraum von 180 Tagen nicht überschreitet (Kurzaufenthalt), befreit sind.

Hinweis:

Das Bundesverwaltungsgericht hat dem EuGH gemäß Art. 267 AEUV u. a. die Frage zur Vorabentscheidung vorgelegt, ob das **Verschlechterungsverbot des Art. 7 ARB 2/76** auch eine mit Wirkung v. 5.10.1980 eingeführte nationale Regelung erfasst, mit der ein **Ehegattennachzug zu einem türkischen Arbeitnehmer** von der Erteilung eines nationalen Visums abhängig gemacht wird, und ob die Einführung einer solchen nationalen Regelung durch einen zwingenden Grund des Allgemeininteresses, insbesondere durch das Ziel einer effektiven Einwanderungskontrolle und der Steuerung der Migrationsströme, gerechtfertigt ist, wenn besonderen Umständen des Einzelfalls durch eine Härtefallklausel Rechnung getragen wird. Bis zur Entscheidung des EuGH hat das Bundesverwaltungsgericht das Revisionsverfahren ausgesetzt (vgl. Pressemitteilung des BVerwG Nr. 1/2017 v. 26.1.2017).

I. Aufenthalt aus familiären Gründen

Beim nationalen Visum nach § 6 Abs. 3 AufenthG, das nationale Aufenthaltszwecke wie den Familiennachzug abdeckt, handelt es sich um einen Aufenthaltstitel, mit dem nach § 4 Abs. 1 Satz 2 Nr. 1 AufenthG die gesetzliche Aufenthaltstitelpflicht erfüllt werden kann. Beim Visum wird differenziert zwischen

- dem Schengen-Visum für Kurzaufenthalte bis zu 90 Tage je Zeitraum von 180 Tagen oder für eine Durchreise (§ 6 Abs. 1 Nr. 1 AufenthG), das auch von einer Auslandsvertretung eines anderen Schengen-Staates (vgl. § 2 AufenthG zum Begriff) erteilt werden kann,

- dem nationalen Visum nach § 6 Abs. 3 AufenthG für längerfristige Aufenthalte, die einem nationalen Aufenthaltszweck dienen (z. B. zu Erwerbszwecken) im Bundesgebiet.

Das für den Familiennachzug erforderliche nationale Visum bedarf grundsätzlich der (Vorab-)Zustimmung der Ausländerbehörde, bevor es von der nach § 71 Abs. 2 AufenthG zuständigen deutschen Auslandsvertretung erteilt wird (vgl. § 31 Abs. 1 Satz 1 Nr. 1 AufenthV). Es wird dem betreffenden Ausländer vor der Einreise in das Bundesgebiet von der deutschen Auslandsvertretung (Botschaft oder Konsulat) oder – im Ausnahmefall – von der Grenzbehörde beim Grenzübertritt (§ 6 Abs. 4, § 14 Abs. 2 AufenthG) mit vorheriger Zustimmung der Ausländerbehörde auf Antrag erteilt. Der Begriff „Visum" erfordert, dass der Ausländer bei der Erteilung des Visums persönlich anwesend sein muss und daher noch nicht in das Bundesgebiet eingereist ist. Es kann nur vor der Einreise des Ausländers in das Bundesgebiet erteilt werden.

Visumpflicht besteht nicht, wenn der Ausländer vom Erfordernis eines Aufenthaltstitels (z. B. für einen Kurzaufenthalt) befreit ist (§§ 15 ff. AufenthV; Art. 20 und Art. 21 SDÜ), oder bei Ausländern, die sich mit gültigem Aufenthaltstitel im Ausland aufhalten, wenn dieser sie berechtigt, in das Bundesgebiet wieder einzureisen (z. B. in den Fällen des § 51 Abs. 2 AufenthG). Gleiches gilt für die gültige Bescheinigung der Fortgeltungswirkung eines Verlängerungsantrags nach § 81 Abs. 4 AufenthG, die den Fortbestand des abgelaufenen Aufenthaltstitels bis zur Entscheidung der Ausländerbehörde über den Antrag dokumentiert. Eine Befreiung vom Erfordernis eines Aufenthaltstitels entfällt und die Visumpflicht tritt zugleich ein, wenn der Ausländer ausgewiesen, zurückgewiesen oder abgeschoben wurde (§ 51 Abs. 5 AufenthG). In diesen Fällen unterliegt er dem Einreise- und Aufenthaltsverbot des § 11 Abs. 1 AufenthG.

§ 31 Abs. 3 AufenthV regelt die in der Verwaltungspraxis bedeutsame Erteilung einer Vorabzustimmung zur Erteilung eines Visums, die von der Ausländerbehörde bereits vor den Stellung eines Visumantrages erteilt werden kann (vgl. *Maor*, Die Visumbestimmungen der Aufenthaltsverordnung, ZAR 2005, 185). Sie dient vor allem der Verfahrensbeschleunigung und kommt bei Aufenthaltsansprüchen auch im Bereich des Familiennachzugs, insbesondere in dringlichen Fällen in Betracht.

Mit dem Schutz von Ehe und Familie nach Art. 6 GG ist es grundsätzlich vereinbar, dass bei einem Familiennachzug die gesetzliche Visumpflicht (vgl. § 6 Abs. 3 AufenthG; Anhang I EUVisumVO) eingehalten wird und bei einem Verstoß gemäß § 5 Abs. 2 Satz 1 AufenthG kein Aufenthaltstitel mangels Vorliegens einer zwingenden Erteilungsvoraussetzung erteilt werden kann (vgl. BVerfG, Beschl. v. 4.12.2007 – 2 BvR 2341/06, InfAuslR 2008, 239). Der Familienangehörige ist mit dem nach § 5 Abs. 2 Satz 1 Nr. 1 AufenthG „erforderlichen" Visum dann eingereist, wenn er das für den aktuell begehrten Aufenthaltszweck (Familiennachzug) notwendige Visum bei Einreise in das Bundesgebiet besitzt (VGH Mannheim, Beschl. v. 14.3.2006 – 11 S 1797/05). Dabei kommt es nicht auf den nach seinem inneren Willen bei der Einreise „beabsichtigten", sondern auf die Angaben des Familienangehörigen in dem Visumantrag bezüglich des im Bundesgebiet verfolgten Aufenthaltszwecks an (vgl. OVG Hamburg, Beschl. v. 25.3.2013 – 3 Bs 90/13, InfAuslR 2013, 371, zu Falschangaben beim Familiennachzug).

In den für den Familiennachzug relevanten Fällen des § 39 Nr. 3, 5 oder 6 AufenthV wird jedoch § 5 Abs. 2 Satz 1 AufenthG verdrängt (vgl. OVG Münster, Beschl. v. 21.12.2007 – 18 B 1535/07, EZAR NF 28 Nr. 14). § 39 Nr. 3 oder 5 AufenthV stellt auf Umstände – insbesondere auf den Schutz von Ehe und Familie nach Art. 6 GG – ab, die nach der Einreise eingetreten sind und daher einen sogenannten rechtserheblichen Nachentschluss begründen können und die das öffentliche Interesse an der Begrenzung der Zuwanderung (vgl. § 1 Abs. 1 AufenthG) und an der Steuerung und Kontrolle der Einreise durch das gesetzlich vorgeschriebene Visumverfahren überwiegen. Nach § 39 Nr. 3 oder 6 AufenthV müssen während der Rechtmäßigkeit des Aufenthalts (z. B. nach Art. 20 oder Art. 21 SDÜ) „die

I. Aufenthalt aus familiären Gründen

Voraussetzungen eines Anspruchs nach der Einreise entstanden" sein. Es müssen daher alle einen Anspruch begründenden Voraussetzungen nach der letzten Einreise in das Bundesgebiet (§ 13 Abs. 2 AufenthG) während des entsprechenden rechtmäßigen Kurzaufenthalts entstanden sein.

Hingegen ist die Visumpflicht gemäß der EUVisumVO grundsätzlich dann einzuhalten, wenn die Ehe bereits vor der Einreise in das Bundesgebiet (vgl. § 13 Abs. 2 AufenthG, zum Begriff Einreise) bestanden hat; in diesen Fällen findet § 39 Nr. 3 AufenthV keine Anwendung, da nicht „alle" Voraussetzungen für den Ehegattennachzug nach der letzten Einreise in das Bundesgebiet vor der Antragstellung während des rechtmäßigen Kurzaufenthalts und der Wirkung nach § 81 Abs. 3 Satz 1 AufenthG entstanden sind (vgl. VGH Kassel, Beschl. v. 22.9.2008 – 1 B 1628/08, EZAR NF Nr. 28 Nr. 20 = ZAR 2008, 402, mit Anmerkung *Pfersich*).

Beispiel:

In den Fällen der §§ 39 bis 41 AufenthV kann der Ausländer den erforderlichen Aufenthaltstitel nach der Einreise einholen. In diesen Fällen greift der zwingende Versagungsgrund des § 5 Abs. 2 Satz 1 AufenthG wegen Visumverstoßes nicht (mehr) ein, da der begünstigte Ausländer den Aufenthaltstitel nach der Einreise einholen kann (vgl. OVG Münster, Beschl. v. 21.12.2007 – 18 B 1535/07, EZAR NF 28 Nr. 14).

Es kann jedoch Abweichungsermessen nach § 5 Abs. 2 Satz 2 AufenthG ausgeübt werden, wenn die besonderen Umstände des Einzelfalls und die familiären Bindungen im Bundesgebiet unter Berücksichtigung des Kindeswohls, dem ein hohes Gewicht zukommt, eine Ausnahme von der Visumpflicht unter der besonderen Schutzwirkung des Art. 6 GG gebieten (z. B. Geburt eines deutschen Kindes steht bevor, Trennung von einem sehr kleinen Kind). Bei der Ermessensausübung kann zugunsten des Ausländers einem objektiv begründeten Nachentschluss bzw. einem rechtserheblichen Sinneswandel (vgl. § 82 Abs. 1 AufenthG) Bedeutung beigemessen werden (vgl. VGH Mannheim, Beschl. v. 30.3.2006 – 13 S 389/06, EZAR NF 22 Nr. 1 = AuAS 2006, 170 = InfAuslR 2006, 323).

Bei § 5 Abs. 2 Satz 2 Var. 1 und 2 AufenthG handelt es sich um eine Ermessensregelung, die für eine Abweichung vom Erfordernis des

Visums u. a. das „Vorliegen der Voraussetzungen eines Anspruchs auf Erteilung" eines Aufenthaltstitels voraussetzt. Das Vorliegen eines solchen Anspruchs eröffnet erst das Ermessen im Einzelfall und reduziert es nicht von vornherein automatisch auf Null.

Wichtig: Die Möglichkeit der Einholung einer Aufenthaltserlaubnis nach der Einreise und das Absehen von der Visumpflicht stellen z. T. auf das Vorliegen eines Anspruchs ab (vgl. § 5 Abs. 2 Satz 2 Var. 1, § 10 Abs. 3 AufenthG; § 39 Nr. 3, 5 und 6 AufenthV). Nach allgemeinen Grundsätzen des Verwaltungsrechts ist ein Anspruch nach dem Gesetz gegeben, wenn die Ausländerbehörde nach einer Rechtsvorschrift eine gesetzesgebundene Entscheidung darüber zu treffen hat, ob ein Aufenthaltstitel erteilt wird. Diese Voraussetzung liegt nicht vor, wenn der Ausländerbehörde Ermessen (z. B. gem. § 27 Abs. 3 Satz 2 AufenthG) eröffnet ist. In diesem Fall sind die Ermächtigungsgrundlagen so zu verstehen, dass die Behörde nach Ermessen handeln darf (§ 40 VwVfG). Insoweit greifen grundsätzlich auch die Beschränkungen des § 10 Abs. 1 oder 3 Satz 1 und 2 AufenthG ein, die bei Vorliegen eines Anspruchs überwunden werden können (vgl. BVerwG, Urt. v. 16.12.2008 – 1 C 37.07 Rn. 21, BVerwGE 132, 382; *Maier-Borst*, Zu strikt beim „strikten Anspruch"? Anmerkungen zur Erteilung eines Aufenthaltstitels nach Abschnitt 6 des Aufenthaltsgesetzes, ZAR 2013, 67–71). Ein derartiger Rechtsanspruch liegt dann vor, wenn alle zwingenden und regelhaften Tatbestandsvoraussetzungen erfüllt sind und die Behörde kein Ermessen mehr auszuüben hat (vgl. BVerwG, Urt. v. 16.11.2010 – 1 C 17.09, DÖV 2011, 414 = NVwZ 2011, 495). Eine Ermessensreduktion auf Null begründet keinen gesetzlichen Anspruch (VGH Mannheim, Beschl. v. 9.2.2005 – 11 S 1099/04, EZAR NF 23 Nr. 1, zum Vorliegen eines Anspruchs bei Ermessensschrumpfung „auf Null").

Liegt ein Ausnahmefall i. S. v. § 5 Abs. 1 AufenthG vor und erübrigt sich daher die Ausübung von Versagungsermessen nach § 27 Abs. 3 Satz 2 AufenthG, kann von der Einhaltung der Visumpflicht nach § 5 Abs. 2 Satz 2 Var. 1 AufenthG im Ermessenswege abgesehen werden. Auf die Einhaltung der Visumpflicht kommt es im Einzelfall nicht an, wenn die Voraussetzungen für die Einholung einer Aufenthaltserlaubnis nach der Einreise gemäß § 39 Nr. 3 AufenthV vorliegen.

I

Beispiel:

Liegt ein gesetzlicher Anspruch nicht vor, kann dennoch im Ermessenswege von der Einhaltung der Visumpflicht nach § 5 Abs. 2 Satz 2 Var. 2 AufenthG abgewichen werden, wenn es aufgrund besonderer Umstände des Einzelfalls nicht zumutbar ist, das Visumverfahren nachzuholen. Diese Umstände müssen grundsätzlich im persönlichen bzw. familiären Bereich des Ausländers liegen und mit dem Gewicht eines gesetzlichen Anspruchs vergleichbar sein. Allgemeine Verhältnisse im Heimatstaat (z. B. Ausbruch eines Bürgerkrieges) sind grundsätzlich nicht erheblich, wenn dadurch nicht schützenswerte familiäre Belange berührt werden.

Die Gerichte sind nicht befugt, das der Behörde eingeräumte Ermessen in eine von ihnen lediglich für zweckmäßiger gehaltene Richtung zu lenken (vgl. OVG Bautzen, Beschl. v. 17.8.2006 – 3 BS 130/06, EZAR NF 23 Nr. 9). So kommt es in Nachzugsfällen z. B. darauf an, ob den Familienmitgliedern eine auch nur vorübergehende Trennung zur Nachholung des Visumverfahrens in ihrer persönlichen Situation unter Berücksichtigung der besonderen Schutzwirkung des Art. 6 GG nicht mehr zugemutet werden kann (vgl. BVerfG, Beschl. v. 7.11.1984 – 2 BvR 1299/84, NVwZ 1985, 260, BVerfG, Beschl. v. 12.5.1987 – 2 BvR 1226/83, DVBl. 1988, 98 = DÖV 1987, 449; OVG Weimar, Beschl. v. 25.5.2005 – 3 EO 114/05, InfAuslR 2005, 418, 419). Maßgebend ist auch, ob die Gründe, die eine weitere Anwesenheit des visumpflichtigen Ausländers im Bundesgebiet erfordern, erst nach der Einreise und ohne Einwirkung des Betroffenen objektiv eingetreten sind und daher nicht in einem Visumantrag hätten angegeben und geltend gemacht werden können. Außerdem spricht gegen eine Abweichung, wenn es sich um eine unerlaubte Einreise handelt, die kraft Gesetzes die Vollziehbarkeit der Ausreisepflicht auslöst (§ 58 Abs. 1 Satz 1 Nr. 1 AufenthG), strafbewehrt ist (§ 95 Abs. 1 Nr. 3 AufenthG), eine Ausweisung (§ 53 Abs. 1 AufenthG) und Abschiebung (§ 58 AufenthG) zur Folge haben kann.

Bei der Erteilung einer Aufenthaltserlaubnis zum Zweck des Familiennachzugs gilt hinsichtlich der Einhaltung der Visumpflicht gemäß Art. 1 Abs. 1 EUVisumVO durch nachgezogene Familienangehörige § 5 Abs. 2 AufenthG, der in Satz 2 im Hinblick auf (besonders) schützenswerte Interessen nach Art. 6 Abs. 1 GG Abweichungsermessen einräumt. Die Visumpflicht gemäß der EUVisumVO ist zwar dann einzuhalten, wenn die Ehe bereits vor der (Wieder-) Einreise in das Bundesgebiet bestanden hat; in diesen Fällen kann jedoch Abweichungsermessen nach § 5 Abs. 2 Satz 2 oder Abs. 3 AufenthG ausgeübt werden, dies setzt nach § 5 Abs. 2 Satz 2 Var. 1 AufenthG voraus, dass die Voraussetzungen eines gesetzlichen Anspruchs auf Erteilung „nach den Familiennachzugsvorschriften" erfüllt sind (vgl. BVerwG, Urt. v. 17.12.2015 – 1 C 31.14, InfAuslR 2016, 133 = ZAR 2016, 147, mit Anmerkung *Pfersich*, zum Vorliegen eines gesetzlichen Anspruchs) und daher auch keine Sperrklausel (z. B. § 10 Abs. 3, § 11 Abs. 1, 6 oder 7 AufenthG) entgegensteht (vgl. VGH Mannheim, Beschl. v. 8.7.2008 – 11 S 1041/08; OVG Bautzen, Beschl. v. 17.8.2006 – 3 BS 130/06, EZAR NF 23 Nr. 9) oder aufgrund besonderer gleichgewichtiger Umstände des Einzelfalls die Nachholung des Visumverfahrens unzumutbar wäre (§ 5 Abs. 2 Satz 2 Var. 2 AufenthG). Eine entsprechende Abweichung nach § 5 Abs. 2 Satz 2 AufenthG erübrigt sich, wenn nach § 39 Nr. 3 oder 5 AufenthV die Aufenthaltserlaubnis nach der Einreise eingeholt werden kann.

Beispiel:

Kommt jedoch § 39 Nr. 3 AufenthV nicht zur Anwendung, ist der Behörde Abweichungsermessen nach § 5 Abs. 2 Satz 2 Var. 1 AufenthG eingeräumt: Sie darf etwa darauf abstellen, ob das für einen Daueraufenthalt maßgebliche Aufenthaltsbegehren in einem Visumantrag hätte geltend gemacht werden können und – falls dies bejaht wird – die Einholung eines nationalen Visums insbesondere unter Berücksichtigung des Familienschutzes zumutbar ist (vgl. VG Sigmaringen, Beschl. v. 16.12.2015 – 1 K 3226/15, InfAuslR 2016, 143).

Die Beziehungen zwischen Erwachsenen unterliegen nicht notwendigerweise einem „besonderen" Schutzbedürfnis, das durch eine entsprechende Sondersituation entstanden ist und eine Abweichung von der Visumpflicht nach Art. 6 GG, Art. 7 GRCh und Art. 8 Abs. 1 EMRK begründen könnte. Auch ist der mit der Durchführung des Visumverfahrens üblicherweise einhergehende Zeitablauf von demjenigen, der die Einreise in die Bundesrepublik Deutschland begehrt, regelmäßig hinzunehmen (vgl. BVerfGK 13, 562, 567 = InfAuslR 2008, 347). Im Einzelfall können jedoch besondere zusätzliche Aspekte der Abhängigkeit hinzutreten, die weiter reichen als normale Beziehungen oder die üblichen Verfahrenswege und -abläufe (vgl. EGMR, InfAuslR 2001, 480; VGH Mannheim, Beschl. v. 25.7.2002 – 13 S 673/02, InfAuslR 2002, 470; dazu *Kilian*, in: Höland – Hrsg., Wirkungen der Rechtsprechung des Europäischen Gerichtshofs für Menschenrechte im deutschen Recht, S. 131, 132, Berlin 2012). Letzteres wäre etwa dann der Fall, wenn ein Bestehen auf der Nachholung des Visumverfahrens zu grob unbilligen Ergebnissen führen würde, etwa weil eine Reise in den Herkunftsstaat wegen Krankheit, Schwangerschaft, Vorhandensein eines Kleinkindes, Behinderung oder hohen Alters nicht zumutbar ist (vgl. BVerfG, DVBl. 1988, 98; OVG Weimar, Beschl. v. 25.5.2005 – 3 EO 114/05, InfAuslR 2005, 418, 419; VGH Kassel, Beschl. v. 17.6.2013 – 3 B 968/13, InfAuslR 2013, 370, bei Vorhandensein eines Kleinkindes) oder reguläre Reiseverbindungen in den Herkunftsstaat auf längere Sicht nicht bestehen. Dementsprechend werden auch in der aufenthaltsrechtlichen Kommentarliteratur und der Rechtsprechung Krankheit und Pflegebedürftigkeit des Ehepartners, die diesen mehr als im Regelfall auf persönlichen Beistand angewiesen sein lassen, als verfassungsrechtlich gebotene Anwendungsfälle von § 5 Abs. 2 Satz 2 AufenthG genannt (vgl. OVG Magdeburg, Beschl. v. 25.9.2008 – 2 M 184/08). Liegt eine entsprechende von Art. 6 GG, Art. 7 GRCh und Art. 8 EMRK geschützte Sondersituation vor, kann von der Einhaltung der Visumpflicht bei der Erteilung eines Aufenthaltstitels nach der Einreise gemäß § 5 Abs. 2 Satz 2 Var. 2 AufenthG abgesehen werden. Sprechen jedoch besondere Umstände dafür, dass den Mitgliedern der Kernfamilie eine vorübergehende Trennung zuzumuten ist, bleibt Raum, von der Einholung eines ansonsten erforderlichen Visums nicht abzusehen (vgl. BVerfG, Beschl. v. 17.5.2011 – 2 BvR 1367/10, InfAuslR 2011, 286, 287, Ausnahme von § 5 Abs. 2 Satz 1 AufenthG bei Pflegebedürftigkeit des stammberechtigten Ehegatten bejaht). Unter diesen Gesichtspunkten trägt das Aufenthaltsgesetz dem Gebot der Verhältnismäßigkeit Rechnung, indem es unter den Voraussetzungen des § 5 Abs. 2 Satz 2 AufenthG im Einzelfall erlaubt, von dem grundsätzlichen Erfordernis der Einreise mit dem erforderlichen Visum (§ 5 Abs. 2 Satz 1 Nr. 1 AufenthG) im Ermessenswege abzusehen (vgl. BVerfG, Beschl. v. 17.5.2011 – 2 BvR 1367/10, InfAuslR 2011, 286).

Beispiel:

Fehlt es an der Erteilungsvoraussetzung des § 5 Abs. 2 Satz 1 Nr. 1 AufenthG, weil der Ausländer trotz der Absicht eines

Daueraufenthalts mit einem nur zu Besuchszwecken erteilten Schengen-Visum (§ 6 Abs. 1 Nr. 1 AufenthG) eingereist ist, so darf die Ausländerbehörde bei ihrer Ermessensentscheidung nach § 5 Abs. 2 Satz 2 AufenthG als erheblichen öffentlichen Belang anführen, dass aus generalpräventiven Gründen die Nachholung des Visumverfahrens als angemessenes Mittel zu fordern sei (OVG Münster, Beschl. v. 10.4.2007 – 18 B 303/07). Bei der Ermessensausübung kann zugunsten des Ausländers einem objektiv begründeten Nachentschluss (vgl. § 82 Abs. 1 AufenthG) Bedeutung beigemessen werden (vgl. VGH Mannheim, Beschl. v. 30.3.2006 – 13 S 389/06, EZAR NF 22 Nr. 1 = AuAS 2006, 170).

Für eine anderweitige Anwendungspraxis des § 39 Nr. 3 AufenthV spricht auch nicht das Diskriminierungsverbot nach Unionsrecht (Art. 18 AEUV; Art. 21 GRCh). So sind auch drittstaatsangehörige Familienangehörige von Unionsbürgern, die im Wege des Familiennachzugs aus einem EU-Aufenthaltsmitgliedstaat in das Bundesgebiet einreisen, visumpflichtig, es sei denn, sie besitzen eine Aufenthaltskarte, die ein Aufenthaltsrecht in dem EU-Aufenthaltsmitgliedstaat dokumentiert (vgl. § 2 Abs. 4 Satz 3 FreizügG/EU; Art. 5 Abs. 2 und 4 RL 2004/38/EG). Dies gilt auch für drittstaatsangehörige Ehegatten von Deutschen, die in einem EU-Aufenthaltsmitgliedstaat von ihrem Freizügigkeitsrecht Gebrauch gemacht haben und im Familienverbund nach Deutschland zurückkehren. Nach dem Grundsatz der Verhältnismäßigkeit darf den nicht einem EU-Mitgliedstaat angehörenden Familienangehörigen von freizügigkeitsberechtigten Unionsbürgern wegen eines Verstoßes gegen die Visumpflicht weder die Einreise noch der Aufenthalt verweigert werden, wenn sie ihre Identität und Familienzugehörigkeit an der Grenze oder nach der Einreise nachweisen (vgl. Art. 5 Abs. 4 RL 2004/38/EG; dazu EuGH, Urt. v. 25.7.2008 – C-127/08 – Metock, InfAuslR 2008, 377 = AuAS 2008, 218 = EZAR NF 14 Nr. 12 = ZAR 2008, 354, mit Anmerkung *Laier*; EuGH, Urt. v. 25.7.2002 – C-459/99 – MRAX, InfAuslR 2002, 417 = AuAS 2003, 38).

Hinweis:

Es stellt keine Ungleichbehandlung im Sinne von Art. 3 Abs. 1 GG dar, dass die drittstaatsangehörigen Ehegatten von deutschen Staatsangehörigen die Ersterteilung einer Aufenthalts-

I

erlaubnis vom Ausland aus verfolgen müssen, wenn sie die Erteilungsvoraussetzungen des § 5 Abs. 2 Satz 1 AufenthG nicht erfüllen, während für die Ehegatten von Unionsbürgern, die sich in einem anderen Mitgliedsstaat als dem ihrer Staatsangehörigkeit aufhalten, und für Ehegatten von Drittstaatsangehörigen nach den RL 2003/86/EG und 2004/38/EG entsprechende einschränkende Voraussetzungen für die Erteilung einer Aufenthaltserlaubnis nicht zulässig sind (vgl. § 2 Abs. 4 Satz 2 FreizügG/EU; EuGH, Urt. v. 25.7.2002 – C-459/99 – MRAX, InfAuslR 2002, 417 = AuAS 2003, 38; VGH Kassel, Beschl. v. 23.10.2006 – 7 TG 2317/06.)

5.4 Sicherstellung des Lebensunterhalts – Voraussetzung im Regelfall

Bei der Erteilung oder Verlängerung einer Aufenthaltserlaubnis (auch beim nationalen Visum, vgl. § 6 Abs. 3 Satz 2 AufenthG) zum Zweck des Familiennachzugs wird im Regelfall grundsätzlich die Sicherstellung des Lebensunterhalts nach § 5 Abs. 1 Nr. 1 i. V. m. § 2 Abs. 3 AufenthG vorausgesetzt (vgl. BVerwG, Urt. v. 13.6.2013 – 10 C 16.12, InfAuslR 2013, 364), es sei denn, dass hiervon abzusehen ist oder abgesehen werden kann (§ 28 Abs. 1 Satz 2 und 3, § 29 Abs. 2 und 4, § 30 Abs. 3, § 33 Satz 1 und 2, § 34 Abs. 1 Satz 1, § 36 Abs. 1 AufenthG). Das Bundesverfassungsgericht hat in seinem Beschluss v. 12.5.1987 – 2 BvR 1226/83 u. a., DVBl. 1988, 98 klargestellt, dass zu den Nachzugsvoraussetzungen auch die Fähigkeit gehöre, den Unterhalt des ehelichen und familiären Lebens aus eigener Erwerbstätigkeit zu bestreiten.

Zu den Regelerteilungsvoraussetzungen nach § 5 Abs. 1 Nr. 1 i. V. m. § 2 Abs. 3 AufenthG gehört die Sicherung des Lebensunterhalts (vgl. EuGH, Urt. v. 4.3.2010 – C-578/08 – Chakroun, EZAR NF 14 Nr. 14 = InfAuslR 2010, 221 = NVwZ 2010, 697; Marx, Die Sicherung des Lebensunterhalts nach Europarecht, ZAR 2010, 222). Soweit der Gesetzgeber den Familiennachzug und Aufenthaltsrechte von der Sicherung des Lebensunterhalts des Familienangehörigen abhängig macht, will er eine Inanspruchnahme öffentlicher Mittel (z. B. Leistungen nach SGB II oder SGB XII) mit Ausnahme der Mittel, die auf einer Beitragsleistung (z. B. Wohngeld) beruhen oder die gewährt werden, um den Aufenthalt des Ausländers im Bundesgebiet zu ermöglichen (z. B. Stipendien, BAföG), verhindern.

52

Wichtig: Ist davon auszugehen, dass im Falle des Nachzugs ein Anspruch auf Arbeitslosengeld II oder Sozialgeld nach dem SGB II entsteht (Prognose), ist der Lebensunterhalt i. S. v. § 2 Abs. 3 AufenthG nicht gesichert. Dabei ist nach dem gesetzgeberischen Regelungsmodell unerheblich, ob die Leistungen auch tatsächlich in Anspruch genommen werden. Folglich errechnet sich der Unterhaltsbedarf nach dem maßgeblichen Erwerbseinkommen gemäß dem SGB II. Dies gilt grundsätzlich auch für die Berechnung des zur Verfügung stehenden Einkommens, das nach den Regelungen in § 11 SGB II zu ermitteln ist.

Der Unterhaltsbedarf des Ausländers und seiner Familienangehörigen (Bedarfsgemeinschaft) im Bundesgebiet orientiert sich grundsätzlich am Existenzminimum (BVerfG, Urt. v. 18.7.2012 – 1 BvL10/10, 1 BvL 2/11, EZAR NF 87 Nr. 14 = InfAuslR 2012, 371 = ZAR 2012, 339, zum Existenzminimum als Menschenrecht nach Art. 1 Abs. 1 GG i. V. m. dem Sozialstaatsprinzip des Art. 20 Abs. 1 GG in Bezug auf Leistungen nach dem Asylbewerberleistungsgesetz und den Aufenthaltsstatus). Als Unterhaltsbedarf für den Lebensunterhalt ist grundsätzlich das Einfache des Regelsatzes plus Kaltmiete und Integrationskosten anzusetzen (Bemessungsgrundlage). Zu den Leistungen nach SGB II oder SGB XII zählt auch die Grundsicherung im Alter (vgl. § 8 SGB XII). Danach sind von dem nach § 11 Abs. 1 SGB II zu ermittelnden Bruttoeinkommen die in § 11 Abs. 2 SGB II genannten Beträge abzuziehen. Dem SGB II liegt der Grundgedanke zugrunde, dass jeder Mensch grundsätzlich selbst dafür verantwortlich ist, seinen eigenen Unterhaltsbedarf zu sichern. Nur soweit er hierzu nicht fähig ist, hat der Staat dafür die entsprechende Verantwortung zu übernehmen (BT-Drucks. 15/1516, S. 44). Die Sozialhilfe-Regelsätze (§§ 20, 28 SGB II) sind Gesamtpauschalen und decken alle Kosten eines typischen laufenden oder einmaligen Bedarfs.

Im Hinblick auf den Beitrag eines Familienangehörigen (§ 2 Abs. 3 Satz 4 AufenthG) oder eines Dritten (vgl. § 68 AufenthG) zum Unterhaltsbedarf eines Ausländers endet die finanzielle Leistungsfähigkeit spätestens dort, wo der Unterhaltspflichtige bzw. der sonstige Leistungserbringer aufgrund seiner Einkommens- und Vermögensverhältnisse nicht mehr in der Lage ist oder sein wird, seine eigene Existenz nach sozialhilferechtlichen Grundsätzen und Maßstäben, die auch für die ausländerrechtliche Beurteilung des ausreichenden Unterhaltsbedarfs maßgeblich sind, zu sichern (vgl. BGH, Urt. v. 9.1.2008 – XII ZR 170/05, NJW 2008, 1373).

I. Aufenthalt aus familiären Gründen

Von der der Regelerteilungsvoraussetzung des § 5 Abs. 1 Nr. 1 AufenthG kann nur im Ausnahmefall abgesehen werden. Für eine Abweichung von der Regelerteilungsvoraussetzung der Lebensunterhaltssicherung und dem Vorliegen eines Ausnahmefalls kann eine Sondersituation sprechen, die aus den Schutzgewährleistungen des Art. 6 GG, Art. 7 GRCh und Art. 8 EMRK resultieren kann. Ein solcher Ausnahmefall liegt bei besonderen, atypischen Umständen vor, die so bedeutsam sind, dass sie das sonst ausschlaggebende Gewicht der gesetzlichen Regelung beseitigen, aber auch dann, wenn sich entweder aus Gründen höherrangigen Rechts wie etwa Art. 6 GG oder im Hinblick auf Art. 7 GRCh oder Art. 8 EMRK die Erteilung eines Aufenthaltstitels zum Familiennachzug aufdrängt, z. B. weil die Herstellung der Familieneinheit im Heimatstaat des Ausländers nicht möglich oder zumutbar ist und daher der Bestand von Ehe und Familie gefährdet ist (vgl. BVerfG, Beschl. v. 11.5.2007 – 2 BvR 2483/06, InfAuslR 2007, 336, 338; BVerwG, Urt. v. 13.6.2013 – 10 C 16.12, InfAuslR 2013, 364, zur Ausnahme von der Regelerteilungsvoraussetzung der Sicherung des Lebensunterhalts beim Kindernachzug im Interesse des Kindeswohls).

Wichtig: Eine Ausnahme vom Regelfall, die eine rechtlich gebundene und gerichtlich uneingeschränkt nachprüfbare Entscheidung der Behörde erfordert, berührt nicht den weiteren Bestand eines Rechts- oder Regelanspruchs.

Nach allgemeinen Grundsätzen des Verwaltungsrechts ist ein Anspruch gegeben, wenn die Ausländerbehörde nach einer Rechtsvorschrift (z. B. Mussvorschrift) eine gesetzesgebundene Entscheidung darüber zu treffen hat, ob ein Aufenthaltstitel erteilt wird. Diese Voraussetzung liegt nicht vor, wenn der Ausländerbehörde Ermessen (z. B. gem. § 27 Abs. 3 AufenthG) eröffnet ist. In diesem Fall sind die Ermächtigungsgrundlagen so zu verstehen, dass die Behörde nach Ermessen handeln darf (§ 40 VwVfG).

Hinweis:
Zur Sicherung des Lebensunterhalts beim Nachzug ausländischer Familienangehöriger gelten insbesondere im Blick auf die Schutzwirkung des Art. 6 Abs. 1 GG Sonderregelungen. Ist der Lebensunterhalt des nachziehenden Ausländers nicht im Sinne des § 5 Abs. 1 Nr. 1 i. V. m. § 2 Abs. 3 AufenthG gesichert, kommt die Erteilung eines Aufenthaltstitels regelmäßig nicht in Betracht. Dies gilt nicht in den Fällen nach § 28 Abs. 1 Satz 2

bis 4, § 29 Abs. 4, § 33 Satz 1 und 2 und § 34 Abs. 1 AufenthG, auch in Verbindung mit § 36 AufenthG, in denen von der Anwendung des § 5 Abs. 1 Nr. 1 AufenthG abgewichen werden darf.

Sind die allgemeinen Erteilungsvoraussetzungen nach § 5 AufenthG zwar erfüllt, kann dennoch Versagungsermessen nach § 27 Abs. 3 Satz 1 und 2 AufenthG eingreifen. Für die Versagung der Aufenthaltserlaubnis in Fällen, in denen die Bezugsperson hinsichtlich der Unterhaltssicherung anderer Familienangehöriger oder Haushaltsangehöriger auf Leistungen nach SGB II oder SGB XII angewiesen ist (vgl. *Welte*, Die Leistungsberechtigung im SGB II und XII und Asylbewerberleistungsgesetz im Verhältnis zum Aufenthaltsrecht – Hinweise zur Einschätzung der aufenthaltsrechtlichen Position für Leistungsträger, KommP spezial 2015, 131–136), oder bei Bestehen eines Ausweisungsinteresses (§ 54 AufenthG) ist der Behörde Ermessen eingeräumt (vgl. *Hoppe*, Das Erlöschen von Aufenthaltstiteln bei Bezug von Leistungen nach SGB II und SGB XII kraft Nebenbestimmung – effektive Verwaltung oder Erlöschenstatbestand contra legem?, InfAuslR 2008, 292, Bedingung fehlerhaft). Liegt einer der Versagungsgründe des § 27 Abs. 3 AufenthG vor, liegt aufgrund der erforderlich werdenden Ermessensentscheidung ein gesetzlicher Anspruch dann nicht vor, wenn das Ermessen „auf Null" reduziert ist (vgl. VGH Mannheim, Beschl. v. 8.5.1996, InfAuslR 1996, 307 = VBlBW 1996, 354).

5.5 Nichtbestehen eines Ausweisungsinteresses – Voraussetzung im Regelfall

Liegt ein Ausweisungsinteresse (§ 54 AufenthG) objektiv vor, fehlt es im Regelfall an der Erteilungsvoraussetzung nach § 5 Abs. 1 Nr. 2 AufenthG für den Familiennachzug des nachzugswilligen Ausländers. In diesem Fall ist zu prüfen, ob entweder ein Ausnahmefall vorliegt (erste Prüfungsstufe) oder ob nach § 27 Abs. 3 Satz 2 AufenthG im Ermessenswege von § 5 Abs. 1 Nr. 2 AufenthG abgewichen werden kann (zweite Prüfungsstufe); in beiden Fällen liegt ein strikter gesetzlicher Anspruch nicht mehr vor, was in den Anwendungsfällen des § 5 Abs. 2 AufenthG von Bedeutung ist.

Das Bestehen eines Ausweisungsinteresses i. S. v. § 54 AufenthG steht im Regelfall der Erteilung einer Aufenthaltserlaubnis entgegen (§ 5 Abs. 1 Nr. 2 AufenthG). Ein Ausweisungsinteresse besteht dann, wenn die tatbestandlichen Voraussetzungen des § 54 Abs. 1 und 2 AufenthG objektiv vorliegen, ohne dass es darauf ankommt, dass der Ausländer auch ausgewiesen werden könnte.

Beispiele:

■ So besteht ein Ausweisungsinteresse nach § 54 Abs. 2 Nr. 8 Buchst. a AufenthG wegen Verschweigens der beabsichtigten Eheschließung bei Beantragung eines Schengen-Visums (§ 6 Abs. 1 Nr. 1 AufenthG; Art. 5 Abs. 1 Buchst. c SGK), das bewirkt, dass ein Missbrauchsfall nach § 14 Abs. 1 Nr. 2a AufenthG vorliegt, es an der Regelvoraussetzung des § 5 Abs. 1 Nr. 2 AufenthG fehlt und deswegen kein Anspruch auf Ehegattennachzug vorliegt, aufgrund dessen die Aufenthaltserlaubnis gemäß § 39 Nr. 3 AufenthV, der das Vorliegen eines Anspruchs ebenfalls voraussetzt, nach der Einreise eingeholt werden könnte (vgl. VGH Mannheim, Beschl. v. 16.4.2009 – 13 S 656/09, AuAS 2009, 136). Im Visumverfahren nach der Ausreise ist diesbezüglich Versagungsermessen nach § 27 Abs. 3 Satz 2 AufenthG in die Entscheidung einzubinden.

■ Nach Art. 16 Abs. 2 Buchst. a FamiliennachzugRL 2003/86/EG kann der Antrag auf Erteilung einer Aufenthaltserlaubnis zum Zweck des Familiennachzugs abgelehnt werden, wenn feststeht, dass falsche oder irreführende Angaben vor oder nach der Einreise gemacht worden sind und dabei der Einreisezweck arglistig verschleiert worden ist (§ 14 Abs. 1 Nr. 2a AufenthG). In diesem Fall können Ausweisungsinteressen nach § 54 Abs. 2 Nr. 8 Buchst. a und Abs. 2 Nr. 9 i. V. m. § 95 Abs. 2 Nr. 2 und Abs. 6 AufenthG vorliegen, die der Erteilung einer Aufenthaltserlaubnis im Regelfall nach § 5 Abs. 1 Nr. 2 AufenthG entgegenstehen (vgl. OVG Hamburg, Beschl. v. 25.3.2013 – 3 Bs 90/13, AuAS 2013, 146 = InfAuslR 2013, 371).

Neben dem objektiven Bestehen eines Ausweisungsinteresses wird nicht gefordert, dass der Ausländer auch ausgewiesen werden könnte (vgl. dagegen § 37 Abs. 3 Nr. 1 AufenthG, zum Recht auf Wiederkehr). Bei der Feststellung, ob ein Ausweisungsinteresse objektiv besteht, ist – das es nicht um eine Ausweisung geht – unbeachtlich, ob bei dem Ausländer ein Bleibeinteresse nach § 55 AufenthG besteht. Entsprechende Erwägungen (z. B. Schutz von Ehe und Familie nach Art. 6 Abs. 1 GG; vorrangiges Recht: z. B. Art. 7, Art. 24 Abs. 2 GRCh; Art. 8 EMRK) können jedoch auf die Beurteilung, ob ein Regel- oder Ausnahmefall i. S. v. § 5 Abs. 1 AufenthG vorliegt, oder auf die Ausübung des Versagungsermessens nach § 27 Abs. 3 Satz 2 AufenthG Einfluss haben.

Wichtig: Die Prüfung erfordert grundsätzlich eine Abfrage beim Ausländerzentralregister (AZR) einschließlich des Schengener Informationssystems (SIS). Liegen entsprechende Anhaltspunkte vor, kann der Sachverhaltsaufklärung nach § 24 VwVfG die Einholung einer unbeschränkten Auskunft aus dem Bundeszentralregister (BZR) dienlich sein.

Das Bestehen eines Ausweisungsinteresses setzt nicht zwingend eine strafgerichtliche Verurteilung voraus (z. B. genügen die verhaltensbedingte Gefährdung der öffentlichen Sicherheit und Ordnung). Besteht ein Ausweisungsinteresse nach § 54 AufenthG, fehlt es im Regelfall an der Regelerteilungsvoraussetzung nach § 5 Abs. 1 Nr. 2 AufenthG. In den Familiennachzugsfällen ist die Sollvorschrift des § 5 Abs. 1 Nr. 2 AufenthG im Kontext mit der Ermessensregelung des § 27 Abs. 3 Satz 2 AufenthG anzuwenden. Dies bedeutet, dass mangels Vorliegens der Regelerteilungsvoraussetzung nach § 5 Abs. 1 Nr. 2 AufenthG bzw. eines Ausnahmefalls eine Ermessensentscheidung nach § 27 Abs. 3 Satz 2 AufenthG erforderlich ist. In diesen Fällen und in Fällen, in denen das Ermessen „auf Null" reduziert ist, liegt ein gesetzlicher Anspruch auf Erteilung einer Aufenthaltserlaubnis nicht mehr vor.

Die Ausländerbehörde hat im Einzelfall zu beurteilen, ob ein Regelfall oder ein Ausnahmefall vorliegt. Ein solcher Ausnahmefall liegt bei besonderen, atypischen Umständen vor, die so bedeutsam sind, dass sie das sonst ausschlaggebende Gewicht der gesetzlichen Regelung beseitigen, aber auch dann, wenn entweder aus Gründen höherrangigen Rechts wie etwa Art. 6 GG oder im Hinblick auf Art. 7 GRCh und Art. 8 EMRK die Erteilung einer Aufenthaltserlaubnis aus familiären Gründen geboten ist (vgl. BVerwG, Urt. v. 26.8.2008 – 1 C 32.07, InfAuslR 2009, 8, 12). Eine atypische Fallgestaltung ist gegeben, wenn die Versagung mit verfassungsrechtlichen Wertentscheidungen (Grundrechte und die in ihnen verkörperte Wertordnung) nicht vereinbar ist.

Beispiel:

Die Herstellung der Familieneinheit im Herkunftsstaat des Familienangehörigen ist nicht möglich oder zumutbar und der Familienschutz ist nach dem Grundsatz der Verhältnismäßigkeit gewichtiger als das öffentliche Interesse an der Ausweisung (vgl. BVerfG, Beschl. v. 11.5.2007 – 2 BvR 2483/06, InfAuslR 2007, 336, 338; OVG Berlin, Beschl. v. 9.5.2008 – 2 M 17.08, AuAS 2008, 171).

Liegt nach dem Prüfungsergebnis der Behörde ein vom Regelfall abweichender Ausnahmefall i. S. v. § 5 Abs. 1 Nr. 2 AufenthG vor, besteht kein gesetzlicher Anspruch mehr; in diesem Fall kann daher nicht von der Einhaltung der Visumpflicht gemäß § 5 Abs. 2 Satz 2 erste Alternative AufenthG abgesehen werden. Auch § 39 Nr. 3 und 5 AufenthV stellen auf das Vorliegen eines gesetzlichen Anspruchs ab, an dem es in solchen Fällen fehlt (vgl. BVerwG, Urt. v. 17.12.2015 – 1 C 31.14, InfAuslR 2016, 133 = ZAR 2016, 147, mit Anmerkung *Pfersich*, zum Vorliegen eines gesetzlichen Anspruchs).

Hinweise:

- Bei einem nur vereinzelten oder geringfügigen Verstoß gegen Rechtsvorschriften besteht kein Ausweisungsinteresse (vgl. § 54 Abs. 2 Nr. 9 AufenthG). Hingegen bewirken mehrere geringfügige Verstöße oder ein nicht nur geringfügiger Verstoß gegen Rechtsvorschriften ein Ausweisungsinteresse (z. B. vorsätzliche Straftat, gemäß § 87 Abs. 4 Satz 3 AufenthG mitteilungspflichtige Ordnungswidrigkeit).

- Ein Ausweisungsinteresse ist dann nicht erheblich, wenn die Anwendbarkeit einer Ausweisungsvorschrift aufgrund vorrangigen Rechts von vornherein ausgeschlossen ist. Dies ist in Verlängerungsfällen bei türkischen Assoziationsberechtigten, denen eine Aufenthaltserlaubnis nach § 4 Abs. 5 Satz 1 AufenthG ausgestellt wird, nach Art. 14 ARB 1/80 (ordre public-Klausel) der Fall.

Liegt ein Annahmefall für eine Abweichung von § 5 Abs. 1 Nr. 2 AufenthG nicht vor, hat die Behörde eine Ermessensentscheidung nach § 27 Abs. 3 Satz 2 AufenthG zu treffen (zweite Stufe). Bei den Ermessenserwägungen nach § 27 Abs. 3 Satz 2 AufenthG sind insbesondere der aufenthaltsrechtliche Status des Ausländers im Bundesgebiet und die Dauer seines rechtmäßigen Aufenthalts maßgebend. Die Abwägung darf sich an den in § 53 Abs. 2 und § 55 Abs. 1 AufenthG genannten Gesichtspunkten und Wertentscheidungen orientieren. Die Ermessensausübung wird begrenzt durch höherrangiges Verfassungsrecht (Art. 7, 24 Abs. 2 GRCh; Art. 6 GG), Völkerrecht (Art. 8 EMRK), die rechtsstaatlichen Grundsätze. Einwanderungspolitische Erwägungen (z. B. Steuerung und Begrenzung des Zuzugs; § 1 Abs. 1 Satz 1 AufenthG) fallen dann nicht besonders ins Gewicht, wenn es nach den besonderen Umständen des Einzelfalls um die Wahrung „besonders schützenswerter" Individualinteressen des Familienangehörigen nach Art. 6 GG geht.

5.6 Beeinträchtigung oder Gefährdung sonstiger Interessen der Bundesrepublik

Die Beeinträchtigung oder Gefährdung sonstiger Interessen der Bundesrepublik Deutschland (§ 5 Abs. 1 Nr. 3 AufenthG) führt nicht bei gesetzlichen Ansprüchen, sondern nur bei Ermessensentscheidungen (z. B. nach § 30 Abs. 2, § 32 Abs. 4, § 36 Abs. 2 Satz 1 AufenthG) im Regelfall zur Versagung der Aufenthaltserlaubnis. Daher dürfen in Ermessensfällen, denen eine Kann-Vorschrift (z. B. § 27 Abs. 3, § 30 Abs. 2, § 32 Abs. 4, § 36 Abs. 2 AufenthG) zugrunde liegt, sonstige Interessen der Bundesrepublik Deutschland nicht beeinträchtigt oder gefährdet werden. Dabei zählen zu den öffentlichen Interessen im Sinn dieser Vorschrift alle finanziellen, wirtschaftlichen, sozialen, kulturellen und sonstigen politischen Interessen von Bund und Ländern.

§ 5 Abs. 1 Nr. 3 AufenthG kommt nicht zur Anwendung, wenn ein gesetzlicher Anspruch vorliegt; eine Ermessensreduzierung „auf Null" reicht für diese Unanwendbarkeit nicht aus. Das in § 5 Abs. 1 Nr. 3 AufenthG genannte öffentliche Interesse muss nicht in gleicher Weise gewichtig sein wie das „besondere" Interesse der Bundesrepublik Deutschland an der Ausweisung eines Ausländers nach § 53 Abs. 1 Alt. 3 AufenthG.

Beispiel:

Hiernach können zu den sonstigen Interessen der Bundesrepublik Deutschland öffentliche Interessen hinsichtlich der Begrenzung des Zuzugs von Ausländern und dessen Steuerung

I

gehören (§ 1 Abs. 1 Satz 1 AufenthG). Diesem Ziel der Zuwanderungsbegrenzung darf von Verfassungs wegen erhebliches Gewicht beigemessen werden (vgl. BVerfGE 76, 1, 68). Allerdings verpflichtet die in Art. 6 Abs. 1 i. V. m. Abs. 2 GG enthaltene wertentscheidende Grundsatznorm, nach welcher der Staat die Familie zu schützen und zu fördern hat, die Ausländerbehörde, bei der Entscheidung über aufenthaltsbeendende Maßnahmen die familiären Bindungen des den (weiteren) Aufenthalt begehrenden Ausländers an Personen, die sich berechtigterweise im Bundesgebiet aufhalten, pflichtgemäß, d. h. entsprechend dem Gewicht dieser Bindungen, in ihren Erwägungen zur Geltung zu bringen. Der Schutz des Art. 6 Abs. 1 i. V. m. Abs. 2 GG gilt zunächst und zuvörderst der Familie als Lebens- und Erziehungsgemeinschaft. In Familiennachzugsfällen kann jedoch eine Sondersituation aufgrund des Vorliegens einer besonderen oder einer außergewöhnlichen Härte, die durch die Erteilung einer Aufenthaltserlaubnis vermieden werden kann, eintreten.

5.7 Einhaltung der Passpflicht – Voraussetzung im Regelfall

Nach § 5 Abs. 1 Nr. 4 AufenthG müssen die nachzugsberechtigten Familienangehörigen im Regelfall der Passpflicht nach § 3 Abs. 1 AufenthG nachkommen. Wird in den Fällen des § 33 AufenthG (Geburt eines Kindes im Bundesgebiet) von der Einhaltung der Passpflicht abgewichen, wird ein Ausweisersatz ausgestellt (§ 48 Abs. 4 Satz 1 AufenthG). Auch in diesen Fällen bleibt die Mitwirkungspflicht bei der Passbeschaffung nach § 48 Abs. 3 AufenthG unberührt.

Die Ausländerbehörde darf den Ausländer bezüglich der Erfüllung der Passpflicht zunächst auf die Möglichkeit der Ausstellung eines Nationalpasses durch seinen Heimatstaat verweisen und kann die Ausstellung eines Ausweisersatzes erst dann, d. h. subsidiär in Betracht ziehen, wenn diese Bemühungen nachweislich ohne Erfolg geblieben sind (§ 48 Abs. 2 AufenthG).

Ausnahmen:

- Ein Ausnahmefall liegt vor, wenn sich der Heimatstaat weigert, einen Pass auszustellen oder die Passbeschaffung bei den zuständigen Stellen des Heimatstaates nicht zumutbar ist (vgl. dazu §§ 48, 49 Abs. 2 AufenthG). Der Familienangehörige ist gemäß § 48 Abs. 3 AufenthG mitwirkungs- und nachweispflichtig.

■ Generelle Ausnahmen und Befreiungen von der Passpflicht ergeben sich aus einer Entscheidung nach § 3 Abs. 2 AufenthG oder aus der Aufenthaltsverordnung.

I

5.8 Schutz der Sicherheit der Bundesrepublik Deutschland – Zwingende Voraussetzung

Gemäß § 5 Abs. 4 Satz 1 AufenthG ist die Erteilung eines Aufenthaltstitels zu versagen, wenn ein Ausweisungsinteresse nach § 54 Nr. 2 oder 4 AufenthG besteht. Nach Satz 2 können von Satz 1 in begründeten Einzelfällen Ausnahmen zugelassen werden, wenn sich der Ausländer gegenüber den zuständigen Behörden offenbart und glaubhaft von seinem sicherheitsgefährdenden Handeln Abstand nimmt.

Der Versagungsgrund des § 5 Abs. 4 i. V. m. § 54 Abs. 1 Nr. 2 oder 4 AufenthG bezweckt den Schutz der Sicherheit der Bundesrepublik Deutschland. Nach der Begründung des Regierungsentwurfs zum Zuwanderungsgesetz darf „Personen, bei denen es sich um gewaltbereite Extremisten, Terroristen oder Unterstützer von Terroristen handelt, [...] kein Aufenthaltstitel erteilt werden. ... Der Versagungsgrund gilt uneingeschränkt sowohl für Aufenthaltstitel, die im Ermessenswege erteilt werden können, als auch für solche, auf die ein gesetzlicher Anspruch besteht." (BT-Drucks. 15/420 S. 70). Die Gefahrenprognose erfordert eine umfassende und konkrete Prüfung der Aktivitäten der Vereinigung und der Aktivitäten des Ausländers aufgrund einer (tatrichterlichen) wertenden Gesamtbetrachtung (vgl. BVerwG, Urt. v. 22.5.2012 – 1 C 8.11, InfAuslR 2012, 380).

6. Erteilung einer Aufenthaltserlaubnis nach der Einreise

Dem nach § 4 Abs. 1 Satz 1 AufenthG aufenthaltstitelpflichtigen Familienangehörigen wird nach der Einreise in das Bundesgebiet nach Ablauf der Gültigkeitsdauer des für den Familiennachzug „erforderlichen" nationalen Visums (§ 6 Abs. 3 AufenthG) durch die zuständige Ausländerbehörde (§ 71 Abs. 1 AufenthG) eine Aufenthaltserlaubnis nach Maßgabe der §§ 27 ff. AufenthG auf Antrag erteilt und später verlängert (§§ 7, 8 AufenthG), solange die Voraussetzungen für die Erteilung einer Niederlassungserlaubnis (§ 9, § 28 Abs. 2 Satz 1, § 31 Abs. 3, § 35 AufenthG) oder Erlaubnis zum Daueraufenthalt-EU (§ 9a AufenthG) nicht vorliegen. Die Antragstellung löst die Fortgeltungswirkung des § 81 Abs. 4 AufenthG aus.

Hinweis:

Die Fortgeltungswirkung tritt nicht in den Fällen ein, in denen der Ausländer im Besitz eines Schengen-Visums nach § 6 Abs. 1 Nr. 1 AufenthG oder eines Flughafentransitvisums nach § 6 Abs. 1 Nr. 2 AufenthG war und einen Verlängerungsantrag oder einen Antrag auf Erteilung eines anderen Aufenthaltstitels gestellt hat (§ 81 Abs. 4 Satz 2 AufenthG).

Die Aufenthaltserlaubnis wird dem Ausländer nur auf „seinen Antrag" hin erteilt, soweit nichts anderes bestimmt ist (§ 81 Abs. 1 AufenthG).

Hinweis:

Nach § 80 Abs. 1 AufenthG und § 12 Abs. 1 AsylG sind volljährige Ausländer m. W. v. 1.11.2015 handlungsfähig (vgl. Gesetz zur Verbesserung der Unterbringung, Versorgung und Betreuung ausländischer Kinder und Jugendlicher v. 28.10.2015 – BGBl. I S. 1802). Vorher reichte die Vollendung des 16. Lebensjahres für die Handlungsfähigkeit.

Für Ausländer, die das 18. Lebensjahr noch nicht vollendet haben, hat der gesetzliche Vertreter oder der Betreuer im Bundesgebiet den Antrag zu stellen (§ 80 Abs. 4 AufenthG). Nach § 33 Satz 1 und 2 AufenthG wird der Aufenthaltstitel den im Bundesgebiet geborenen Kindern „von Amts wegen" erteilt.

7. Bedingungen und Auflagen zur Aufenthaltserlaubnis

Die Aufenthaltserlaubnis (auch Visum) kann mit Bedingungen und Auflagen verbunden werden (§ 12 Abs. 2 AufenthG). Auflagen (z. B. räumliche Beschränkung) können auch nachträglich angeordnet werden. Die Anordnung von Bedingungen und Auflagen zur Aufenthaltserlaubnis ist in das Ermessen der zuständigen Behörde gestellt. Sie ist nur dann ermessensgerecht, wenn sie der Verfolgung und Verwirklichung aufenthaltsrechtlicher Zwecke dient. Bedingungen oder Auflagen können verfügt werden, wenn dies zur Wahrung öffentlicher Interessen geboten erscheint.

Durch die mit einer Aufenthaltserlaubnis verbundene Auflage kann dem Ausländer ein bestimmtes Tun, Dulden oder Unterlassen auferlegt werden. Auflagen sollen zur Wahrung öffentlicher Interessen verfügt werden. Durch eine Auflagenbestimmung kann der Aufenthaltszweck konkretisiert werden. Eine besondere Form der Auflage ist die räumliche Beschränkung der Aufenthaltserlaubnis, die für das Bundesgebiet erteilt wird. Sie darf nicht dem gesetzlichen Zweck des Aufenthalts zuwiderlaufen. So darf ein bestehendes Assoziationsrecht für Familienangehörige nach Art. 7 ARB 1/80 nicht durch Auflage ausgeschlossen werden (z. B. Verbot einer Beschäftigung). Bedingungen und Auflagen bedürfen der Schriftform (§ 77 Abs. 1 Satz 1 Nr. 1 Buchst. a AufenthG). Die gesetzlichen Wirkungen nach § 12a Abs. 1 AufenthG und § 81 Abs. 3 oder 4 AufenthG können mangels Verwaltungsaktqualität nicht mit einer Nebenbestimmung nach § 12 Abs. 2 AufenthG verbunden werden. Dennoch bleiben sie auch nach Ablauf der Geltungsdauer einer Aufenthaltserlaubnis bis zur Aufhebung oder Erfüllung der Ausreisepflicht im Gegensatz zur Nebenbestimmung, die die Ausübung einer Erwerbstätigkeit betrifft (vgl. § 84 Abs. 1 Satz 1 Nr. 3 und Abs. 2 Satz 2 AufenthG), in Kraft (§ 51 Abs. 7 AufenthG).

Beispiel:

Eine türkische Staatsangehörige arabischer Volkszugehörigkeit, die Mutter zweier nichtehelicher Kinder und deshalb Repressalien ihrer Familie ausgesetzt ist, hat einen Anspruch darauf, dauerhaft außerhalb des Zuständigkeitsbereichs der Ausländerbehörde zu wohnen, wenn sie damit den Gefährdungen durch ihre Familie entgehen kann (vgl. VG Lüneburg, 18.4.2007 – 5 A 93/06).

Ob eine Aufenthaltserlaubnis mit einer Auflage nach § 12 Abs. 2 Satz 2 AufenthG verbunden wird, liegt im Ermessen der Ausländerbehörde. Das Ermessen kann durch Verwaltungsvorschriften, die gruppenbezogene Regelungen enthalten können, gelenkt werden. Die Ermessensbindung geht jedoch nicht so weit, dass wesentliche Besonderheiten des Einzelfalls nicht mehr berücksichtigt werden können. Das Erfordernis einer individuellen Ermessensentscheidung gebietet es deshalb, die der Behörde bekannten oder erkennbaren Belange des Ausländers von Amts wegen bereits bei der Entscheidung über eine Auflagenanordnung zu berücksichtigen (vgl. § 24 Abs. 2 VwVfG) und nicht erst in einem nachgelagerten, vom Ausländer einzuleitenden Verfahren auf Aufhebung oder Änderung der Auflage (vgl. BVerwG, Urt. v. 15.1.2008 – 1 C 17.07, InfAuslR 2008, 268). Im gerichtlichen Verfahren ist die Ermessensentscheidung nur daraufhin überprüfbar, ob die Grenzen des Ermessens überschritten oder von dem Ermessen in einer dem Zweck der Ermächtigung nicht entsprechenden Weise Gebrauch gemacht wurde (§ 114 Satz 1 VwGO).

Die Anordnung einer Wohnsitzauflage gemäß § 12 Abs. 2 Satz 2 AufenthG stellt im Vergleich zur räumlichen Beschränkung der Aufenthaltserlaubnis einen geringeren Eingriff dar. Sie bestimmt den gewöhnlichen Aufenthalt im Bundesgebiet, schränkt jedoch die Freizügigkeit im Bundesgebiet im Gegensatz zur räumlichen Beschränkung nicht ein. Ein Bedürfnis für eine Wohnsitzauflage kann sich aus dem erwarteten oder befürchteten Verhalten einer Ausländergruppe insgesamt ergeben (vgl. BVerwG, Urt. v. 19.3.1996 – 1 C 34.93, InfAuslR 1996, 392). Entsprechende Regelungen können im Rahmen einer Verwaltungsvorschrift erlassen werden (Ermessensbindung, Ermessenslenkung der Verwaltung). Dem steht nicht entgegen, dass im Einzelfall schutzwürdige Individualinteressen (z. B. die Notwendigkeit des Umzugs in ein anderes Bundesland zwecks Herstellung einer familiären Lebensgemeinschaft) von Amts wegen angemessen zu berücksichtigen sind (vgl. VG Oldenburg, Beschl. v. 27.10.2008 – 11 B 2496/08, InfAuslR 2009, 130, zur Wohnsitzauflage bei deutschem Kleinkind).

8. Wohnsitzregelung

Mit der befristeten Wohnsitzregelung nach § 12a AufenthG, die nach Art. 8 Abs. 5 des Integrationsgesetzes – IntG – v. 31.7.2016 (BGBl. I S. 1939) bis 6.8.2019 gilt, ist eine wichtige Voraussetzung für eine gelingende Integration von Schutzberechtigten geschaffen worden (vgl. *Thym*, Integration kraft Gesetzes? Grenzen und Inhalte des „Integrationsgesetzes" des Bundes, ZAR 2016, 241–251; *Eichenhofer*, Integrationsgesetzgebung, ZAR 2016, 251–261; *Welte*, Integrationsgesetz im Asylbereich, InfAuslR 2016, 389–391; *Welte*, Das Integrationsgesetz – Änderungen im SGB III und AsylbLG, ZAZ 2016, 269–274; *Welte*, Die neue aufenthaltsrechtliche Verfestigung von Asylberechtigten und Konventionsflüchtlingen, KommP spezial 3/2016). Länder und Kommunen bekommen damit ein Instrument an die Hand, um eine integrationsfreundliche Verteilung zu organisieren. Die Wohnsitzzuweisung ermöglicht, Schutzberechtigte gleichmäßig auf das Bundesgebiet zu verteilen. Mit der Zuweisung will die Bundesregierung die Integration erleichtern und vermeiden, dass beispielsweise soziale Brennpunkte entstehen.

Die Regelungen zur Wohnsitzverpflichtung für anerkannte Flüchtlinge und Inhaber bestimmter anderer humanitärer Aufenthaltstitel in § 12a Abs. 1 bis 9 AufenthG sind Teil des mit dem Gesetz verfolgten integrationspolitischen Gesamtansatzes und sollen die Integration dieser Personengruppe fördern und integrationshemmenden Segregationstendenzen entgegenwirken (sozialverantwortliche Steuerung des Aufenthalts). Sie werden durch Änderungen im Zweiten Buch Sozialgesetzbuch (SGB II), insbesondere zur örtlichen Zuständigkeit der Träger der Grundsicherung für Arbeitsuchende, sowie durch eine Änderung des Zwölften Buches Sozialgesetzbuch (SGB XII) flankiert.

§ 12a AufenthG findet auf Ausländer (auch Staatenlose) Anwendung,

■ die im Asylverfahren als

– Asylberechtigte nach Art. 16a Abs. 1 GG,

– Flüchtlinge i. S. v. § 3 Abs. 1 AsylG oder

– subsidiär Schutzberechtigte i. S. v. § 4 Abs. 1 AsylG

anerkannt worden sind, ungeachtet dessen, ob sie einen Aufenthaltstitel besitzen.

■ denen eine Aufenthaltserlaubnis nach

– § 22 AufenthG – Aufnahme aus dem Ausland –,

– § 23 AufenthG – Aufenthaltsgewährung bei besonders gelagerten politischen Verhältnissen; Neuansiedlung von Schutzsuchenden – oder

– § 25 Abs. 3 Satz 1 AufenthG – national subsidiär Schutzberechtigte

erstmalig erteilt worden ist.

I

Hinweis:

Ausgenommen von der Wohnsitzregelung sind Flüchtlinge, die bereits eine Ausbildung machen oder sozialversicherungspflichtig beschäftigt sind und damit bereits einen wichtigen eigenen Beitrag zu ihrer Integration erbringen. Die Voraussetzung dabei ist: mindestens 15 Wochenarbeitsstunden mit einem Einkommen von mindestens 712 Euro. Das ist der monatliche Durchschnittsbedarf gemäß Sozialgesetzbuch.

§ 12a Abs. 6 AufenthG enthält die Klarstellung, dass eine Verpflichtung oder Zuweisung nach § 12a AufenthG auch für nachziehende Familienmitglieder (§§ 27 ff. AufenthG) entsprechend gilt (vgl. Art. 23 QRL). In die der Wohnsitzregelung des § 12a AufenthG sind daher auch die nachziehenden Familienangehörigen dieser Normadressaten gemäß § 12a Abs. 6 AufenthG einbezogen.

Die Anordnung einer positiven oder negativen Wohnsitzverpflichtung nach § 12a Abs. 2 bis 4 AufenthG erfordert Ermessenserwägungen, die zur Erfüllung aufenthaltsrechtlicher Zwecke dienen und bei denen insbesondere der Schutz von Ehe und Familie nach Art. 6 GG sowie der Schutz des Familienlebens nach Art. 7 GRCh und Art. 8 EMRK angemessen zu berücksichtigen ist. Das Ermessen ist insbesondere am Gesetzeszweck der nachhaltigen Integration auszurichten. Die Ermessenserwägungen sind am Grundsatz der Verhältnismäßigkeit (Art. 52 Abs. 1 Satz 2 GRCh) auszurichten. Raum für eine Ermessensausübung ist nur dann, wenn kein Aufhebungsgrund nach § 12a Abs. 5 AufenthG vorliegt, der einer der Verpflichtungen nach § 12a Abs. 2 bis 4 AufenthG zwingend entgegensteht.

In den Fällen des § 12a Abs. 5 AufenthG, der auf nachgezogene Familienangehörige des Ausländers (§ 12a Abs. 7 Satz 2 AufenthG) entsprechende Anwendung findet, ist auf Antrag zwingend abzusehen von

- der gesetzlichen Wohnpflicht nach § 12a Abs. 1 Satz 1 AufenthG,

- einer im Einzelfall angeordneten Wohnsitzzuweisung nach § 12a Abs. 2 und 3 AufenthG oder

- einer Zuzugssperre nach § 12a Abs. 4 AufenthG ist.

Liegt einer der Ausnahmetatbestände nach § 12a Abs. 5 Satz 1 Nr. 1 Buchst. a oder b oder Nr. 2 Buchst. a, b oder c AufenthG vor, besteht

ein Anspruch auf Aufhebung der Verpflichtung oder Zuweisung; für Ermessen ist kein Raum.
Von § 12a Abs. 5 Nr. 1 Buchst. a und b AufenthG erfasst werden Fälle, in denen bereits wesentliche Voraussetzungen für eine erfolgreiche Integration an einem anderen Ort geschaffen wurden (z. B. berufsorientierende oder berufsvorbereitende Maßnahmen, die dem Übergang in eine entsprechende betriebliche Ausbildung dienen, sowie studienvorbereitende Maßnahmen im Sinne von § 16 Abs. 1 Satz 2 AufenthG, d. h. studienvorbereitende Sprachkurse, Besuch eines Studienkollegs) und familiäre Bindungen an die schützenswerte Kernfamilie an einem anderen (zugewiesenen) Wohnort.

Die Aufhebung einer Verpflichtung oder Zuweisung nach § 12a Abs. 5 Nr. 2 Halbsatz 1 AufenthG setzt voraus, dass es nach den besonderen Umständen des Einzelfalles um die Vermeidung einer Härte (unbestimmter Rechtsbegriff) beim Ausländer oder dessen nachgezogenen Familienangehörigen (§ 12a Abs. 7 Satz 2 AufenthG; Art. 32 QRL) geht. Persönliche Interessen des Ausländers können stärker berücksichtigt werden als beim Begriff des zwingenden Grundes.

Unbillige Härten sind Beeinträchtigungen persönlicher Belange, die im Vergleich zu den betroffenen öffentlichen Interessen und im Hinblick auf den vom Gesetz vorausgesetzten Zweck der Aufenthaltsbeschränkung als unangemessen schwer anzusehen sind.

Hinweis:
Die Beurteilung, ob ein Härtefall i. S. v. § 12a Abs. 5 Nr. 2 Halbsatz 1 AufenthG vorliegt, obliegt der Ausländerbehörde. Es handelt sich um einen gerichtlich voll überprüfbaren unbestimmten Rechtsbegriff. Die Behörde hat sich bei der Auslegung dieses unbestimmten Rechtsbegriffs an den nicht abschließend aufgezählten normativen Beispielen in § 12a Abs. 5 Nr. 2 Halbsatz 2 Buchst. a bis c AufenthG zu orientieren. Dabei sind auch die Auslegungshinweise in Nr. 12.2.5.2.4 AVwV-AufenthG hilfreich.

Für die Beurteilung der Frage, ob nach § 12a Abs. 5 Satz 1 Nr. 2 Halbsatz 2 Buchst. a AufenthG Maßnahmen oder Leistungen der Kinder- und Jugendhilfe nach dem Achten Buch Sozialgesetzbuch mit Ortsbezug einer Wohnsitzregelung nach § 12a AufenthG entgegenstehen, ist das jeweils zuständige Jugendamt zu beteiligen.

Beispiele:

Um die Vermeidung eines Härtefalls i. S. v. § 12a Abs. 5 Nr. 2 Halbsatz 1 AufenthG kann es gehen, wenn von den Eingriffsmaßnahmen nach § 12a Abs. 1 bis 4 AufenthG eine besonders schutzbedürftige Personengruppe betroffen ist (vgl. Art. 24 GRCh; Art. 16 Dublin III-VO; Art. 20 Abs. 3 bis 5, Art. 31, Art. 32 QRL).

Insbesondere ist eine Wohnsitzpflicht aufzuheben, sofern diese dem Wohl, der sozialen Entwicklung, Erwägungen der Sicherheit und der Gefahrenabwehr oder den besonderen Bedürfnissen insbesondere von Kindern und Jugendlichen zuwiderläuft.

Auch kann eine Härte im Sinne von § 12a Abs. 5 Satz 1 Halbsatz 2 Nr. 2 Buchst. c AufenthG mit Blick auf den besonderen Betreuungsbedarf bei Menschen mit Behinderungen in Betracht kommen (vgl. dazu OVG Lüneburg, Beschl. v. 23.2.2015 – 8 PA 13/15, InfAuslR 2016, 175, zur Zulässigkeit einer Wohnsitzauflage; BT-Drucks. 16/10808, S. 48; BVerfG, Beschl. v. 23.3.2011 – 2 BvR 882/09 = BVerfGE 111, 307, 317 f., zur Heranziehung als Auslegungshilfe für die Bestimmung von Inhalt und Reichweite der Grundrechte).

Eine unzumutbare Beschränkung durch eine Wohnortbindung besteht u. a. auch dann, wenn die Verpflichtung oder Zuweisung einen gewalttätigen oder gewaltbetroffenen Partner an den Wohnsitz des anderen Partners bindet, einer Schutzanordnung nach dem Gewaltschutzgesetz oder sonstigen zum Schutz vor Gewalt erforderlichen Maßnahmen entgegensteht.

Hinweis:

Gegen die durch die zuständige Behörde angeordneten Verpflichtungen nach § 12a Abs. 2 bis 4 AufenthG sind Widerspruch und Klage zulässig, da es sich um selbstständig anfechtbare Anordnungen handelt, die nicht das rechtliche Schicksal der Aufenthaltserlaubnis und der gesetzlichen Wohnsitzpflicht nach § 12a Abs. 1 Satz 1 AufenthG teilen.

Insbesondere zur Sicherstellung einer effektiven und zügigen Ausräumung integrationshemmender Unterbringungs- oder Wohnverhältnisse sowie mit Blick auf die übrigen integrationsfördernden Faktoren wird den Rechtsmitteln gegen eine Wohnsitzzuweisung nach § 12a Abs. 2 bis 4 AufenthG die aufschiebende Wirkung nach der Grundregel des § 80 Abs. 1 VwGO kraft Gesetzes genommen.

9. Ausübung einer Erwerbstätigkeit durch Familienangehörige – Nebenbestimmung

§ 27 Abs. 5 AufenthG regelt in Bezug auf Aufenthaltserlaubnisse, die nach Kapitel 2 Abschnitt 6 des Aufenthaltsgesetzes erteilt und verlängert worden sind, dass die Ausübung einer Erwerbstätigkeit kraft Gesetzes zum Berechtigungsinhalt des Aufenthaltstitels gehört. Bei der Formulierung der entsprechenden Nebenbestimmung (vgl. § 4 Abs. 2 und 3 AufenthG) ist auf die Ausübung einer Erwerbstätigkeit (Oberbegriff) abzustellen, die sowohl eine Beschäftigung als auch eine selbstständige Tätigkeit umfasst (vgl. § 2 Abs. 2 AufenthG, zum Begriff).

Die Berechtigung auf Ausübung einer Erwerbstätigkeit resultiert unmittelbar aus dem Aufenthaltsgesetz und bedarf daher nicht der Zustimmung der Arbeitsverwaltung nach § 39 AufenthG. Die Aufenthaltserlaubnis gewährt in ihrer Hauptbestimmung das Aufenthaltsrecht zur Erfüllung der Aufenthaltstitelpflicht nach § 4 Abs. 1 Satz 1 AufenthG und in ihrer Nebenbestimmung gemäß § 4 Abs. 2 AufenthG die Berechtigung zur Ausübung einer Erwerbstätigkeit. Ausländische Familienangehörige, die eine Aufenthaltserlaubnis nach Kapitel 2 Abschnitt 6 des Aufenthaltsgesetzes besitzen, sind daher kraft Gesetzes zum unbeschränkten Arbeitsmarktzugang berechtigt. Die Nebenbestimmung hat daher nur deklaratorischen Charakter.

Wichtig: Bei Familienangehörigen berechtigt die Aufenthaltserlaubnis zur Ausübung jeder Erwerbstätigkeit, ohne dass eine Zustimmung der Arbeitsverwaltung gemäß § 39 AufenthG erforderlich wäre (§ 27 Abs. 5 AufenthG). Berufs- oder gewerberechtliche Regelungen werden durch § 27 Abs. 5 AufenthG nicht berührt. Die deklaratorische Nebenbestimmung lautet: „Erwerbstätigkeit erlaubt."

I

Hinweis:

Nach § 4 Abs. 2 Satz 2 AufenthG muss jeder Aufenthaltstitel durch eine besondere Nebenbestimmung erkennen lassen, ob die Ausübung einer Erwerbstätigkeit erlaubt ist. Enthält der Aufenthaltstitel keine entsprechende positive Nebenbestimmung (z. B. „Erwerbstätigkeit erlaubt") über die Ausübung einer Erwerbstätigkeit, darf sich der Ausländer von Gesetzes wegen nicht entsprechend betätigen und von Arbeitgebern nicht beschäftigt oder mit einer entgeltlichen Dienst- und Werkleistung beauftragt werden (§ 4 Abs. 3 Satz 1 und 2 AufenthG; § 98 Abs. 2a AufenthG – zur Sanktion).

§ 27 Abs. 5 AufenthG schließt nicht aus, dass dem nachgezogenen Ausländer auch eine Erwerbstätigkeit im Rahmen der Arbeitsmigration nach §§ 18 bis 21 AufenthG insbesondere dann erlaubt werden kann, wenn der familienbezogene Aufenthaltszweck entfällt und kein eigenständiges Aufenthaltsrecht erlangt wird. Außerdem kann der nachgezogene Familienangehörige in ein Assoziationsrecht nach Art. 6 Abs. 1 oder Art. 7 Satz 1 ARB 1/80 hineinwachsen. In diesem Fall wird ihm auf Antrag eine deklaratorische und vom bisherigen Aufenthaltszweck des Familiennachzugs unabhängige Aufenthaltserlaubnis nach § 4 Abs. 5 Satz 1 AufenthG, die zum Nachweis des Assoziationsrechts dient (vgl. § 98 Abs. 2 Nr. 1 AufenthG, zur Bußgeldbewehrung), ausgestellt. Da sich in diesem Fall der Aufenthaltszweck ändert, ist dies im Aufenthaltstitel zu vermerken und dem AZR mitzuteilen.

Hinweis:

Auch Familienangehörige von Studenten, die eine Aufenthaltserlaubnis nach Kapitel 2 Abschnitt 6 des Aufenthaltsgesetzes besitzen, benötigen für die Ausübung einer Beschäftigung nicht die Zustimmung der Bundesagentur für Arbeit. Die Regelungen des § 16 Abs. 3 und Abs. 4 Satz 2 AufenthG, die sich ausschließlich auf Studenten während des Studiums und der Arbeitsplatzsuche beziehen, berühren nicht die Berechtigung zur Ausübung einer Erwerbstätigkeit für Familienangehörige nach § 27 Abs. 5 AufenthG.

Die Erwerbsmöglichkeit der Familienangehörigen nach § 27 Abs. 5 AufenthG besteht unabhängig vom Recht auf Arbeitsmarktzugang des Ausländers, zu dem der Familiennachzug stattgefunden hat. Da § 27 Abs. 5 AufenthG die Fälle umfasst, in denen eine Aufenthaltserlaubnis nach Kapitel 2 Abschnitt 6 des Aufenthaltsgesetzes erteilt oder verlängert worden ist, haben auch die Ehegatten, die nach § 31 Abs. 1 und Abs. 2 AufenthG ein eigenständiges Aufenthaltsrecht erlangt haben, kraft Gesetzes einen unbeschränkten Arbeitsmarktzugang. Gleiches gilt in den Fällen der Erlangung eines eigenständigen Aufenthaltsrechts durch das nachgezogene Kind nach § 34 Abs. 2 Satz 1 AufenthG.

2 Familienzusammenführung nach dem Aufenthaltsgesetz

1. Allgemeine Voraussetzungen für die Familienzusammenführung

Die allgemeinen Voraussetzungen für den Familiennachzug sind geregelt in

- §§ 27, 28 AufenthG hinsichtlich des Nachzugs zu Deutschen,

- §§ 27, 29 AufenthG hinsichtlich des Nachzugs zu Ausländern.

Sofern in den §§ 27 bis 36 AufenthG keine Sonderregelungen getroffen sind, gelten – unbeschadet der vorrangigen Art. 6 Abs. 1, Art. 7, 13 und 14 ARB 1/80 für türkische Assoziationsberechtigte – die allgemeinen Erteilungsvoraussetzungen des § 5 Abs. 1, 2 und 4 AufenthG.

Wichtig: Die Sperrklauseln in § 10 Abs. 1 und 3 und § 11 Abs. 1, 6 und 7 AufenthG sowie die allgemeinen Erteilungsvoraussetzungen sind vorgreiflich zu beachten, es sei denn, eine spezielle Regelung sieht eine Abweichung vor. Gleiches gilt für das Vorliegen eines Einreiseverbots nach Art. 11 Abs. 1 RL 2008/115/EG (Rückführungsrichtlinie – RFRL) z. B. wegen Überschreitens der Ausreisefrist.

2. Begriff des Familiennachzugs

Nach Art. 2 Buchst. d RL 2003/86/EG – Familiennachzugsrichtlinie – (FamiliennachzugRL/EU) handelt es sich bei der „Familienzusammenführung" bzw. beim Familiennachzug um die Einreise und den Aufenthalt von Familienangehörigen eines sich rechtmäßig in einem

EU-Mitgliedstaat aufhaltenden Drittstaatsangehörigen in diesem
EU-Mitgliedstaat, mit dem Ziel, die Familiengemeinschaft aufrecht-
zuerhalten, unabhängig davon, ob die familiären Bindungen vor
oder nach der Einreise des Zusammenführenden entstanden sind.
Dies entspricht dem in Kapitel 2 Abschnitt 6 des Aufenthaltsgesetzes innerstaatlich geregelten Aufenthaltszweck „Aufenthalt aus
familiären Gründen".

3. Grundtatbestand für den Familiennachzug

Im Anwendungsbereich des Kapitels 2 Abschnitt 6 des Aufenthaltsgesetzes – Aufenthalt aus familiären Gründen – wird die Aufenthaltserlaubnis nach § 27 Abs. 1 AufenthG zur Herstellung und
Wahrung der familiären Lebensgemeinschaft erteilt und verlängert
(gesetzlicher Aufenthaltszweck i. S. v. § 7 Abs. 1 Satz 2 AufenthG).
§ 27 Abs. 1 AufenthG verfolgt mit der Erteilung und Verlängerung
einer Aufenthaltserlaubnis zur Herstellung und Wahrung einer familiären Lebensgemeinschaft den Zweck, Ehe und Familie gemäß
Art. 6 GG zu schützen. Diese Nachzugsregelung setzt daher voraus,
dass familiäre Beziehungen hergestellt und gewahrt werden, die
den Schutzwirkungen des Art. 6 GG unterfallen. Diese Zweckbindung hat zum Ziel, den Schutz von Ehe und Familie gemäß Art. 6
GG zu gewährleisten. Dadurch wird dem Schutzgebot des Art. 6 GG
in Bezug auf die Herstellung und Wahrung der familiären Lebensgemeinschaft mit dem Ausländer im Bundesgebiet auf einfachge-
setzlicher Ebene entsprochen.

Art. 6 GG gewährt jedoch keinen unmittelbaren Anspruch auf Aufenthalt im Bundesgebiet (vgl. BVerfG, Beschl. v. 8.12.2005, InfAuslR
2006, 122). Die in Art. 6 Abs. 1 i. V. m. Abs. 2 GG enthaltene wertentscheidende Grundsatznorm verpflichtet die Ausländerbehörde
lediglich, bei der ausländerrechtlichen Entscheidung die familiären
Bindungen des den Aufenthalt im Bundesgebiet begehrenden Ausländers an Personen, die sich berechtigterweise im Bundesgebiet
aufhalten, entsprechend dem Gewicht dieser Bindungen in ihren
Erwägungen zur Geltung zu bringen. Das schließt es nicht generell
aus, den Aufenthalt eines Ausländers, der entsprechende familiäre
Anknüpfungspunkte im Bundesgebiet hat, nach einfachgesetzli-
chen Regelungen nicht zu erlauben (vgl. OVG Hamburg, Beschl. v.
21.2.2008 – 3 Bs 204/07, AuAS 2008, 110, zur Anwendung des § 16
Abs. 2 Satz 1 AufenthG, wenn sich Familienangehörige des Studenten im Bundesgebiet aufhalten). Bei der Abwägung kommt dem

Grundsatz der Verhältnismäßigkeit (vgl. auch Art. 52 Abs. 1 ERCh) besondere Bedeutung zu. Zu den Abwägungskriterien gehören insbesondere die Gesichtspunkte, ob und auf welche Dauer eine familiäre Trennung zugemutet werden kann und ob eine gemeinsame Rückkehr der Ausländer in den Heimatstaat unter Berücksichtigung der Dauer des rechtmäßigen Aufenthalts im Bundesgebiet möglich und zumutbar ist. Eine Orientierungshilfe gibt auch § 53 Abs. 2 und § 55 AufenthG hinsichtlich der Berücksichtigung der einer Ausweisung gegenläufigen Individualinteressen des Ausländers und seiner Familienangehörigen.

Schützenswert nach Art. 6 Abs. 1 GG ist die – tatsächlich gelebte – familiäre Lebensgemeinschaft. Dabei ist eine – nicht an den Lebensumständen des Einzelfalls orientierte – nach rein objektiven Gesichtspunkten schematische Einordnung von familiären Beziehungen als entweder aufenthaltsrechtlich grundsätzlich schutzwürdige Lebens- und Erziehungsgemeinschaft oder aber als bloße Begegnungsgemeinschaft ohne aufenthaltsrechtliche Schutzwirkungen mit Art. 6 Abs. 2 Satz 1 GG nicht vereinbar (vgl. zusammenfassend *Roeser*, EuGRZ 2007, 397, 406 f.). Eine verantwortungsvoll gelebte Eltern-Kind-Gemeinschaft – es kann sich auch um ein Umgangsrecht handeln – lässt sich auch nicht allein quantitativ etwa nach der Zahl und Dauer der persönlichen Kontakte oder genauem Inhalt der Betreuungshandlungen schematisch bestimmen, sondern ist zusätzlich durch geistige und emotionale Auseinandersetzung und Zuneigung, die eine gedeihliche persönliche Verflechtung intensivieren können, geprägt (vgl. BVerfGK 7, 49, 56; BVerfG, NVwZ 2006, 682; dazu *Panzer*, Die richterlichen Aufklärungs- und Begründungspflichten, ZAR 2008, 369, 372 f.). Auch erforderliche Unterhaltsleistungen können ein Zeichen für die Wahrnehmung elterlicher Verantwortung sein (vgl. BVerfGK 7, 49, 58 unter Hinweis auf § 1626 Abs. 3 Satz 1 BGB).

Für das Vorliegen einer familiären Lebensgemeinschaft ist grundsätzlich eine häusliche Gemeinschaft erforderlich. Fehlt sie, so kann eine familiäre Lebensgemeinschaft aber auch durch eine dieser Gemeinschaft entsprechende Beistandsgemeinschaft verwirklicht werden. Die rein formal bestehende Ehe reicht demnach ebenso wenig wie die Zwangsehe, Scheinehe bzw. Aufenthaltsehe nach § 27 Abs. 1a AufenthG.

Darüber hinaus muss diese familiäre Lebensform unter den Schutz der wertentscheidenden Grundsatznorm des Art. 6 GG fallen. Dieser schützt grundsätzlich nur die Kleinfamilie, zu der die Gemeinschaft der Ehegatten sowie die der Eltern mit ihren ehelichen oder nichtehelichen minderjährigen Kindern (auch Adoptiv-, Stief- oder Pflegekinder) zählen.

Die Ausgestaltung der ehelichen Lebensgemeinschaft gehört zu der nach Art. 6 Abs. 1 GG geschützten Privatsphäre der Ehegatten (BVerwGE 45, 174). Der Begriff der ehelichen Lebensgemeinschaft fordert nicht zwingend eine häusliche Gemeinschaft (vgl. BVerwG, Urt. v. 27.1.1998 – 1 C 28.96, InfAuslR 1998, 279). Berufliche oder sonstige persönliche Gründe, die nicht die ehelichen Bindungen berühren, können auch das Leben in verschiedenen Wohnungen plausibel erscheinen lassen. Leben die Ehegatten in verschiedenen Wohnungen, vermittelt § 27 Abs. 1 AufenthG nur dann aufenthaltsrechtlichen Schutz, wenn die Ehegatten den unter Ehepartnern üblichen persönlichen Kontakt pflegen, ihre tatsächliche eheliche Verbundenheit auch nach außen erkennbar und nachprüfbar in Erscheinung tritt und somit tatsächlich in einer Beistandsgemeinschaft ausgestaltet ist (vgl. VGH Kassel, InfAuslR 1998, 340). Zu den Anforderungen an den Nachweis vgl. VGH Mannheim, Urt. v. 25.3.1998 – 13 S 2792/98, DVBl. 1998, 734 L; OVG Münster, NWVBl. 1997, 222.

Wichtig: Hinsichtlich des Bestehens einer ehelichen Lebensgemeinschaft wird nicht vorausgesetzt, dass die Beziehung der Ehegatten noch von einem unbedingten Willen zur Ehe auf Lebenszeit getragen wird, wie dies im Zeitpunkt der Eheschließung verlangt wird (§ 1353 Abs. 1 Satz 1 BGB). Unrichtige Angaben i. S. v. § 95 Abs. 2 Nr. 2 AufenthG liegen in diesem Fall nicht vor.

4. Familiäre Zweck- und Zwangsgemeinschaften

4.1 Ausschlusstatbestand

Durch § 27 Abs. 1a Nr. 1 AufenthG wird ausdrücklich ein Ausschlusstatbestand für den Familiennachzug im Falle einer Scheinehe, Scheinvaterschaft oder Scheinadoption normiert (vgl. *Breitkreuz/ Franßen-de la Cerda/Hübner*, Das Richtlinienumsetzungsgesetz und die Fortentwicklung des deutschen Aufenthaltsrechts – Fortsetzung, ZAR 2007, 381). Die Regelung gilt auch für den Familiennachzug von Ehegatten zu Deutschen, da hier gleichfalls die Gefahr besteht, dass Zweckehen geschlossen werden. Eine Lebensform, die ausschließlich auf die Erlangung eines Aufenthaltsrechts im Bundesgebiet gerichtet ist (Zweckgemeinschaft), ist durch § 27 Abs. 1 AufenthG nicht gedeckt und kann daher auch nicht zu einem Familiennachzug nach den übrigen Nachzugsvorschriften führen. In diesem Fall liegen nicht die tatbestandlichen Voraussetzungen des § 27 Abs. 1 AufenthG hinsichtlich der Herstellung und Wahrung einer ehelichen Lebensgemeinschaft objektiv vor. Eine derartige Zweckgemeinschaft vermittelt daher von vornherein grundsätzlich kein Aufenthaltsrecht (vgl. BVerwG, DVBl. 1995, 1298; BGH, Beschl. v. 22.6.2005 – XII 7 B 247/03, NJW 2005, 2781, zur Prozesskostenhilfe).

Erleichterungen nach Unionsrecht können nicht bewirken, dass den Personen, denen sie gewährt werden, ermöglicht wird, sich durch deren Missbrauch den nationalen Rechtsvorschriften zu entziehen. Die EU-Mitgliedstaaten dürfen die durch die Freizügigkeitsrichtlinie 2004/38/EG verliehenen Rechte (z. B. Freizügigkeit für Familienangehörige; vgl. Art. 3 Abs. 1 RL; § 3 FreizügG/EU) im Falle von Rechtsmissbrauch oder Betrug – wie im Fall von familiären Scheinverhältnissen (z. B. Scheinehe, Scheinpartnerschaft) – verweigern, aufheben (§ 2 Abs. 7 FreizügG/EU, Nichtbestehensfeststellung; vgl. EuGH, Urt. v. 25.7.2008 – C-127/08 – *Metock*, ZAR 2008, 354, mit Anmerkung *Laier* = InfAuslR 2008, 377 = AuAS 2008, 218).

4.2 Täuschung

Durch eine entsprechende Täuschung wird im Wege der Familienzusammenführung kein Aufenthaltsrecht nach Art. 7 Satz 1 ARB 1/80 erworben; das Assoziationsrecht bleibt von vornherein umstritten. Ein türkischer Arbeitnehmer erwirbt im Falle einer durch Vortäuschen einer ehelichen Lebensgemeinschaft (= Zweckehe) erlangten Aufenthaltserlaubnis kein Aufenthaltsrecht nach dem ARB 1/80. In diesem Fall fehlt es an der erforderlichen ordnungsgemäßen Beschäftigung i. S. d. Art. 6 Abs. 1 ARB 1/80. Dies gilt unabhängig davon, ob der Täuschende wegen seines Verhaltens bestraft worden ist bzw. freigesprochen wurde, weil etwa die Ehefrau im Strafverfahren die Aussage verweigert hat. Unerheblich ist auch, ob frühere Aufenthaltserlaubnisse gemäß § 48 VwVfG zurückgenommen wurden, da diese wegen Erschleichens durch Täuschung ohnehin keine ordnungsgemäße Beschäftigung begründen konnten und das Aufenthaltsrecht von vornherein umstritten war (BVerwG, Urt. v. 12.4.2005 – 1 C 9/04, NVwZ 2005, 1329).

Der Aufenthalt eines Ausländers ist nicht als gefestigt oder ordnungsgemäß anzusehen, wenn er durch Täuschung oder Zwang

I

zustande gekommen ist (§ 27 Abs. 1a AufenthG; vgl. EuGH, Urt. v. 5.6.1997 – C-285/95 – Kol, InfAuslR 1997, 338 = DVBl. 1997, 894, zum Vorliegen einer ordnungsgemäßen Beschäftigung i. S. v. Art. 6 Abs. 1 ARB 1/80). Insoweit besteht kein Vertrauensschutz auf einen Behalt des Aufenthaltsrechts.

Hinweis:

- Der ausländische Ehegatte, der ein nationales Visum zum Ehegattennachzug (§ 28 Abs. 1 Satz 1 Nr. 1, § 30 AufenthG) begehrt, trägt auch nach Einfügung des Abs. 1a Nr. 1 in § 27 AufenthG aufgrund des EU-Richtlinienumsetzungsgesetzes v. 19.8.2010 (BGBl. I S. 1970) im Fall der Nichterweislichkeit des Vorliegens einer Schein- bzw. Zweckehe die **materielle Beweislast** für die gemäß § 27 Abs. 1 AufenthG erforderliche Absicht, eine eheliche Lebensgemeinschaft im Bundesgebiet zu führen (vgl. BVerwG, Urt. v. 30.3.2010 – 1 C 7.09). Liegen konkrete Anhaltspunkte für eine Schein- bzw. Zweckehe vor, liegt es am Ehegatten, dies zu widerlegen (§ 82 Abs. 1 AufenthG).

- Eine Täuschung kann durch unrichtige Angaben bezüglich der Herstellung und Wahrung einer ehelichen Lebensgemeinschaft unabhängig davon bewirkt werden (z. B. Zweckehe), ob der Ausländer wegen seines Verhaltens nach § 95 Abs. 2 Nr. 2 AufenthG bestraft worden ist; dem steht die Unschuldsvermutung nach Art. 6 Abs. 2 EMRK nicht entgegen (vgl. BVerwG, Urt. v. 17.6.1998 – 1 C 27.96, InfAuslR 1998, 424 = DVBl. 1998, 1028). Die Erteilung oder Verlängerung eines Aufenthaltstitels nach § 4 Abs. 5 AufenthG ist daher rechtswidrig (vgl. § 48 VwVfG, zur Rücknahme des Aufenthaltstitels mit Rückwirkung).

4.3 Scheinehe

Die Scheinehe wird rechtsmissbräuchlich zur Erreichung ehefremder Zwecke angestrebt und geschlossen. Flankierende Motive bei der Eheschließung – wie beispielsweise Namensführung, Erbschaft, Ortszuschlag, Steuervorteile, Wohnungsberechtigung – begründen jedenfalls dann keine missbräuchliche Ehe i. S. d. § 27 Abs. 1a Nr. 1 AufenthG, wenn gleichzeitig der Wille zu einer „tatsächlich gelebten ehelichen Gemeinschaft" besteht. Liegt jedoch eine Scheinehe vor, ist das Begriffsmerkmal „eheliche oder familiäre Lebensgemeinschaft" i. S. v. § 27 Abs. 1 und § 31 Abs. 1 Satz 1 Nr. 1 AufenthG, das unter der Schutzwirkung des Art. 6 Abs. 1 GG steht und für den Ehegattennachzug und die Erlangung eines eigenständigen Aufenthaltsrechts vorausgesetzt wird, nicht erfüllt.

In dem auf die Erteilung eines Aufenthaltstitels gerichteten Vornahmefall im Visum- oder Antragsverfahren (vgl. § 30a AufenthV; § 81 AufenthG) trifft den Ausländer die objektive Beweislast (Feststellungslast) für die Herstellung und Wahrung einer ehelichen Lebensgemeinschaft. Er hat daher die nachteiligen Folgen der Nichterweislichkeit einer ehelichen Lebensgemeinschaft zu tragen (vgl. VGH Kassel, Beschl. v. 1.7.2005 – 9 TG 1210/05; VGH Kassel, Beschl. v. 9.8.2004 – 9 TG 1179/04, FamRZ 2005, 989). Dies entspricht auch § 82 Abs. 1 Satz 1 AufenthG bezüglich der Mitwirkungsobliegenheiten des Ausländers im behördlichen Verfahren (vgl. § 86 Abs. 1 Satz 1 Halbsatz 2 VwGO bezüglich des gerichtlichen Verfahrens).

Die Anforderungen an die Feststellung einer Zweckehe im Abwehrfall bereiten in der Praxis erhebliche Schwierigkeiten, da die Ausländerbehörde wegen des Verbots der Ausforschung der Privatsphäre (Art. 1 Abs. 1, Art. 2 Abs. 1 GG, informationelles Selbstbestimmungsrecht) darin Grenzen gesetzt sind und entsprechende Feststellungen auch mit Art. 6 Abs. 1 GG nicht vereinbare Belastungen von echten Ehen wegen des Nachweises über das tatsächliche Bestehen der Ehe mit sich bringen können (vgl. *Jobs*, Beweismaß und Beweislast beim Ehegattennachzug, ZAR 2008, 295). Dabei hat die Ausländerbehörde eine umfassende Pflicht zur Sachverhaltsaufklärung (vgl. OVG Bremen, NVwZ-Beil. 1998, 92). Es muss feststehen, dass ein solcher Umstand für eine Zweckgemeinschaft aktuell gegeben ist. An das Vorliegen entsprechender Umstände werden höhere Anforderungen als an das Vorliegen einer Zwangsehe gestellt, da es bei familiären Scheinverhältnissen insbesondere um ordnungspolitische Gesichtspunkte in Relation zum verfassungsrechtlichen Familienschutz des Art. 6 GG und es bei Zwangsehen um schützenswerte elementare Grund- und Menschenrechte von hohem Rang geht. Es müssen daher im Rahmen der Sachverhaltsermittlung nach § 24 (L)VwVfG herauskristallisierte tatsächliche Anhaltspunkte für eine Zwangsehe vorliegen. Der Ehegatte hat im Verwaltungsverfahren gemäß § 82 Abs. 1 und 2 AufenthG ausreichend Gelegenheit, ein für ihn ungünstiges behördliches Ermittlungsergebnis im Rahmen seiner Mitwirkungsobliegenheiten zu widerlegen. Es besteht grundsätzlich keine Offenbarungspflicht in Bezug auf Umstände, die für den Ausländer ungünstig sind, es sei denn, er hat sich zu einer entsprechenden Mitwirkung verpflichtet (vgl. BVerwG Urt. v. 14.5.2013 – 1 C 16.12, InfAuslR 2013, 328). Dennoch unterliegt er der Wahrheitspflicht (§ 95 Abs. 2 Nr. 2 AufenthG, zur Strafbarkeit; § 82 Abs. 3 AufenthG, zur Pflichterfüllung; § 55 Abs. 2 Nr. 1 AufenthG, zur Ausweisung).

In den Fällen der Zweckehe besteht für den Standesbeamten die gesetzliche Verpflichtung nach § 1310 Abs. 1 Satz 2 Halbsatz 2 BGB, an der Eheschließung nicht mitzuwirken, da ein Eheaufhebungsgrund nach § 1314 Abs. 2 Nr. 5 BGB vorliegt. Der Standesbeamte ist nicht befugt, Motive und Zwecke der Eheschließung zu erforschen und damit die Schließung der Ehe zu verweigern, wenn entsprechende Vorbehalte für ihn nicht erkennbar sind oder sich nicht aufdrängen (vgl. OVG Saarlouis, Beschl. v. 12.12.2005 – 2 W 27/05, NVwZ 2006, 718, zur Prüfpflicht des Standesbeamten bezüglich des Vorliegens einer Schein- bzw. Aufenthaltsehe). Eine Motivforschung ist nur dann gerechtfertigt, wenn sich mit Rücksicht auf das Verhalten der Verlobten berechtigterweise eine beabsichtigte Zweckehe vermuten lässt (vgl. OLG Hamburg, NVwZ 1983, 242 = NJW 1983, 1274 L). Prozesskostenhilfe für die Scheidung einer Zweckehe wird nicht gewährt (vgl. OLG Stuttgart, FamRZ 1992, 195).

Beispiele:

■ Leben die Ehepartner in einer häuslichen Gemeinschaft zusammen, liegt eine Scheinehe nicht bereits dann vor, wenn die Ehegatten sowohl zur Herstellung einer ehelichen Lebensgemeinschaft als auch unter dem Gesichtspunkt geheiratet haben, dem ausländischen Ehegatten ein Aufenthaltsrecht im Bundesgebiet zu verschaffen (vgl. VGH Kassel, Beschl. v. 19.1.2001 – 9 TG 3767/00, EZAR 023 Nr. 22).

■ Soll die Ehe nur zu dem Zweck geschlossen werden, einem Ausländer die Aufenthaltserlaubnis zu verschaffen oder dessen Ausweisung zu verhindern und ist die Herstellung einer ehelichen Lebensgemeinschaft in Wirklichkeit nicht beabsichtigt bzw. die Ehe nur auf eine bestimmte Zeit gewollt, so können solche Vorbehalte und Voraussetzungen die Ablehnung der Eheschließung durch den Standesbeamten rechtfertigen (§ 1310 Abs. 1 Satz 2, § 1314 Abs. 2 Nr. 5 BGB).

- Liegt eine Scheinehe vor, ist das Aufenthaltsrecht eines türkischen Arbeitnehmers, das ursprünglich nach § 30 AufenthG gewährt worden ist und in ein Beschäftigungsrecht nach Art. 6 Abs. 1 ARB 1/80 und ein Aufenthaltsrecht nach § 4 Abs. 5 AufenthG übergegangen wäre, bis zur Rücknahme des Aufenthaltstitels nach § 48 (L)VwVfG mangels Vertrauensschutzes von vornherein umstritten. Für eine Verlängerung des Aufenthaltstitels nach § 30 AufenthG oder nach Art. 6 Abs. 1 ARB 1/80 ist dann kein Raum mehr.

4.4 Zwangsverheiratung

§ 27a Abs. 1a Nr. 2 AufenthG dient zusammen mit den neuen Regelungen in § 30 Abs. 1 Satz 1 Nr. 1 und 2 (Altersgrenze und Spracherfordernis) sowie § 28 Abs. 1 Satz 4 AufenthG der Bekämpfung von Zwangsverheiratungen, die nach § 237 StGB strafbar sind und für eine Ausweisung Anlass geben können (vgl. § 53 Abs. 1, § 54 Abs. 6 AufenthG).

Durch eine zwangsweise Eheschließung (Zwangsheirat) wird das durch die Verfassung geschützte Recht des Opfers auf selbstbestimmte Heirat verletzt. Nach ständiger Rechtsprechung des Bundesverfassungsgerichts schützt Art. 6 Abs. 1 GG die Eheschließungsfreiheit, also das Recht jedes Menschen, die Ehe mit einer selbst gewählten Person einzugehen (BVerfGE 31, 58, 67; 76, 1, 42; 105, 313, 342). Darüber hinaus wird das Recht auf freie Eheschließung und selbstbestimmte Partnerwahl durch Art. 16 AllgErklMenschenR der Vereinten Nationen, Art. 9 GRCh und Art. 12 EMRK garantiert. In der Empfehlung Nr. 21 des UN-Komitees zur Abschaffung aller Formen der Diskriminierung von Frauen heißt es: „Das Recht, einen Partner zu wählen und eine Heirat freiwillig einzugehen, ist von zentraler Bedeutung für das Leben einer Frau, für ihre Würde und Gleichberechtigung als menschliches Wesen" (vgl. Begründung des Entwurfs eines Gesetzes zur Bekämpfung der Zwangsheirat und zum besseren Schutz der Opfer von Zwangsheirat sowie zur Änderung weiterer aufenthalts- und asylrechtlicher Vorschriften v. 13.1.2011, BT-Drucks. 17/4401, S. 2).

Der Ausweisungstatbestand des § 55 Abs. 2 Nr. 11 AufenthG betrifft die Nötigung zur Zwangsehe oder den Versuch. Um die Nötigung zur Zwangsehe stärker als bisher als strafwürdiges Unrecht zu ächten, ist ein eigener Straftatbestand (§ 237 StGB) geschaffen worden

I

(vgl. Art. 4 des Gesetzes zur Bekämpfung der Zwangsheirat und zum besseren Schutz der Opfer von Zwangsheirat sowie zur Änderung weiterer aufenthalts- und asylrechtlicher Vorschriften). Dadurch bringt der Gesetzgeber klar zum Ausdruck, dass Zwangsheirat als schweres Unrecht zu verurteilen ist. Er tritt damit gleichzeitig der Fehlvorstellung entgegen, es handele sich um eine zumindest tolerable Tradition aus früheren Zeiten oder anderen Kulturen. Eine spezielle Strafnorm gegen Zwangsheirat ist ein eindeutiges Signal, dass der Staat den mit einer Zwangsheirat verbundenen Eingriff in die Rechte betroffener Personen mit dem schärfsten ihm zur Verfügung stehenden Mittel unterbinden will (vgl. auch § 27 Abs. 1a Nr. 2 AufenthG – zum Ausschluss des Ehegattennachzugs). Dies muss bei der Anwendung dieses Ausweisungstatbestandes ermessensreduzierend berücksichtigt werden. Durch den erhöhten Strafrahmen, der als Strafe eine Freiheitsstrafe von sechs Monaten bis zu fünf Jahren vorsieht, wird das besondere Unrecht einer Zwangsheirat verdeutlicht. Für die bei einer Zwangsheirat häufig hinzutretenden Gewalttaten greifen die allgemeinen Strafvorschriften, insbesondere die Körperverletzungs- und Sexualstraftatbestände.

Hinweis:

Begriff der Zwangsheirat (vgl. BT-Drucks. 17/4401 v. 13.1.2011, S. 8):

„Eine Zwangsheirat liegt dann vor, wenn mindestens einer der Eheschließenden durch Willensbeugung zur Ehe gebracht wird. Zu den Mitteln der Willensbeugung gehören physische und sexuelle Gewalt und insbesondere die Ausübung von Druck durch Drohungen in ganz unterschiedlicher Art und Weise. Der Druck geht dabei überwiegend von Angehörigen der eigenen Familie aus, wie den Eltern oder Geschwistern, aber auch von dem Verlobten bzw. den Schwiegereltern. Der ausgeübte Druck kann alle Lebensbereiche betreffen, sich auch auf Einschränkungen des Lebensstils und der Bewegungsfreiheit beziehen und Sanktionen wie den Ausschluss aus dem Familienverband oder andere erniedrigende und kontrollierende Handlungen beinhalten – in drastischen Fällen bis hin zur Drohung mit „Ehrenmord". Nicht als „Zwangsheirat" bezeichnet werden arrangierte Ehen, bei denen die Eheschließenden trotz des Arrangements in freier Entscheidung die Ehe wählen."

Im geltenden Eherecht unterliegt eine Ehe der Aufhebung, wenn ein Ehegatte zur Eingehung der Ehe widerrechtlich durch Drohung bestimmt worden ist (§ 1314 Abs. 2 Nr. 4 BGB). Antragsberechtigt ist der bedrohte Ehegatte. Der Standesbeamte muss seine Mitwirkung an der Eheschließung verweigern, wenn offenkundig ist, dass die Ehe aufhebbar ist, weil ein Ehegatte zur Eingehung der Ehe widerrechtlich durch Drohung bestimmt worden ist (§ 1310 Abs. 1 Satz 2 Halbsatz 2 BGB).

Keine Zwangsehe liegt im Fall sog. arrangierter Ehen vor, welche als traditionelle soziale Form von Eheschließungen in verschiedenen Herkunftsländern vorkommen. Bei diesen ist in Abgrenzung von der Zwangsehe wesentlich, dass trotz der vorherigen familiären Absprachen und meist nur kurzer vorheriger Begegnung der Verlobten (oft im Beisein der Familie) die Betroffenen den empfohlenen Ehegatten letztlich auch eigenmächtig „ablehnen" können, d. h. es wird eine freiwillige Entscheidung zur Eheschließung nicht in einer Zwangslage getroffen. Diese Form von echt arrangierter Eheschließung ist damit ungeachtet ihres vermittelten Zustandekommens und u. U. überwiegend anderer Motive auch auf die freiwillige Herstellung einer ehelichen Lebensgemeinschaft gerichtet.

Im Gegensatz zu § 27 Abs. 1a Nr. 1 AufenthG genügen hinsichtlich von Zwangsverheiratungen bereits tatsächliche Anhaltspunkte (z. B. Mitteilung nach § 87 Abs. 4 AufenthG), da hier – anders als bei der Bekämpfung von Scheinehen – nicht nur ordnungspolitische Gesichtspunkte, sondern der Schutz elementarer Menschenrechte, die für ein friedliches und gedeihliches Zusammenleben in einem nach rechtsstaatlichen Grundsätzen geprägten Einwanderungsland unerlässlich sind, im Raum stehen (z. B. Handlungsfreiheit, Recht auf Selbstbestimmung). Durch das Erfordernis tatsächlicher Anhaltspunkte für die Annahme einer Zwangsverheiratung wird klargestellt, dass im aufenthaltsrechtlichen Verfahren keine Prüfung dieses Versagungsgrundes aufgrund bloßer Vermutungen oder Hypothesen, etwa anhand der Häufigkeit von arrangierten Eheschließungen in einem Herkunftsland, durchgeführt werden soll, sondern nur, wenn konkrete Anhaltspunkte im Einzelfall eine derartige Annahme begründen können.

Beispiel:

Hat einer der Ehegatten keine freie Zustimmung zur Eheschließung gegeben, liegt eine Zwangsheirat vor. Eine Variante ist,

I

dass in Deutschland lebende Migranten als Ergebnis von Familienvereinbarungen Mädchen aus dem Heimatland heiraten, die als „Importbräute" einreisen. Eine weitere Form der Zwangsheirat ist die der „Ferien-Verheiratung": Mädchen werden in ihrem Herkunftsland oder dem Herkunftsland ihrer Eltern, wo sie üblicherweise die Ferien verbringen, verlobt und verheiratet, ohne dass dies vorher offenbart worden ist. Die Mädchen müssen gegen ihren Willen im Ausland bleiben. Ebenfalls möglich ist die Verheiratung für ein „Einwanderungsticket". Das bedeutet, dass eine Frau mit einem gesicherten Aufenthaltsstatus in Deutschland – oft während eines Urlaubs in ihrem Herkunftsland – von ihrer eigenen Familie einem noch im Ausland lebenden Landsmann versprochen wurde. In diesem Fall ist die Frau ein Mittel zur legalen Einwanderung des Mannes per Ehegattennachzug.

In den Fällen der Zwangsverheiratung besteht für den Standesbeamten die gesetzliche Verpflichtung nach § 1310 Abs. 1 Satz 2 Halbsatz 2 BGB, an der Eheschließung nicht mitzuwirken, da ein Eheaufhebungsgrund nach § 1314 Abs. 2 Nr. 4 BGB vorliegt (vgl. *Göbel-Zimmermann/Born*, Zwangsverheiratung – Integratives Gesamtkonzept zum Schutz Betroffener, ZAR 2007, 54).

5. Versagungsermessen

§ 27 Abs. 3 Satz 1 AufenthG verfolgt unbeschadet einer erforderlichen Sicherstellung des Lebensunterhalts des Familienangehörigen nach § 5 Abs. 1 Nr. 1 AufenthG den Zweck, dass die Bezugsperson im Inland (auch Deutscher), zu der ein Familiennachzug eines Ausländers (z. B. ausländischer Vater eines deutschen Kindes; vgl. § 28 Abs. 1 Satz 1 Nr. 3 AufenthG) beabsichtigt ist, nicht für den Unterhalt anderer deutscher und ausländischer Familienangehöriger oder deutscher und ausländischer Haushaltsangehöriger öffentliche Sozialleistungen (SGB II oder SGB XII) in Anspruch nimmt. Andererseits dürfen Beiträge der Familienangehörigen zum Haushaltseinkommen (Bedarfsgemeinschaft) berücksichtigt werden (Drittmittel nach § 2 Abs. 3 Satz 4 AufenthG).

Hinweis:
Dies kann im Wege einer Verpflichtungserklärung nach § 68 Abs. 1 AufenthG sichergestellt werden.

Auf diese Weise soll verhindert werden, dass der nachziehende Familienangehörige in ein unzulängliches soziales Umfeld gerät, die begründete Besorgnis besteht, dass er mit seiner Familie nach der Einreise in das Bundesgebiet nicht in geordneten wirtschaftlichen Verhältnissen leben kann und ihm daher die ansonsten vorhandenen Integrationschancen verbaut sind.

Dieser Gesichtspunkt verliert jedoch an Gewicht, wenn er nach der Einreise selbst in der Lage ist, den Lebensunterhalt zu sichern (Prognoseentscheidung). Dies darf im Rahmen des Versagungsermessens nach § 27 Abs. 3 Satz 1 AufenthG zu seinen Gunsten berücksichtigt werden. Auch bei deutschen Familienangehörigen ist dieser Gesichtspunkt von Belang.

Bei der im Ermessensbereich angesiedelten Regelung des § 27 Abs. 3 Satz 1 AufenthG darf in Übereinstimmung mit der RL 2003/86/EG (vgl. Art. 7 Abs. 1 Buchst. c) Versagungsermessen ausgeübt werden, das durch die Verpflichtung zum Schutze der Familie und der Achtung des Familienlebens begrenzt wird (vgl. EuGH, Urt. v. 4.3.2010 – C-578/08 – Chakroun, Rn. 44 f., EZAR NF 14 Nr. 14 = InfAuslR 2010, 221 = NVwZ 2010, 697; *Marx*, Die Sicherung des Lebensunterhalts nach Europarecht, ZAR 2010, 222, 225). Das Versagungsermessen ist beim Familiennachzug zu Deutschen durch Art. 6 Abs. 1 GG insbesondere wegen des Umstandes begrenzt ist, dass dem Deutschen eine länger als ein Jahr dauernde familiäre Trennung (Fälle des § 28 Abs. 1 Satz 3 und 4 AufenthG) zur Wahrung des Kernbestandes des Art. 6 Abs. 1 GG und unter Berücksichtigung des Art. 11 Abs. 1 GG (Freizügigkeit) grundsätzlich nicht zugemutet werden kann. Für eine Versagung nach § 27 Abs. 3 Satz 1 AufenthG müssen in diesen Fällen daher besondere Gründe maßgebend sein (z. B. der arbeitsfähige Deutsche weigert sich wiederholt, eine Beschäftigung in zumutbarer Weise auszuüben).

6. Familiennachzug nach erfolglosem Asylantrag

Bei Ausländern, deren förmlicher Asylantrag nach § 30 Abs. 3 AsylG als offensichtlich unbegründet abgelehnt worden ist, darf gemäß § 10 Abs. 3 AufenthG vor ihrer Ausreise eine Aufenthaltserlaubnis nicht erteilt werden, es sei denn, sie haben einen gesetzlichen Anspruch (vgl. BVerwG, Urt. v. 17.12.2015 – 1 C 31.14, InfAuslR 2016, 133 = ZAR 2016, 147, mit Anmerkung *Pfersich*, zum Vorliegen eines gesetzlichen Anspruchs) auf Erteilung eines Aufenthaltstitels (§ 10 Abs. 3 Satz 3 AufenthG). Falls kein gesetzlicher Anspruch – etwa wegen Nichterfüllung der Visumspflicht nach § 5 Abs. 2 Satz 1 AufenthG – vorliegt, kann § 5 Abs. 2 Satz 2 Var. 2 AufenthG die Erteilung einer Aufenthaltserlaubnis aus verfassungs- und völkerrechtlichen Gründen des Familienschutzes in Betracht kommen.

Beispiel:

Die Deutschverheiratung allein begründet hinsichtlich der Erteilung einer Aufenthaltserlaubnis nach § 25 Abs. 5 Satz 1 und 2 AufenthG unter Berücksichtigung des Art. 6 GG und des Art. 7 GRCh sowie des Art. 8 EMRK noch kein inlandsbezogenes rechtliches Ausreisehindernis, das zu einer Aussetzung der Abschiebung nach § 60a Abs. 2 Satz 1 AufenthG Anlass geben kann und zur Erteilung einer Aufenthaltserlaubnis nach § 25 Abs. 5 Satz 2 AufenthG in der Form eines Regelanspruchs sowie zur Überwindung des Ausschlusstatbestandes des § 10 Abs. 3 Satz 2 AufenthG führen könnte. Ein Anspruch des Ausländers auf Duldung nach § 60a Abs. 2 AufenthG wird in Fällen bejaht, in denen über den bloßen Bestand der Ehe bzw. der familiären Lebensgemeinschaft hinaus besondere Umstände ersichtlich sind, die selbst eine vorübergehende Trennung der Familienangehörigen als unzumutbar erscheinen lassen (vgl. VGH Mannheim, InfAuslR 2001, 381 = VBlBW 2001, 415; VGH Mannheim, Beschl. v. 9.7.2002 – 11 S 2240/01; VGH Mannheim, InfAuslR 1999, 495 = NVwZ-Beil. I 1999, 97 = VBlBW 1999, 468). Nach diesen Entscheidungen liegen besondere Umstände vor

– im Verhältnis von Eltern und kleinen Kindern,

– bei Ehegatten aufgrund individueller Besonderheiten, etwa Krankheit, Pflegebedürftigkeit oder psychischer Not und bei Angewiesenheit auf Lebenshilfe aufgrund besonderer Umstände.

Begründen diese Umstände einen absoluten und daher nicht nur vorübergehenden Duldungsgrund, kommt nicht mehr eine Duldung, sondern die Erteilung einer Aufenthaltserlaubnis nach Maßgabe des § 25 Abs. 5 AufenthG in Betracht (vgl. OVG

Lüneburg, Beschl. v. 16.1.2003 – 13 ME 28/03 –, NVwZ-Beil. I
2003, 43, zu § 30 Abs. 3 oder 4 AuslG).

7. Befristung der Aufenthaltserlaubnis zum Zweck des Familiennachzugs

Für die Bemessung der Frist der Aufenthaltserlaubnis ist in erster Linie die FamiliennachzugRL/EU maßgebend, die diesbezüglich Mindestfristen enthält und in § 27 Abs. 4 AufenthG in nationales Recht umgesetzt wurde. Art. 13 Abs. 3 der Richtlinie schreibt den Grundsatz der Zweckbindung und akzessorischen Verknüpfung zum Aufenthaltsrecht des Stammberechtigten fest, der auch dem deutschen Aufenthaltsrecht zugrunde liegt.

In der Familiennachzugsrichtlinie ist festgeschrieben, dass die Aufenthaltserlaubnis des nachziehenden bzw. im Bundesgebiet geborenen Familienangehörigen längstens für den Gültigkeitszeitraum erteilt und verlängert werden darf, für den auch der Stammberechtigte über einen gültigen Aufenthaltstitel verfügt (§ 27 Abs. 4 Satz 1 AufenthG). Sie kann daher auch kürzer befristet werden, wenn dies aufenthaltsrechtliche Zwecke erfordern (z. B. bei Verdacht auf Schein- oder Zwangsehe).

Nach Art. 13 Abs. 2 der Richtlinie besteht die grundsätzliche Verpflichtung, die erstmalige Aufenthaltserlaubnis zur Herstellung der familiären Lebensgemeinschaft in den von der Richtlinie erfassten Fällen mit einer Geltungsdauer von mindestens einem Jahr zu erteilen (§ 27 Abs. 4 Satz 4 AufenthG). In Fällen, in denen nach der bisherigen Verwaltungspraxis eine längere Regelbefristung gehandhabt wird, kann dies auch weiterhin erfolgen, da Art. 13 Abs. 2 Satz 2 der Richtlinie nur eine Grenze vorgibt, die nicht unterschritten werden darf. Eine kürzere Befristung ist jedoch in Fällen des Art. 13 Abs. 2 Satz 1 der Richtlinie vorzusehen, wenn die Aufenthaltserlaubnis des Stammberechtigten, zu dem der Nachzug erfolgt, eine Geltungsdauer von einem Jahr nicht mehr aufweist.

Die Frist der Aufenthaltserlaubnis darf jedoch nicht über die Geltungsdauer des Passes oder Passersatzes des Familienangehörigen hinausgehen (§ 27 Abs. 4 Satz 3 AufenthG). Findet ein Familiennachzug zu einem Forscher (§ 20 AufenthG) oder zu einem Mobilitätsberechtigten (§ 38a AufenthG) statt, ist der Gültigkeitszeitraum der

Aufenthaltserlaubnis des Familienangehörigen dem des stammberechtigten Ausländers anzupassen (§ 27 Abs. 4 Satz 3 AufenthG).

3 Familiennachzug zu Deutschen

1. Allgemeines

§ 28 AufenthG regelt den Nachzug ausländischer Familienangehöriger zu Deutschen. Nach der Systematik des Aufenthaltsgesetzes findet auch § 27 AufenthG beim Familiennachzug zu Deutschen Anwendung.

Im Vergleich zu rein ausländischen Familien werden durch § 28 Abs. 1 AufenthG deutsch-ausländische Familien begünstigt, die grundsätzlich nicht unter das Unionsrecht fallen, es sei denn, ein Familienangehöriger ist Unionsbürger (vgl. Art. 2 Nr. 2 FreizügRL/EU; § 3 Abs. 2, § 4 FreizügG/EU) bzw. der Deutsche hat vor der Einreise des drittstaatsangehörigen Familienangehörigen ein Freizügigkeitsrecht in einem anderen EU-Mitgliedstaat erlangt (vgl. EuGH, Urt. v. 11.12.2007 – C-291/05 – Eind, InfAuslR 2008, 114). Art. 3 GG steht nicht entgegen, dass der Nachzug zu Deutschen an strengere Voraussetzungen geknüpft ist als bei Unionsbürgern nach § 3 FreizügG/EU (vgl. Art. 12 EGV; dazu OVG Hamburg, Urt. v. 5.9.2006 – 3 Bf 113/06, ZAR 2007, 70).

Deutsche, die ihren gewöhnlichen Aufenthalt im Bundesgebiet haben und beibehalten wollen, kann grundsätzlich nicht zugemutet werden (vgl. jedoch § 27 Abs. 3 Satz 1 und § 28 Abs. 1 Satz 3 und 4 AufenthG), die familiäre Lebensgemeinschaft im Heimatstaat des ausländischen Familienangehörigen herzustellen und zu wahren. Aus dem verfassungsrechtlichen Freizügigkeitsrecht nach Art. 11 Abs. 1 GG fließt ein Anspruch des ausländischen Familienangehörigen, der sich noch nicht berechtigterweise im Bundesgebiet aufhält, als Träger des Grundrechts aus Art. 6 Abs. 1, 2 GG, dass die zuständigen Behörden und Gerichte bei der Entscheidung über sein Aufenthaltsbegehren seine familiären Bindungen an im Bundesgebiet lebende Deutsche angemessen, d. h. entsprechend dem Gewicht dieser Bindungen, berücksichtigen. Bei deutschen Familienangehörigen wiegt dieses Gewicht besonders schwer und verdrängt regelmäßig einwanderungspolitische Belange.

§ 28 AufenthG

- bestimmt den nachzugsberechtigten Personenkreis (Abs. 1 Satz 1 Nr. 1 bis 3, Satz 4, Abs. 3 Satz 2 und Abs. 4);

- gewährt für den Nachzug zu Deutschen, die den gewöhnlichen Aufenthalt im Bundesgebiet haben, einen gesetzlichen Anspruch auf Erteilung einer Aufenthaltserlaubnis (Abs. 1 Satz 1), wenn kein Abweichungs- oder Versagungsermessen eingreift (vgl. § 5 Abs. 2 Satz 2, § 27 Abs. 3 AufenthG; vgl. dazu BVerwGE 122, 94 = NVwZ 2005, 460, zur Inanspruchnahme von Sozialhilfeleistungen durch den Deutschen) oder eine Sperrklausel (§ 11 Abs. 1 AufenthG) entgegensteht;

- enthält differenzierte Regelungen über die Sicherstellung des Lebensunterhalts;

- knüpft an das Mindestnachzugsalter für beide Ehegatten und an das Spracherfordernis für den Ehegatten gemäß § 30 Abs. 1 Satz 1 Nr. 1 und 2 AufenthG mit den Abweichungsmöglichkeiten nach § 30 Abs. 1 Satz 3 und Abs. 2 Satz 1 AufenthG an (Abs. 1 Satz 5);

- räumt einen Anspruch in Bezug auf die Verlängerung der Aufenthaltserlaubnis ein (Abs. 2 Satz 2 Abs. 3 Satz 2) und

- bestimmt, unter welchen Voraussetzungen ein vom Familiennachzugsrecht unabhängiges, d. h. eigenständiges Aufenthaltsrecht erlangt wird (Abs. 3 Satz 1).

§§ 5, 10 Abs. 3, 11 Abs. 1 und 27 Abs. 1, 1a, 3 und 4 AufenthG sind im Anwendungsbereich des § 28 AufenthG zu berücksichtigen, soweit keine Abweichung zugelassen ist (vgl. § 27 Abs. 3 Satz 2, § 28 Abs. 1 Satz 2 bis 4 AufenthG; OVG Bautzen, Beschl. v. 17.8.2006 – 3 BS 130/06, EZAR NF 23 Nr. 9, zur Einhaltung der Visumpflicht). Bei den ausländischen Familienangehörigen von Deutschen i. S. v. § 28 Abs. 1 Satz 1 AufenthG begrenzen Art. 6 Abs. 1 GG und Art. 8 EMRK die Einschätzung eines Regelfalls nach § 28 Abs. 1 Satz 3 AufenthG und die Ermessensausübung nach § 27 Abs. 3 und § 28 Abs. 1 Satz 4 AufenthG in der Weise, dass ihnen ein Getrenntleben nur zur Wahrung zwingender öffentlicher Interessen aufgrund besonderer Umstände zugemutet werden darf (vgl. BVerwG, Urt. v. 29.9.1998 – 1 C 14.97, InfAuslR 1999, 69).

Hat ein Deutscher während seines Aufenthalts in einem anderen EU-Mitgliedstaat als Deutschland ein unionsrechtliches Freizügig-

I

keitsrecht erlangt und verlegt er danach seinen gewöhnlichen Aufenthalt ins Bundesgebiet (sog. Rückkehrer-Fall), finden auf den Nachzug bzw. Aufenthalt seiner Familienangehörigen, unabhängig davon, ob es sich um Drittstaatsangehörige handelt, § 2 Abs. 2 Nr. 6 und Abs. 4 FreizügG/EU Anwendung (vgl. EuGH, Rs. C-370/90 – Singh, Slg. 1992, I-4265; EuGH Rs. C-109/01 – Akirch, Slg. 2003, I-9607; EuGH, Rs. C-60/00 – Carpenter, Slg. 2002, I-6279; EuGH, Rs. 200/02 – Chen, Slg. 2004, I-9925; vgl. *Kurzidem* in: Kluth/Hund/Maaßen, Zuwanderungsrecht, § 6, Rn. 22, 23; *Fischer-Lescano*, Nachzugsrechte von drittstaatsangehörigen Familienmitgliedern deutscher Unionsbürger, ZAR 2005, 288; *Gundel*, Die Inländerdiskriminierung zwischen Verfassungs- und Europarecht, DVBl. 2007, 269 ff.).

2. Rechtsanspruch auf Familiennachzug zu Deutschen

Nach § 28 Abs. 1 AufenthG knüpft der gesetzliche Anspruch des ausländischen Familienangehörigen eines Deutschen auf Erteilung und Verlängerung (§§ 8, 28 Abs. 2 Satz 3 AufenthG) einer Aufenthaltserlaubnis zur Herstellung und Wahrung der familiären Lebensgemeinschaft (§ 27 Abs. 1 AufenthG) im Bundesgebiet an den gewöhnlichen Aufenthalt des Deutschen im Bundesgebiet. Die Regelung berücksichtigt, dass dem Deutschen unbeschadet seines Freizügigkeitsrechts nach Art. 20 AEUV das Grundrecht auf Freizügigkeit (Art. 11 Abs. 1 GG) im Bundesgebiet zusteht und sein Interesse an der Herstellung der familiären Lebensgemeinschaft im Bundesgebiet besonders geschützt ist. Nach § 28 Abs. 1 Satz 1 Nr. 1 bis 3 AufenthG „ist" die Aufenthaltserlaubnis daher dem ausländischen

- Ehegatten eines Deutschen (§ 28 Abs. 1 Satz 1 Nr. 1 AufenthG),

- minderjährigen ledigen Kind eines Deutschen (§ 28 Abs. 1 Satz 1 Nr. 2 AufenthG),

- Elternteil eines minderjährigen ledigen Deutschen zur Ausübung der Personensorge (§ 28 Abs. 1 Satz 1 Nr. 3 AufenthG)

zu erteilen, wenn der Deutsche seinen gewöhnlichen Aufenthalt im Bundesgebiet hat und eine familiäre Lebensgemeinschaft besteht (§ 27 Abs. 1 AufenthG).

Als gewöhnlicher Aufenthalt wird der auf Dauer angelegte, sich aus tatsächlichen Umständen ergebende Aufenthalt bezeichnet. Der

Mittelpunkt der Lebensbeziehungen muss sich im Bundesgebiet befinden.

Im Anwendungsbereich des § 28 Abs. 1 AufenthG greift der Ermessensversagungsgrund des § 27 Abs. 3 Satz 2 AufenthG (Bestehen eines Ausweisungsinteresses nach § 54 AufenthG) ein. § 27 Abs. 3 Satz 2 AufenthG lässt eine Abweichung von der Regelerteilungsvoraussetzung des § 5 Abs. 1 Nr. 2 AufenthG im Ermessenswege zu. § 27 Abs. 3 Satz 2 AufenthG findet daher nur Anwendung, wenn die Regelerteilungsvoraussetzung des § 5 Abs. 1 Nr. 2 AufenthG nicht bzw. kein Ausnahmefall vorliegt. Dies ist vorgreiflich zu prüfen (erste Prüfungsstufe). Ansonsten kann nach § 27 Abs. 3 Satz 2 AufenthG das Bestehen eines Ausweisungsinteresses nur noch in ein im Einzelfall nach der Rechtslage eröffnetes Versagungsermessen, allerdings nicht mit ausschlaggebendem Gewicht, einbezogen werden (zweite Prüfungsstufe). In diesem Fall liegt kein gesetzlicher Anspruch mehr vor.

Beispiel:

Ein philippinischer Staatsangehöriger ist mit einer Deutschen verheiratet. Vor einem halben Jahr hat er einen Visumantrag zur Familienzusammenführung nach § 28 Abs. 1 AufenthG gestellt. Sprachkenntnisse konnte er noch nicht vorweisen. Der Botschaft wurde daher mitgeteilt, dass der Erteilung eines Visums zugestimmt werden kann, wenn das Spracherfordernis nachgewiesen wird. Zwischenzeitlich hat die Ehefrau in Deutschland Zwillinge (deutsch) zur Welt gebracht. Die Botschaft hat angefragt, ob im Wege des Nachzugs zu den deutschen Kindern vom Spracherfordernis abgesehen werden kann.

Grundsätzlich hat der Ehegattennachzug Vorrang. Erstens ist der philippinische Staatsangehörige im Wege des Ehegattennachzugs besser gestellt und zweitens hat er nach seiner Einreise in das Bundesgebiet den Lebensunterhalt der Familie zu sichern, wofür er deutsche Sprachkenntnisse benötigt.

Orientierungshilfe:

In diesem Fall gilt der auch im Völkerrecht anerkannte Rechtsgrundsatz der Meistbegünstigung im Verhältnis zum Betroffenen (vgl. Art. 25 GG). Dies bedeutet, dass der Ausländer nach der für ihn – im Vergleich zum Ehegattennachzug nach § 28 Abs. 1 Satz 1 Nr. 1 AufenthG – günstigeren Regelung

I

über den Nachzug des Elternteils eines minderjährigen ledigen Deutschen zur Ausübung der Personensorge nach § 28 Abs. 1 Satz 1 Nr. 3 AufenthG nachzugsberechtigt ist und daher sein Lebensunterhalt nicht nach § 5 Abs. 1 Nr. 1 AufenthG sichergestellt sein muss (vgl. § 28 Abs. 1 Satz 2 AufenthG im Verhältnis zu Satz 3, der die Sicherstellung des Lebensunterhalts beim Ehegattennachzug betrifft).

Falls die deutsche Ehefrau auf Leistungen nach SGB II oder SGB XII angewiesen ist, ist in die Entscheidung Versagungsermessen nach § 27 Abs. 3 Satz 1 AufenthG einzubeziehen, da die beiden Kinder zum Unterhalt ihrer Mutter gesetzlich verpflichtet sind. In diesen Fällen besteht wegen Ermessensausübung kein gesetzlicher Anspruch mehr. Eine Ermessensreduktion „auf Null" dürfte dann eintreten, wenn die Kinder aufgrund ihrer Einkommens- und Vermögensverhältnisse nicht in der Lage sind, zum Haushaltseinkommen der Familie beizutragen (vgl. § 2 Abs. 3 Satz 4 AufenthG) und der Ausländer gewillt ist, diesen Part zu übernehmen.

Das Spracherfordernis des § 30 Abs. 1 Satz 1 Nr. 2 AufenthG wird beim Elternnachzug nach § 28 Abs. 1 Satz 1 Nr. 3 AufenthG nicht vorausgesetzt (vgl. § 28 Abs. 1 Satz 5 AufenthG; *Weh*, Ausnahmen von der Anforderung einfacher Deutschkenntnisse beim Ehegattennachzug – Zum Anwendungsbereich von § 30 Abs. 1 Satz 3 Nr. 4 AufenthG, InfAuslR 2008, 381).

3. Ehegattennachzug zu Deutschen

3.1 Eheliche Lebensgemeinschaft

Beim Ehegattennachzug zu Deutschen muss in gleicher Weise wie beim Nachzug zu Ausländern eine eheliche Lebensgemeinschaft in der Form einer Beistandsgemeinschaft begründet werden (§ 27 Abs. 1 AufenthG). Hinsichtlich des (Fort-)Bestehens einer ehelichen Lebensgemeinschaft wird nicht vorausgesetzt, dass die Beziehung der Ehegatten noch von einem unbedingten Willen zur Ehe auf Lebenszeit getragen wird, wie dies im Zeitpunkt der Eheschließung verlangt wird (§ 1353 Abs. 1 Satz 1 BGB).

Hinweis:

Eine als Spätaussiedlerin eingereiste Ehefrau eines Ausländers ist nach der Einreise als Deutsche i. S. v. Art. 116 Abs. 1 GG zu behandeln und wird auch einen vorläufigen deutschen Personalausweis erhalten. Unter diesen Umständen kann der ausländische Ehemann nach § 28 Abs. 1 Satz 1 Nr. 1 AufenthG behandelt werden.

Steht die Eheschließung mit einem deutschen Staatsangehörigen im Bundesgebiet unmittelbar bevor, kann zum Schutz der Eheschließungsfreiheit nach Art. 6 Abs. 1 GG ein Duldungsgrund zugunsten des vollziehbar ausreisepflichtigen Verlobten gemäß § 60a Abs. 2 Satz 3 AufenthG bestehen.

Beispiel:

Hängt der Termin der Eheschließung allein noch von der Befreiung von der Beibringung des Ehefähigkeitszeugnisses ab, darf dem ausländischen Verlobten, der sämtliche für die Entscheidung über den Befreiungsantrag notwendigen Nachweise vorgelegt hat, vorläufiger Schutz vor Abschiebung nicht deshalb versagt werden, weil das Befreiungsverfahren in der Zuständigkeit des Präsidenten des Oberlandesgerichts aufgrund beschränkter personeller Kapazitäten nicht kurzfristig abgeschlossen werden kann (OVG Hamburg, Beschl. v. 4.4.2007 – 3 Bs 28/07, AuAS 2007, 148; a. A. OVG Berlin-Brandenburg, AuAS 2007, 114).

Ob eine im Ausland geschlossene Ehe rechtswirksam ist, richtet sich grundsätzlich nach dem durch das Internationale Privatrecht berufenen Recht (vgl. Art. 11 Abs. 1 und Art. 13 Abs. 1 EGBGB). Dem Ausländer, der eine Aufenthaltserlaubnis zum Zweck des Ehegattennachzugs beansprucht, obliegt im Falle berechtigter Zweifel an der Gültigkeit der im Ausland erfolgten Eheschließung die Glaubhaftmachung ihrer Rechtswirksamkeit (§ 82 Abs. 1 AufenthG), der durch den deutschen ordre public (Art. 6 EGBGB) Grenzen gezogen sind (vgl. Art. 13 Abs. 2 EGBGB).

Beispiele:

- Eine in Dänemark geschlossene Ehe ist ausländerrechtlich auch dann beachtlich, wenn sich ein Partner während der Trauung nicht rechtmäßig dort aufgehalten hat (vgl. VGH Mannheim, Beschl. v. 14.5.2007 – 11 S 1640/06, InfAuslR 2007, 350; a. A. OVG Münster, Beschl. v. 6.9.2006 – 18 B 1682/06, NJW 2007, 314). Gemäß Art. 11 Abs. 1 EGBGB genügt die Einhaltung der dänischen Ortsform, die durch eine im Verfahren vorgelegte Heiratsurkunde (z. B. Trauschein) belegt werden kann (vgl. OLG Hamm, Beschl. v. 3.8.2006 – 15 W 23/06, FamRZ 2007, 656).

- Bei einem nur kurzfristigen Aufenthalt des Unionsbürgers von bis zu drei Monaten im EU-Ausland lässt sich – vergleichbar mit § 2 Abs. 5 FreizügG/EU – aus Art. 20 und Art. 21 Abs. 1 AEUV kein Recht zum längerfristigen Aufenthalt des dort geheirateten Ehegatten im Herkunftsmitgliedstaat des Unionsbürgers herleiten (vgl. VGH Mannheim, Beschl. v. 25.1.2010 – 11 S 2181/09, DVBl. 2010, 599 = NVwZ 2010, 529).

Ein Ehegattennachzug ist nach § 27 Abs. 1a AufenthG kraft Gesetzes ausgeschlossen, wenn die Eheschließung nur zum Zweck der Aufenthaltssicherung des Ausländers geschlossen wurde (z. B. sog. Scheinehe) oder eine „einseitige" Zwangsehe nach einer Zwangsheirat vorliegt (vgl. *Göbel-Zimmermann/Born*, Zwangsverheiratung – Integratives Gesamtkonzept zum Schutz Betroffener, ZAR 2007, 54).

Beispiel:

Anhaltspunkte können dafür vorliegen, wenn der Ausländer vor der Eheschließung ausreisepflichtig war und auch nach der Eheschließung keine gemeinsame Wohnung besteht. Liegen begründete Anhaltspunkte vor, die den Verdacht auf eine Scheinehe erhärten, sollte dies aktenkundig gemacht werden (vgl. *Jobs*, Beweismaß und Beweislast beim Ehegattennachzug, ZAR 2008, 295).

Bei einer Zweck- oder Zwangsehe ist ein Ehegattennachzug ausgeschlossen (§ 27 Abs. 1a AufenthG). Die Nötigung zur Zwangsehe erfüllt einen Ausweisungsgrund (vgl. § 55 Abs. 2 Nr. 11 AufenthG). Die EU-Mitgliedstaaten dürfen die durch die Freizügigkeitsrichtlinie

2004/38/EG verliehenen Rechte (z. B. Freizügigkeit für Familienangehörige; vgl. Art. 3 Abs. 1 RL; § 3 FreizügG/EU) im Falle von Rechtsmissbrauch oder Betrug – wie im Fall von familiären Scheinverhältnissen (z. B. Scheinehe) – verweigern, aufheben (§ 48 VwVfG) oder widerrufen (vgl. EuGH, Urt. v. 25.7.2008 – C-127/08 – Metock, ZAR 2008, 354, mit Anmerkung *Laier* = InfAuslR 2008, 377 = AuAS 2008, 218).

Beispiel:

Die Ausländerbehörde verletzt das durch Art. 2 Abs. 1 GG i. V. m. Art. 1 Abs. 1 GG geschützte allgemeine Persönlichkeitsrecht und das davon umfasste Recht auf informationelle Selbstbestimmung, wenn sie zur Aufklärung des Sachverhalts bei bestehendem Verdacht einer Scheinehe eine private Detektei veranlasst, eine achttägige verdeckte Videoüberwachung des Eingangsbereichs der angegebenen ehelichen Wohnung durchzuführen, die Handynummer des Ehegatten verdeckt bei einem Familienangehörigen zu erfragen, mit dem Ehegatten durch telefonische Kontaktaufnahme unter einer Legende in Verbindung zu treten, an dessen PKW einen GPS-Peilsender anzubringen und eine neuntägige Bewegungsüberwachung vorzunehmen, schließlich mehrtägig den Eingangsbereich der von dem Ehegatten bewohnten (anderen) Wohnung zu beobachten. Die Ausländerbehörde wird zu derartigen Eingriffen weder durch das Bundesrecht noch durch Landesrecht ermächtigt. Erkenntnisse aus rechtswidrigen Ermittlungen dürfen, wenn die Informationen nicht durch die Verletzung des unantastbaren Kernbereichs der privaten Lebensführung erlangt worden sind, im Bereich des Verwaltungsrechts dann als Anknüpfungspunkt für weitere Ermittlungen genutzt werden, wenn öffentliche Interessen von erheblichem Gewicht betroffen sind, die sich mit dem staatlichen Strafanspruch vergleichen lassen (OVG Hamburg, Beschl. v. 21.3.2007 – 3 Bs 396/05, AuAS 2007, 160).

Die Aufenthaltserlaubnis kann nach § 48 VwVfG mit Wirkung zum Zeitpunkt der letzten Verlängerung zurückgenommen werden, wenn die Ausländerbehörde im Nachhinein feststellt, dass die Ehe damals schon geschieden war oder eine familiäre Lebensgemeinschaft (§ 27 Abs. 1 AufenthG) nicht mehr bestanden hat (vgl. VGH

Kassel, Beschl. v. 4.3.2002 – 12 UE 201/02). Aus § 31 Abs. 1 AufenthG kann sich jedoch ein verselbstständigtes Aufenthaltsrecht ergeben.

3.2 Mindestalter und Spracherfordernis

Durch den Verweis in § 28 Abs. 1 Satz 5 AufenthG auf § 30 Abs. 1 Satz 1 Nr. 1 und 2 und Satz 3 und Abs. 2 Satz 1 AufenthG werden die Voraussetzungen bzw. Einschränkungen sowie Erleichterungen für den Nachzug von Ehegatten zu Ausländern auf den Nachzug von Ehegatten zu Deutschen übertragen. § 28 Abs. 1 Satz 5 AufenthG soll hinsichtlich der Festlegung eines Mindestalters beider Ehegatten und eines Spracherfordernisses beim Nachzug zusammen mit den neuen Regelungen in § 27 Abs. 1a Nr. 1 und 2 AufenthG der Bekämpfung von Scheinehen und Zwangsverheiratungen, die nach § 237 StGB strafbar sind (vgl. auch § 54 Abs. 2 Nr. 11 AufenthG, zur Ausweisung bei Zwangsverheiratung), dienen.

Wichtig: Eine spezielle Strafnorm gegen Zwangsheirat ist ein eindeutiges Signal, dass der Staat den mit einer Zwangsheirat verbundenen Eingriff in die Rechte betroffener Personen mit dem schärfsten ihm zur Verfügung stehenden Mittel unterbinden will.

Auch beim Familiennachzug von Ehegatten zu Deutschen sollen junge Ausländer durch die Festlegung eines Mindestalters vor Zwangsverheiratungen geschützt und die Integration der Nachziehenden durch den Nachweis von einfachen Deutschkenntnissen erleichtert werden.

Der Ehegattennachzug kann nach Art. 4 Abs. 5 FamiliennachzugRL/EU zur Förderung der Integration und zur Vermeidung von Zwangsehen durch eine innerstaatliche allgemein verbindliche Regelung altersmäßig bis auf höchstens 21 Jahre begrenzt werden (vgl. *Hillgruber*, Mindestalter und sprachliche Integrationsvorleistung – verfassungsgemäße Voraussetzungen des Ehegattennachzugs?, ZAR 2006, 304).

Das gesetzliche Spracherfordernis, sich auf einfache Art in deutscher Sprache verständigen zu können, entspricht der Definition des Sprachniveaus der Stufe A1 der kompetenten Sprachanwendung des Gemeinsamen Europäischen Referenzrahmens des Europarats (GER, Common European Framework of Reference for Languages; § 2 Abs. 9 AufenthG, zum Begriff). Die Ausnahmeregelung des § 30 Abs. 1 Satz 3 AufenthG findet in den Fällen des Ehegattennachzugs zu Deutschen (§ 28 Abs. 1 Satz 1 Nr. 1 und Satz 5 AufenthG) entsprechende Anwendung. Ausländische Ehegatten, die zu Deutschen nachziehen, unterliegen zumindest dann nicht dem Spracherfordernis nach § 30 Abs. 1 Satz 1 Nr. 2 AufenthG, wenn der Deutsche seinen gewöhnlichen Aufenthalt aus einem Staat, dessen Angehörige für einen Daueraufenthalt im Bundesgebiet visumfrei (vgl. § 41 AufenthV) sind, nach Deutschland verlegt hat (vgl. dazu *Weh*, Ausnahmen von der Anforderung einfacher Deutschkenntnisse beim Ehegattennachzug – Zum Anwendungsbereich von § 30 Abs. 1 Satz 3 Nr. 4 AufenthG, InfAuslR 2008, 381, Spracherfordernis beim Ehegattennachzug zu Deutschen verneint). In diesem Fall liegt ein § 30 Abs. 1 Satz 3 Nr. 4 AufenthG entsprechender grenzüberschreitender Sachverhalt vor.

Hinweis:

Begehrt ein ausländischer Elternteil nicht nur einen Ehegattennachzug zum deutschen Elternteil eines deutschen minderjährigen ledigen Kindes, sondern auch einen Elternnachzug, entfällt das Spracherfordernis nach § 28 Abs. 1 Satz 5 i. V. m. § 30 Abs. 1 Satz 1 Nr. 2 AufenthG, da der Elternnachzug deutsche Sprachkenntnisse nicht erforderlich macht.

4. Nachzug eines ausländischen minderjährigen Kindes eines Deutschen

4.1 Nachzugsanspruch

Das ausländische minderjährige ledige Kind eines Deutschen hat nach § 28 Abs. 1 Satz 1 Nr. 2 AufenthG einen Anspruch auf Nachzug zum Deutschen, der seinen gewöhnlichen Aufenthalt im Bundesgebiet hat.

In ausländerrechtlicher Hinsicht ist erheblich, ob der Deutsche in Wahrheit der Elternteil des ausländischen minderjährigen ledigen Kindes ist oder ob der Kindernachzug durch unrichtige Angaben zustande gekommen ist und ob etwa anschließende Verlängerungen der Aufenthaltserlaubnisse durch Falschangaben in Bezug auf den deutschen Elternteil erschlichen worden sind. Schutzwürdige Interessen nach Art. 6 GG, Art. 7 GRCh und Art. 8 EMRK liegen nur dann vor, wenn nicht der Grundsatz des Vertrauensschutzes verletzt worden ist. Ansonsten ist von einem von vornherein umstrittenen

Aufenthaltsrecht auszugehen, ohne dass von der Behörde ein Vertrauenstatbestand geschaffen worden ist.

4.2 Missbräuchliche Vaterschaftsanerkennung

§ 27 Abs. 1a Nr. 1 AufenthG steht der Erteilung einer Aufenthaltserlaubnis aus familiären Gründen im Fall einer bewusst wahrheitswidrig in rechtsmissbräuchlicher Absicht erklärten Vaterschaftsanerkennung ungeachtet dessen entgegen, ob das nichteheliche Kind die deutsche Staatsangehörigkeit nach § 4 Abs. 1 Satz 1 und 2 StAG durch Geburt erwirbt (vgl. OVG Koblenz, Urt. v. 6.3.2008 – 7 A 11276/07, AuAS 2008, 194; *Breitkreuz/Franßen-de la Cerda/Hübner*, Das Richtlinienumsetzungsgesetz und die Fortentwicklung des deutschen Aufenthaltsrechts, ZAR 2008, 381). Die Ausschlussfunktion des § 27 Abs. 1a Nr. 1 AufenthG umfasst daher neben der Schein- bzw. Zweckehe und der Scheinadoption auch die Scheinvaterschaft. Erwirbt das Kind einer ausländischen Mutter nach wirksamer Vaterschaftsanerkennung (vgl. § 1598 Abs. 1 BGB) durch Geburt die deutsche Staatsangehörigkeit und besteht keine sozial-familiäre Beziehung zwischen ledigem, anderweitig verheiratetem oder verwitwetem Vater und Kind, regelt sich deren aufenthaltsrechtliche Position – je nach Stand eines Verfahrens auf Anfechtung der Vaterschaftsanerkennung – zunächst nach § 60a Abs. 2 Satz 3 AufenthG. Nach § 1598 Abs. 1 BGB ist eine Anerkennung der Vaterschaft nur wirksam, wenn sie nicht den Erfordernissen der §§ 1594 ff. BGB genügt.

Erfolgt ein Vaterschaftsanerkenntnis (§ 1592 Nr. 2 BGB) lediglich zu dem Zweck, ein Aufenthaltsrecht im Wege des Familiennachzugs zu erlangen (missbräuchliche Vaterschaftsanerkennung) und wird keine familiäre Lebensgemeinschaft (§ 1600 Abs. 4 BGB, zum Begriff) entgegen § 27 Abs. 1 AufenthG i. V. m. Art. 6 GG hergestellt, steht der Ausschlusstatbestand des § 27 Abs. 1a Nr. 1 AufenthG der Erteilung und Verlängerung einer Aufenthaltserlaubnis entgegen und ein Familiennachzug wird nicht zugelassen (vgl. OVG Koblenz, Urt. v. 6.3.2008 – 7 A 11276/07; Nr. 27.1a.1.3 AVwV-AufenthG).

Eine familiäre Beziehung besteht, wenn der Vater zum maßgeblichen Zeitpunkt für das Kind tatsächliche Verantwortung trägt oder getragen hat (§ 1600 Abs. 4 Satz 1 BGB).

Öffentliche Stellen (z. B. Jugendamt, Standesamt, Familiengericht) haben unverzüglich die zuständige Ausländerbehörde über die

Kenntnis konkreter Tatsachen, die die Annahme rechtfertigen, dass die Voraussetzungen für eine missbräuchliche Vaterschaftsanerkennung vorliegen, zu unterrichten (Spontanmitteilung nach § 87 Abs. 2 Satz 1 Halbsatz 1 Nr. 4 AufenthG). Das Jugendamt ist zur Mitteilung nur verpflichtet, soweit dadurch die Erfüllung der eigenen Aufgaben nicht gefährdet wird (§ 87 Abs. 2 Satz 1 Halbsatz 4 AufenthG; vgl. auch § 640d Abs. 2 ZPO).

5. Nachzug des sorgeberechtigten Elternteils eines minderjährigen ledigen Deutschen

§ 28 Abs. 1 Satz 1 Nr. 3 AufenthG räumt einen Anspruch auf Erteilung einer Aufenthaltserlaubnis für den Nachzug des sorgeberechtigten Elternteils eines minderjährigen ledigen Deutschen, der seinen gewöhnlichen Aufenthalt im Bundesgebiet hat, zur Ausübung der Personensorge ein.

Aufenthaltsrechtliche Ansprüche aus § 28 Abs. 1 Satz 1 Nr. 3 AufenthG bestehen nur dann, wenn der ausländische Elternteil die Personensorge auch tatsächlich zum Wohle des Kindes (Art. 24 GRCh) ausübt. Mit dem Kind muss daher eine familiäre Gemeinschaft, die auch das Kindeswohl umfasst, gelebt werden (vgl. *Pfaff*, Die Beachtung des Kindeswohls – Normierungsdefizite im Ausländerrecht, ZAR 2009, 81). Dabei kommt es auf die tatsächliche Ausgestaltung der Beziehungen an. Für eine – nicht an den Lebensumständen des Einzelfalls orientierte – nach rein objektiven Gesichtspunkten schematische Einordnung von familiären Beziehungen als entweder aufenthaltsrechtlich grundsätzlich schutzwürdige Lebens- und Erziehungsgemeinschaft bzw. Betreuungsgemeinschaft oder aber als bloße Begegnungsgemeinschaft ohne aufenthaltsrechtliche Schutzwirkungen mit Art. 6 Abs. 2 Satz 1 GG ist dabei kein Raum (vgl. zusammenfassend *Roeser*, EuGRZ 2007, 397, 406 f.). Eine verantwortungsvoll gelebte Eltern-Kind-Gemeinschaft lässt sich auch nicht allein quantitativ etwa nach der Zahl und Dauer der persönlichen Kontakte oder genauem Inhalt der Betreuungshandlungen schematisch bestimmen, sondern ist zusätzlich durch geistige und emotionale Auseinandersetzung und Zuneigung, die eine gedeihliche persönliche Verflechtung intensivieren können, geprägt (vgl. BVerfGK 7, 49, 56; BVerfG, NVwZ 2006, 682; dazu *Panzer*, Die richterlichen Aufklärungs- und Begründungspflichten, ZAR 2008, 369, 372 f.).

Beispiele:

■ Auch der biologische Vater, der nicht sorgeberechtigt ist, kann unter Berücksichtigung des Kindeswohls ein Recht auf Umgang mit seinem von ihm getrennt lebenden Kind unabhängig davon haben, ob bislang eine sozial-familiäre Beziehung besteht (vgl. EGMR, Urt. v. 21.12.2010 – 20578/07). Dies bedeutet, dass bei dem ausländischen Vater dieses nichtehelichen Kindes in diesem Fall ein Duldungsgrund wegen rechtlicher Unmöglichkeit der Abschiebung nach § 60a Abs. 2 Satz 1 AufenthG vorliegen und er in den Genuss des § 25 Abs. 5 AufenthG hinsichtlich der Erteilung einer humanitären Aufenthaltserlaubnis kommen könnte.

■ Wenn die Familienmitglieder getrennt leben, kann von einer dem Schutzbereich des Art. 6 GG unterfallenden Beziehung grundsätzlich nur dann ausgegangen werden, wenn zusätzliche Anhaltspunkte, wie z. B. die Übernahme eines gewissen Anteils an der Betreuung und Erziehung des Kindes oder sonstige vergleichbare Zuwendungen, gemeinsam verbrachte Ferien oder sonstige Kontakte, die dem Wohl des Kindes in seiner Entwicklung förderlich sind, hinzutreten (BVerwG, Urt. v. 27.1.1998 – 1 C 28/96, InfAuslR 1998, 279). Erschöpft sich der familiäre Kontakt nur in wenigen inhaltslosen Besuchen, die eine innige Beziehung zu dem Kind fehlen lassen, findet das Kind darin keine persönliche Beziehung und ist auch eine Elternverantwortung nicht erkennbar, dürfte es sich regelmäßig nicht mehr um die Wahrnehmung der Personensorge handeln. Daran hat auch das Inkrafttreten des Kindschaftsrechtsreformgesetzes am 1.7.1998 nichts geändert (OVG Koblenz, Urt. v. 10.4.2000 – 10 B 10369/00, InfAuslR 2000, 388; VerfGH Berlin, Urt. v. 22.2.2001 – 103/00, EZAR 020 Nr. 15).

■ Es kann prinzipiell davon ausgegangen werden, dass nach der Aufhebung einer mehrjährigen häuslichen Gemeinschaft zwischen einem Vater und seinem minderjährigen Kind infolge einer Trennung der Eltern eine gegenseitige Verbundenheit fortbesteht. Für die Beurteilung eines daraus resultierenden Aufenthaltsrechts des Kindesvaters ist seit dem Inkrafttreten des Kindschaftsreformgesetzes maßgeblich auch auf die Sicht des Kindes abzustellen und im Einzelfall zu untersuchen, ob tatsächlich eine persönliche Verbundenheit besteht, auf deren Aufrechterhaltung das Kind zu seinem Wohl angewiesen ist. Insofern dürfte die Einholung einer sachverständigen Stellungnahme des Jugendamts zumindest sachdienlich, wenn nicht gar unumgänglich sein (OVG Münster, Beschl. v. 12.12.2005 – 18 B 1592/05, InfAuslR 2006, 126).

6. Sicherstellung des Lebensunterhalts

6.1 Sicherstellung des Lebensunterhalts beim Ehegattennachzug

Ist der Lebensunterhalt des ausländischen Ehegatten eines Deutschen nach § 5 Abs. 1 Nr. 1 AufenthG gesichert, hat er nach § 28 Abs. 1 Satz 1 Nr. 1 AufenthG einen gesetzlichen Anspruch auf Erteilung einer Aufenthaltserlaubnis. Im Regelfall soll die Aufenthaltserlaubnis zwar nach § 28 Abs. 1 Satz 3 AufenthG auch dann erteilt werden, wenn der Lebensunterhalt des ausländischen Ehegatten des Deutschen nicht gesichert ist (Regelanspruch). Durch den aufgrund des ersten Richtlinienumsetzungsgesetzes v. 19.8.2007 (BGBl. I S. 1970) neu eingefügten § 28 Abs. 1 Satz 3 AufenthG kann der Ehegattennachzug zu Deutschen jedoch bei Vorliegen besonderer Umstände von der Sicherung des Lebensunterhalts so lange abhängig gemacht werden, bis die Voraussetzungen des § 5 Abs. 1 Nr. 1 AufenthG erfüllt sind.

Beispiel:

Besondere Umstände können bei Deutschen, denen die Begründung der ehelichen Lebensgemeinschaft im Herkunftsstaat zumutbar ist, vorliegen. Dies kommt insbesondere bei Doppelstaatern in Bezug auf den Staat in Betracht, dessen Staatsangehörigkeit sie neben der deutschen besitzen (z. B. nach dem Geburtsortsprinzip des § 10 Abs. 3 StAG), oder bei Deutschen, die geraume Zeit im Herkunftsstaat des Ehegatten gelebt und gearbeitet haben und die Sprache dieses Staates sprechen und in diesem noch Anknüpfungspunkte haben (vgl. BT-Drucks. 16/5065, S. 171).

In der Literatur wird u. a. die Auffassung vertreten, dass § 28 Abs. 1 Satz 3 AufenthG mit Art. 3 GG nicht vereinbar sei, da die Regelung im Wesentlichen eingebürgerte Deutsche mit Migrationshintergrund erfassen soll (vgl. *Markard/Truchseß*, NVwZ 2007, 1025, 1028). Dabei nennt die Gesetzesbegründung nur Beispiele, die den verfassungsrechtlichen Vorgaben Rechnung tragen sollen (vgl. *Breitkreutz/ Franßen-de la Cerda/Hübner*, Das Richtlinienumsetzungsgesetz, ZAR 2007, 381, 394). Die Regelung soll ein integrationsschädliches Abgleiten der Familie in die sozialen Systeme des Staates verhindern; insoweit trägt sie dem öffentlichen Interesse an einer reibungslosen Integration zur Verringerung des Konfliktpotenzials angemessen Rechnung, ohne dass eine Familienzusammenführung auf Dauer verwehrt wird. Die Forderung nach einer ausreichenden wirtschaftlichen und sozialen Sicherung des betreffenden Ausländers als Voraussetzung für die Gewährung eines Aufenthaltsrechtes verfolgt ein legitimes staatliches Ziel i. S. v. Art. 8 Abs. 2 EMRK hinsichtlich der Erteilung einer Aufenthaltserlaubnis.

§ 28 Abs. 1 Satz 3 AufenthG wird durch § 27 Abs. 3 Satz 1 AufenthG in der Fassung des ersten Richtlinienumsetzungsgesetzes v. 19.8.2007 (BGBl. I S. 1970) ergänzt. Diese Regelung verfolgt den Zweck, auch hinsichtlich des Familiennachzugs zu Personen, die für den Unterhalt von anderen deutschen Familienangehörigen auf Leistungen nach dem SGB II oder SGB XII angewiesen sind, den Zuzug in die sozialen Sicherungssysteme einzuschränken. Bei der Interessenabwägung ist maßgeblich zu berücksichtigen, ob der Nachzug voraussichtlich zu einer stärkeren Belastung der Sozialsysteme führt. Das Angewiesensein auf Leistungen nach dem SGB II oder SGB XII von anderen Familienangehörigen oder Haushaltsangehörigen des Deutschen löst nach § 27 Abs. 3 Satz 1 AufenthG Versagungsermessen aus. Bei der Ausübung des Versagungsermessens ist unter Berücksichtigung der Umstände des Einzelfalls zu prüfen, ob der Deutsche das Angewiesensein auf Sozialleistungen nach SGB II oder SGB XII zu vertreten hat. Zumindest sollte der Deutsche zu erkennen geben, dass er sich um eine Arbeitsvermittlung konkret und ernsthaft bemüht hat und er es nicht zu vertreten hat, dass Vermittlungsbemühungen der Arbeitsverwaltung erfolglos geblieben sind. Die für eine Versagung der Aufenthaltserlaubnis maßgebenden Gesichtspunkte sind dann von geringem Gewicht, wenn der zu einem Deutschen nachziehende Ausländer eine Arbeitsstelle in Aussicht hat (vgl. § 82 Abs. 1 und 2 AufenthG, zum Nachweis), die ihm ein ausreichendes Einkommen zur Bestreitung des Lebensunterhalts nach der Einreise bieten wird.

Hinweis:

Die Ausländerbehörde hat die Gesichtspunkte, die einen Ausnahmefall charakterisieren, hervorzuheben. Im Ausnahmefall, dessen Einstufung einer uneingeschränkten richterlichen Prüfung unterliegt, liegt die Entscheidung im Ermessen der Behörde. Bei der Ermessensentscheidung ist maßgeblich darauf abzustellen, dass dem Deutschen regelmäßig nicht zugemutet werden kann, die familiäre Lebensgemeinschaft im Ausland zu leben, und dass der besondere grundrechtliche Schutz aus Art. 6 GG und der Schutz nach Art. 7 GRCh und Art. 8 EMRK zu berücksichtigen ist.

6.2 Sicherstellung des Lebensunterhalts beim Nachzug zu minderjährigen ledigen Bezugspersonen

Nach § 28 Abs. 1 Satz 2 AufenthG ist beim Nachzug in den Fällen des § 28 Abs. 1 Satz 1 Nr. 2 und 3 AufenthG hinsichtlich der Sicherstellung des Lebensunterhalts von der Regelerteilungsvoraussetzung des § 5 Abs. 1 Nr. 1 AufenthG abzuweichen, ohne dass der gesetzliche Aufenthaltsanspruch berührt wird. § 28 Abs. 1 Satz 1 Nr. 2 und Nr. 3 AufenthG begründet einen Anspruch auf Erteilung einer Aufenthaltserlaubnis zum Zweck des Kindernachzugs und des Elternnachzugs zu Deutschen unabhängig davon, ob die Regelerteilungsvoraussetzung des § 5 Abs. 1 Nr. 1 AufenthG vorliegt und daher der Lebensunterhalt gesichert ist. Der Umstand, dass der Lebensunterhalt eines Ausländers in diesen beiden Fällen nicht gesichert ist, steht dem gesetzlichen Anspruch auf Erteilung einer zweckentsprechenden Aufenthaltserlaubnis nicht entgegen. Eine weitergehende Abweichung von den Regelerteilungsvoraussetzungen nach § 5 Abs. 1 Nr. 2 bis Nr. 4 AufenthG lässt diese Nachzugsvorschrift im Regelfall nicht zu. Nach § 27 Abs. 3 Satz 2 AufenthG kann jedoch auch von § 5 Abs. 1 Nr. 2 AufenthG, dass im Regelfall kein Ausweisungsinteresse bestehen darf, im Ermessenswege und anspruchsvernichtend abgewichen werden.

§ 28 Abs. 1 Satz 2 AufenthG stellt mit der Abweichung von der Regelerteilungsvoraussetzung des § 5 Abs. 1 Nr. 1 AufenthG ähnlich wie § 33 Satz 1 und 2 sowie § 36 Abs. 1 AufenthG und im Gegensatz zu den Nachzugsregelungen der §§ 30 und 32 AufenthG darauf ab, dass im Anwendungsbereich des § 28 Abs. 1 Satz 1 Nr. 2 und 3 AufenthG beim Kinder- oder Elternnachzug im Rahmen eines Eltern-

Kind-Verhältnisses in Bezug auf ein minderjähriges lediges Kind der Lebensunterhalt nicht nach § 5 Abs. 1 Nr. 1 AufenthG gemäß § 2 Abs. 3 AufenthG sichergestellt sein muss. Hingegen soll nach der Gesetzesänderung aufgrund des ersten Richtlinienumsetzungsgesetzes v. 19.8.2007 (BGBl. I S. 1970) beim Ehegattennachzug nur noch im Regelfall eine Aufenthaltserlaubnis abweichend von § 5 Abs. 1 Nr. 1 AufenthG erteilt werden.

Wichtig: Greift § 5 Abs. 1 Nr. 2 bis 4 AufenthG ein, ist im Einzelfall zu prüfen, ob atypische Gesichtspunkte vorliegen, die das Vorliegen eines Ausnahmefalls rechtfertigen. Im Ausnahmefall liegt kein gesetzlicher Anspruch mehr vor.

§ 28 Abs. 1 Satz 2 AufenthG stellt im Gegensatz zu anderen Nachzugsregelungen, in deren Anwendungsbereich auch § 5 Abs. 1 Nr. 1 AufenthG erheblich ist, mit der Abweichung von dieser Regelerteilungsvoraussetzung darauf ab, dass der nachziehende Ausländer nicht – auch nicht im Regelfall – in der Lage sein muss, den Lebensunterhalt gemäß § 2 Abs. 3 AufenthG sicherzustellen.

Jedoch greift Versagungsermessen nach § 27 Abs. 3 Satz 1 AufenthG im Anwendungsbereich des § 28 AufenthG ein. Das Angewiesensein auf Leistungen nach dem SGB II oder SGB XII von anderen Familienangehörigen oder Haushaltsangehörigen des Deutschen löst nach § 27 Abs. 3 Satz 1 AufenthG Versagungsermessen aus und bewirkt den Wegfall des gesetzlichen Anspruchs nach § 28 Abs. 1 AufenthG.

Hinweise:

■ Hinsichtlich der finanziellen Leistungskraft der (auch deutschen) Bezugsperson im Bundesgebiet, die zur Gewährleistung eines menschenwürdigen Daseins der Familienangehörigen beizutragen hat (vgl. Art. 1 Abs. 1 GG), ist § 27 Abs. 3 Satz 1 und 2 AufenthG bei der Ausübung von Versagungsermessen zu berücksichtigen.

■ Die dafür maßgebenden Gesichtspunkte sind jedoch von geringem Gewicht, wenn der nachziehende erwerbsfähige Ausländer (§ 8 SGB II, zum Begriff Erwerbsfähigkeit) eine Arbeitsstelle in Aussicht hat (vgl. § 82 AufenthG), die ihm und seinem Familienangehörigen ein ausreichendes Einkommen zur Bestreitung des Lebensunterhalts bietet. Bei der Ausübung des Versagungsermessens ist unter Berücksichtigung der Umstände des Einzelfalls zu prüfen, ob der

Deutsche das Angewiesensein auf Leistungen nach SGB II oder SGB XII zu vertreten hat. Zumindest sollte der Deutsche zu erkennen geben, dass er sich um eine Arbeitsstelle ernsthaft bemüht hat und er es nicht zu vertreten hat, dass Vermittlungsbemühungen der Arbeitsverwaltung ohne Erfolg geblieben sind.

7. Nachzug des nichtsorgeberechtigten Elternteils eines minderjährigen ledigen Deutschen

7.1 Gelebte Gemeinschaft und Kindeswohl

Eine Aufenthaltserlaubnis kann gemäß § 28 Abs. 1 Satz 4 AufenthG abweichend von § 5 Abs. 1 Nr. 1 AufenthG, also unabhängig von der Sicherung des Lebensunterhalts gemäß § 2 Abs. 3 AufenthG, dem nichtsorgeberechtigten Elternteil eines minderjährigen ledigen Deutschen im Ermessenswege erteilt werden, wenn die familiäre Gemeinschaft schon im Bundesgebiet gelebt wird. Diese Regelung umfasst auch aktive Besuchs- und Umgangsrechte der Elternteile im Bundesgebiet, die zwar nicht sorgeberechtigt sind, jedoch zur schützenswerten Familie nach Art. 6 GG gehören (vgl. *Eichenhofer*, Umgangsrecht ohne Aufenthaltsrecht? Die Rechtsstellung nichtsorgeberechtigter ausländischer Elternteile im Völker-, Verfassungs- und Aufenthaltsrecht – geltende Rechtslage und Reformbedarf, ZAR 2013, 89–95). Nach Auffassung des Bundesverfassungsgerichts bedarf es hierfür einer dem Kindeswohl entsprechenden gelebten Beziehung, zu der auch das Umgangsrecht in seiner durch das Kindschaftsrechtsreformgesetz gewachsenen Bedeutung (§ 1626 Abs. 3 Satz 1 und § 1684 Abs. 1 BGB) gehört (vgl. BVerfG, Beschl. v. 8.12.2005 – 2 BvR 1001/04, AuAS 2006, 26 = InfAuslR 2006, 122; *Marx*, Der aufenthaltsrechtliche Status des nichtsorgeberechtigten Elternteils nach der Rechtsprechung des Bundesverfassungsgerichts, InfAuslR 2006, 441).

Art. 6 Abs. 1 GG verpflichtet den Staat zum besonderen Schutz von Ehe und Familie. Dem entspricht ein Anspruch des Betroffenen darauf, dass die zuständigen Behörden und Gerichte bei der Entscheidung über das Aufenthaltsbegehren seine familiären Bindungen an im Bundesgebiet lebende Personen angemessen berücksichtigen. Entscheidend ist nicht die formal-rechtliche familiäre Bindung, sondern die tatsächliche Verbundenheit zwischen den Familienmitgliedern. Durch das Gesetz zur Reform des Kindschaftsrechts von

I. Aufenthalt aus familiären Gründen

1997 wurde das Kindeswohl in den Mittelpunkt gestellt und die Beziehung jedes Elternteils zu seinem Kind als grundsätzlich schutz- und förderungswürdig anerkannt. Die gewachsene Einsicht in die Bedeutung des Rechts des Kindes auf Umgang mit beiden Elternteilen hat Auswirkungen auf die Auslegung und Anwendung der ausländerrechtlichen Bestimmungen, wonach aufgrund von § 28 Abs. 1 Satz 4 AufenthG, der das Umgangsrecht bzw. Besuchsrecht erfasst, auch dem nichtsorgeberechtigten Elternteil eines minderjährigen ledigen Deutschen eine Aufenthaltserlaubnis im Ermessenswege erteilt werden kann, wenn die „familiäre Gemeinschaft schon im Bundesgebiet gelebt" wird. Daher ist bei aufenthaltsrechtlichen Entscheidungen maßgeblich auf die Sicht des Kindes abzustellen und im Einzelfall zu untersuchen, ob tatsächlich eine persönliche Verbundenheit besteht, auf deren Aufrechterhaltung das Kind zu seinem Wohl angewiesen ist. In diesem Zusammenhang ist davon auszugehen, dass der persönliche Kontakt des Kindes zum getrennt lebenden Elternteil in aller Regel der Persönlichkeitsentwicklung des Kindes dient und das Kind beide Eltern braucht (vgl. BVerfG, Beschl. v. 8.12.2005 – 2 BvR 1001/04, DVBl. 2006, 247).

Beispiel:

Zur Erteilung einer Duldung nach § 60a Abs. 2 Satz 1 AufenthG bei Schwangerschaft nach Einreise mit falschem Visum:

Eine nigerianische Staatsangehörige reiste am 17.8.2008 mit einem Schengen-Visum in das Bundesgebiet ein. Sie ist mit einem Nigerianer, der im Besitz einer Niederlassungserlaubnis ist, seit November 2007 verheiratet. Die Ausländerin beantragte zunächst die Erteilung einer Aufenthaltserlaubnis nach § 30 AufenthG. Da die Nigerianerin nach ihrer Ankunft in Deutschland einen Sprachkurs absolvieren wollte, beantragte sie die Erteilung einer Aufenthaltserlaubnis nach § 16 Abs. 5 AufenthG bzw. die Erteilung einer Duldung nach § 60a Abs. 2 AufenthG. Zuletzt beantragte sie die Erteilung einer Aufenthaltserlaubnis nach Abschnitt 5 des Aufenthaltsgesetzes (§§ 22 bis 26 AufenthG) oder hilfsweise die Erteilung einer Duldung nach § 60a Abs. 2 AufenthG. Den Antrag begründete sie damit, dass sie zwischenzeitlich schwanger sei und unter diesen Umständen nicht verpflichtet sei, die Bundesrepublik Deutschland zu verlassen. Sie wurde wiederholt auf § 5 Abs. 2 AufenthG hingewiesen.

Allein die Tatsache, dass die nigerianische Staatsangehörige zwischenzeitlich schwanger ist, das Kind nach seiner Geburt wahrscheinlich die deutsche Staatsangehörigkeit bekommen wird, bei einer Rückkehr nach Nigeria die konkrete Gefahr einer Malaria-Infektion, aber auch anderer Infektionen droht und dadurch das ungeborene Leben gefährdet ist, rechtfertigt unserer Ansicht nach weder ein Absehen vom Nachholen des erforderlichen Visumverfahrens, noch die Erteilung einer Aufenthaltserlaubnis oder einer Duldung. Somit könnte unserer Ansicht nach der Antrag abgelehnt werden.

Nun stellt sich für uns allerdings die Frage, ob die Ablehnung des Antrages Sinn macht. Wie sollte in diesem Fall weiter verfahren werden?

Orientierungshilfe:

Eine Abschiebung verletzt den Schutz des Familien- und Privatlebens (Art. 8 Abs. 1 EMRK) unter Berücksichtigung des in Art. 8 Abs. 2 EMRK verankerten Grundsatzes der Verhältnismäßigkeit, wenn der in die Lebensverhältnisse in Deutschland eingegliederte Ausländer und, abgesehen von seiner Staatsangehörigkeit, keinen Kontakt zum Staat seiner Staatsangehörigkeit hat und die Geburt seines Kindes, welches die deutsche Staatsangehörigkeit haben wird, bevorsteht (VG Oldenburg, Urt. v. 12.8.2003 – 12 B 2841/03, AuAS 2003, 247). Ein Ausreisehindernis, das einen inlandsbezogenen Duldungsgrund nach § 60a Abs. 2 Satz 1 AufenthG i. V. m. Art. 6 Abs. 1 GG und Art. 8 EMRK (Duldung wegen rechtlicher Unmöglichkeit der Abschiebung) für einen ausländischen Elternteil bewirkt, kann sich daraus ergeben, dass die familiäre Gemeinschaft – wie bei deutschen Kindern – nur im Bundesgebiet gelebt werden kann oder ein betreuungsbedürftiges deutsches oder in Deutschland rechtmäßig lebendes, auch erwachsenes Kind dringend auf die Lebenshilfe des ausländischen Elternteils angewiesen ist, die sich – wie bei deutschen Kindern – nur im Bundesgebiet erbringen lässt (vgl. VGH Mannheim, Beschl. v. 9.2.2004 – 11 S 1131/03, EZAR 027 Nr. 23).

Eine unzureichende medizinische Versorgungslage im Zielstaat der Abschiebung begründet grundsätzlich kein zielstaatsbezogenes Abschiebungsverbot nach § 60 Abs. 5 AufenthG, aufgrund dessen eine Aufenthaltserlaubnis nach § 25 Abs. 3

I

AufenthG erteilt werden könnte (vgl. BVerwG, Urt. v. 2.9.1997 – 9 C 40/96; OVG Bautzen, Urt. v. 15.1.2008 – A 4 B 460/07, AuAS 2008, 129; vgl. jedoch EGMR, Urt. v. 6.2.2001, NVwZ 2002, 453; EGMR, Urt. v. 2.5.1997, NVwZ 1998, 161, Gefahr nach Art. 3 EMRK bei AIDS im Endstadium, in dem die Abschiebung den sicheren Tod mangels medizinischer Versorgung bedeuten würde, bejaht). Solche Umstände, die einer Abschiebung als Vollstreckungsmaßnahme entgegenstehen, können nur ein Vollstreckungs- bzw. Ausreisehindernis nach § 60a Abs. 2 Satz 1 AufenthG begründen, das dann zur Erteilung einer Aufenthaltserlaubnis nach § 25 Abs. 5 AufenthG führen kann.

In der Sache ist auch zu berücksichtigen, dass die Ausländerin nach der Geburt des deutschen Kindes einen Anspruch auf Elternnachzug nach § 28 Abs. 1 Satz 1 Nr. 3 AufenthG hat und sie gemäß § 39 Nr. 5 AufenthG von der Visumpflicht befreit ist. In diesem Fall greift § 5 Abs. 2 AufenthG nicht mehr ein und es müssen die Voraussetzungen des § 5 Abs. 1 Nr. 1 AufenthG hinsichtlich der Sicherstellung des Lebensunterhalts der Ausländerin nicht vorliegen. § 27 Abs. 3 AufenthG findet zwar Anwendung, das Ermessen dürfte jedoch im Hinblick auf die rechtlichen Duldungsgründe weitgehend reduziert sein, da auch einwanderungspolitische Gründe in diesem Fall von Art. 6 GG verdrängt werden. Bei dem Visumverstoß (Einreise mit falschem oder erschlichenem Visum) handelt es sich um einen vereinzelten Verstoß, der unter den Voraussetzungen des § 14 Abs. 1 Nr. 2a AufenthG als unerlaubte Einreise zu werten ist und den Straftatbestand des § 95 Abs. 2 Nr. 2 AufenthG erfüllt, und daher ein Ausweisungsinteresse nach § 5 Abs. 1 Nr. 2 AufenthG bestehen dürfte.

Die Erteilung einer Aufenthaltserlaubnis nach § 28 Abs. 1 Satz 4 AufenthG kommt nur dann in Betracht, wenn der ausländische Elternteil als Bezugsperson zu seinem deutschen minderjährigen ledigen Kind bislang in einer Eltern-Kind-Gemeinschaft gelebt hat und daher das Kind in seiner weiteren Lebensführung auf ihn positiv fixiert ist. Eine verantwortungsvoll gelebte Eltern-Kind-Gemeinschaft bestimmt sich nicht allein nach der Dauer und der Zahl der Kontaktaufnahmen mit dem Kind oder nach der Art der Betreuungshandlungen, z. B. Unterhaltsleistungen, gemeinsame Ferienaufenthalte (vgl. BVerfG, Beschl. v. 8.12.2005 – 2 BvR 1001/04, AuAS 2006, 26 = InfAuslR 2006,

122, 123; vgl. *Marx*, Der aufenthaltsrechtliche Status des nichtsorgeberechtigten Elternteils nach der Rechtsprechung des Bundesverfassungsgerichts, InfAuslR 2006, 441).

Kann die Lebensgemeinschaft zwischen dem Ausländer und seinem minderjährigen ledigen deutschen Kind nur in der Bundesrepublik Deutschland stattfinden, weil dem deutschen Kind wegen dessen Beziehung zu seiner Mutter das Verlassen der Bundesrepublik Deutschland nicht zumutbar ist, so drängt die Pflicht des Staates, die Familie zu schützen, regelmäßig einwanderungspolitische Belange zurück (BVerfG, InfAuslR 1993, 10; BVerfG, InfAuslR 1994, 394). Dabei lässt sich das Bestehen einer aufenthaltsrechtlich schützenswerten Betreuungsgemeinschaft verfassungsrechtlich tragfähig nicht allein mit einem Verweis auf die Möglichkeit der Betreuung im erforderlichen Umfang auch durch die Mutter verneinen. Es kommt in diesem Zusammenhang nicht darauf an, ob die von einem Familienmitglied tatsächlich erbrachte Lebenshilfe auch von anderen Personen erbracht werden könnte.

Hinweis:

Bei aufenthaltsrechtlichen Entscheidungen, die den Umgang mit einem Kind berühren, ist maßgeblich auch auf die Sicht des Kindes abzustellen und im Einzelfall zu untersuchen, ob tatsächlich eine persönliche Verbundenheit besteht, auf deren Aufrechterhaltung das Kind zu seinem Wohl angewiesen ist. Mit dem Wortlaut des § 28 Abs. 1 Satz 4 AufenthG ist die Auffassung nicht vereinbar, das gelebte Umgangs- oder Besuchsrecht begründe nur ausnahmsweise und allenfalls bei Vorliegen besonderer Umstände eine familiäre Lebensgemeinschaft und fordere, dass der Kontakt in Bezug auf Umfang und Intensität zur Wahrnehmung des Sorgerechts nahekommen müsse. Grundsätzlich kommt es auch nicht auf die Quantität der Besuche an.

Für die Beurteilung der besonderen Schutzwürdigkeit der familiären Gemeinschaft und der Zumutbarkeit einer (vorübergehenden) Trennung sowie der Möglichkeit, über Briefe, Telefonate und Besuche auch aus dem Ausland Kontakt zu halten, spielt das Alter des Kindes eine wesentliche Rolle. Auch Telefonate sind Teil der Wahrnehmung des Umgangs und insoweit – zumal bei getrennten Wohnsitzen – auch Element familiärer

I. Aufenthalt aus familiären Gründen

Gemeinschaft (vgl. BVerfG, Beschl. v. 8.12.2005 – 2 BvR 1001/04, InfAuslR 2006, 122, 123 = AuAS 2006, 26).

Beispiel:

Ein zehnjähriges Kind ist im Wege des Familienasyls in das Bundesgebiet eingereist. Die Familienangehörigen wurden als Asylberechtigte anerkannt. Neun Jahre nach der Einreise wurden die Anerkennungen als Asylberechtigte widerrufen. Die Eltern sind inzwischen deutsche Staatsangehörige; das Kind (Sohn) ist volljährig und lebt seit ca. 13 Jahren im Bundesgebiet. Er ist Vater eines deutschen Kindes, lebt jedoch nicht mit der Mutter und dem Kind zusammen. Er hat kein Sorgerecht. Da er nur geringfügig beschäftigt ist, zahlt er nur anteilig Unterhalt. Besuchskontakte zu dem Kind erfolgen.

Bis 2005 ist der Ausländer mehrfach strafrechtlich in Erscheinung getreten und wurde zu insgesamt 150 Tagessätzen und zu einer Jugendstrafe von einem Jahr auf Bewährung verurteilt.

Kommt in der Sache ein Widerruf der Niederlassungserlaubnis nach § 52 Abs. 1 Satz 1 Nr. 4 AufenthG in Betracht?

Orientierungshilfe:

Bei dem Ausländer kommt ein Widerruf nach § 52 Abs. 1 Satz 1 Nr. 4 AufenthG nur dann im Ermessenswege in Betracht, wenn er nicht aus anderen Gründen ein gleichwertiges Aufenthaltsrecht hätte. Da er wiederholt strafrechtlich in Erscheinung getreten ist, dürfte dies bei ihm nicht der Fall sein (vgl. § 9 Abs. 2 Satz 1 Nr. 4, § 35 Abs. 3 Satz 1 Nr. 2 AufenthG). Bei der Ermessensausübung ist auch erheblich, ob es sich ausschließlich um Jugendverfehlungen gehandelt hat, mit denen künftig nicht mehr zu rechnen ist. Besteht jedoch Wiederholungsgefahr, kann auch eine Ausweisung nach § 53 Abs. 1 und 2 AufenthG unter Abwägung der in §§ 54 und 55 AufenthG genannten Interessenlagen in Betracht gezogen werden.

Die Erteilung einer Aufenthaltserlaubnis nach § 28 Abs. 1 Satz 4 AufenthG unter Einbeziehung des Versagungsermessens wegen Bestehens von Ausweisungsinteressen nach § 27 Abs. 3 Satz 2 AufenthG kommt nur dann in Betracht, wenn der Ausländer als Bezugsperson zu seinem deutschen minderjährigen ledigen Kind bislang in einer dem Wohlergehen des Kindes förderlichen Eltern-Kind-Gemeinschaft gelebt hat und daher das Kind in seiner Lebensführung und -entwicklung auf ihn positiv fixiert ist (vgl. BVerfG, Beschl. v. 8.12.2005 – 2 BvR 1001/04, AuAS 2006, 26). Ein dauerndes Zusammenleben ist dabei nicht erforderlich. Die bloße Ausübung des Besuchsrechts reicht dann nicht aus, wenn dieser Umgang mit dem deutschen Kind keine wechselseitige weitgehend regelmäßige Kontaktpflege zwischen Kind und Vater bewirkt bzw. erkennbar nicht dem Wohl des Kindes dienlich ist (evtl. Einholung einer Stellungnahme des Jugendamts), sondern das Kind nur „auf Vorrat" gehalten wird, um im Bedarfsfall zu einem Aufenthaltsrecht zu gelangen. Dies ist z. B. dann der Fall, wenn das Besuchsrecht und Unterhalt nur bis zu dem Zeitpunkt ausgeübt bzw. geleistet wird, in dem das Aufenthaltsrecht erlangt wird, und der Ausländer danach offensichtlich eine Abkehrhaltung einnimmt.

Bei einer Ermessensentscheidung kann von der Einhaltung der Visumpflicht nach § 5 Abs. 2 Satz 2 Alternative 1 AufenthG nicht abgewichen werden. Ebenso wenig liegt ein Anspruch nach § 39 Nr. 3, 5 oder 6 AufenthV vor, dessen Vorliegen bei der Einholung einer Aufenthaltserlaubnis nach der Einreise vorausgesetzt wird.

7.2 Sicherstellung des Lebensunterhalts

In den Fällen des § 28 Abs. 1 Satz 4 AufenthG kann von der Regelerteilungsvoraussetzung nach § 5 Abs. 1 Nr. 1 AufenthG im Ermessenswege abgesehen werden. Zwar wird in § 28 AufenthG nicht ausdrücklich klargestellt, dass auch der Deutsche hinsichtlich des Unterhalts von anderen Familien- und Haushaltsangehörigen nicht auf die in § 27 Abs. 3 Satz 1 AufenthG genannten Sozialleistungen angewiesen sein darf. § 27 Abs. 3 Satz 1 AufenthG gilt jedoch aufgrund seiner systematischen Stellung auch für den Familiennachzug zu Deutschen. Die Ausländerbehörde ist bei der Ausübung des Ermessens nach § 27 Abs. 3 AufenthG den Beschränkungen der Ausweisung (vgl. § 53 Abs. 2, § 55 AufenthG) unterworfen. Im Übrigen wird auf die vorstehenden Ausführungen zur Ausübung des Versagungsermessens nach § 27 Abs. 3 AufenthG verwiesen.

8. EU-Nichtverlassensfälle

Ein Eingriff in den Kernbestand des Unionsbürgerstatus nach Art. 20 Abs. 2 Buchst. a und b AEUV, der eine Beschränkung der Freizügigkeit zur Folge hat, kann darin liegen, dass einem drittstaatsangehörigen Familienangehörigen des (deutschen) Unionsbürgers kein Aufenthaltsrecht eingeräumt wird und dies dazu führt, dass die schützenswerte familiäre Lebensgemeinschaft künftig in einem Drittstaat geführt werden müsste. Eine derartige Beschränkung der Freizügigkeit für deutsche Unionsbürger tritt auch dann ein, wenn einem Drittstaatsangehörigen in dem Aufenthaltsmitgliedstaat, dem dessen minderjährige Kinder aufgrund ihrer Staatsangehörigkeit als Unionsbürger angehören (vgl. § 4 Abs. 3 StAG, wonach ein Kind ausländischer Eltern die deutsche Staatsangehörigkeit durch Geburt im Inland unter bestimmten Voraussetzungen erwerben kann) und denen er Unterhalt gewährt, der Aufenthalt, die Ausübung einer Erwerbstätigkeit oder eine Arbeitserlaubnis verweigert werden (vgl. *Welte*, Deckt § 28 AufenthG die überdimensionale Wirkung des Kernbestandsschutzes für Unionsbürger?, ZAR 2012, 336; Familiennachzug zu Deutschen gemäß Unionsrecht?, InfAuslR 2011, 265).

> **Hinweis:**
>
> In Bezug auf den Familienschutz, in dessen Rahmen es um die Gewährung eines Aufenthaltsrechts für Familienangehörige eines (deutschen) Unionsbürgers, die auch einem Drittstaat angehören können (vgl. § 28 Abs. 1 AufenthG), geht und der die Durchführung von Unionsrecht i. S. v. Art. 51 GRCh betrifft, ist u. a. zu prüfen, ob mit der einschlägigen nationalen Regelung die Durchführung einer Bestimmung des Unionsrechts bezweckt wird, welchen Charakter diese Regelung hat und ob mit ihr (nur) andere als die unter das Unionsrecht fallenden Ziele verfolgt werden, selbst wenn sie das Unionsrecht mittelbar beeinflussen kann, sowie ob es eine Regelung des Unionsrechts gibt, die für diesen Bereich spezifisch ist oder ihn beeinflussen kann (vgl. EuGH, Urt. v. 8.5.2013 – C-87/12 – Ymerga, Rn. 41, InfAuslR 2013, 259, zur Prüfung des Aufenthaltsrechts von Familienangehörigen).

Kernbestand der Rechte aus Art. 20 Abs. 2 Buchst. a und b AEUV ist auch das Recht des (deutschen) Unionsbürgers, sich in allen EU-Mitgliedstaaten aufzuhalten, frei zu bewegen und einen Wohnsitz zu nehmen (so auch VGH Kassel, Beschl. v. 20.10.2011 – 3 A 554/11.Z; VGH Kassel, Beschl. v. 7.7.2011 – 7 B 1254/11, InfAuslR 2011, 419). In dem der Entscheidung des EuGH v. 8.3.2011 – C-34/09 – Zambrano, AuAS 2011, 110 = EZAR NF 14 Nr. 18 = InfAuslR 2011, 179 = NVwZ 2011, 545 = ZAR 2011, 189, zugrunde liegenden Fall stand dieser Kernbestand in Frage, da die beiden minderjährigen Kinder belgischer Staatsangehörigkeit im Fall der Verweigerung einer Aufenthalts- und Erwerbserlaubnis an ihre kolumbianischen Eltern gezwungen gewesen wären, das Unionsgebiet gemeinsam mit ihren drittstaatsangehörigen Eltern zu verlassen (dazu *Fischer-Lescano*, Nachzugsrechte von drittstaatsangehörigen Familienmitgliedern deutscher Unionsbürger, ZAR 2005, 288). Den Eltern war daher nach Unionsrecht ein Aufenthaltsrecht einzuräumen. Ungeachtet dessen wäre in Deutschland für die Eltern die Erteilung einer Aufenthaltserlaubnis nach § 25 Abs. 5 AufenthG aus verfassungs- und völkervertraglichen Verpflichtungen nach Art. 6 GG, Art. 7 GRCh und Art. 8 Abs. 1 EMRK in Betracht gekommen.

Beispiel:

Ist das minderjährige deutsche Kind eines Drittstaatsangehörigen aufgrund der Tatsache, dass es sich mit seiner deutschen Mutter im Bundesgebiet aufhält, im Rahmen eines zügigen Verfahrensablaufs nicht gezwungen, dem Drittstaatsangehörigen zur Durchführung eines erforderlichen Visumverfahrens (§ 6 Abs. 3 AufenthG) und eines Verfahrens zur Aufhebung des Aufenthalts- und Einreiseverbots nach § 11 Abs. 1, 6 oder 7 AufenthG gemäß Absatz 4 nach erfolgter Ausweisung in den Drittstaat zu folgen, wird ihm in der Regel nicht der Kernbestand der Rechte, die ihm der Unionsbürgerstatus nach Art. 20 AEUV verleiht, verwehrt. Führt jedoch die Einhaltung dieser Verfahren im Hinblick auf deren Dauer zu einer Trennung, die mit dem Schutz des Familienlebens nach Art. 7 GRCh und Art. 8 Abs. 1 EMRK nicht zu vereinbaren ist, würde der ausgewiesene Elternteil des deutschen Kindes ein unionsrechtliches Aufenthaltsrecht erlangen, es sei denn, die ordre public-Klausel (Beeinträchtigung der öffentlichen Ordnung oder Sicherheit entsprechend § 6 Abs. 1 FreizügG/EU) steht dem entgegen, da

I. Aufenthalt aus familiären Gründen

> ein Grundinteresse der Gesellschaft berührt ist und diesbezüglich Wiederholungsgefahr vorliegt.

I Unter diesen Umständen steht Art. 20 AEUV nationalen Maßnahmen entgegen, die bewirken, dass auch deutschen Unionsbürgern der tatsächliche Genuss des Kernbestands der Rechte, die ihnen der Unionsbürgerstatus verleiht, dadurch verwehrt wird, dass ihnen ein Zusammenleben mit drittstaatsangehörigen Familienangehörigen im Ausland – bei Ehegatten von mehr als einem Jahr – zugemutet wird (in diesem Sinne EuGH, Urt. v. 2.3.2010 – C-135/08 – Rottmann, Rn. 42, AuAS 2010, 122 = EZAR NF 78 Nr. 11 = InfAuslR 2010, 185 = ZAR 2010, 143, mit Anmerkung *Tewocht*; vgl. EuGH, Urt. v. 5.5.2011 – C-434/09 – McCarthy, AuAS 2011, 158 = InfAuslR 2011, 268; EuGH, Urt. v. 8.3.2011 – C-34/09 – Zambrano, AuAS 2011, 110 = EZAR NF 14 Nr. 18 = InfAuslR 2011, 179 = NVwZ 2011, 545 = ZAR 2011, 189, mit Anmerkung *Pfersich*, 179, dazu *Frenz*, Reichweite des unionsrechtlichen Aufenthaltsrechts nach den Urteilen Zambrano und McCarthy, ZAR 2011, 221–223, zur Relevanz reiner Inlandssachverhalte; *Welte*, Familiennachzug zu Deutschen gemäß Unionsrecht?, InfAuslR 2011, 265–268; *Huber*, Die ausländerrechtlichen Folgen des EuGH-Urteils Zambrano, NVwZ 2011, 856–858).

Nach der Rechtsprechung des EuGH erfordern die familiären Schutzgewährleistungen aus Art. 7 GRCh und Art. 8 EMRK im Zusammenwirken mit dem Kernbestandsschutz des Freizügigkeitsrechts nach Art. 20 AEUV die Gewährung eines Aufenthaltsrechts dann für drittstaatsangehörige Familienangehörige eines deutschen Unionsbürgers, wenn der Unionsbürger zur Verwirklichung seiner familiären Schutzrechte gezwungen wäre, die EU-Mitgliedstaaten zu verlassen und dadurch seiner Freizügigkeit nach Art. 20 AEUV in unzumutbarer Weise beraubt würde. In diesem Fall wäre der Kernbestandsschutz des Art. 20 AEUV für den Unionsbürger nicht mehr gewährleistet. Deshalb lässt sich für seinen drittstaatsangehörigen Familienangehörigen aus diesem Kernbestandsschutz ein Aufenthaltsrecht ableiten (akzessorisches Aufenthaltsrecht). In solchen Fällen gehen die aufenthaltsrechtlichen Gewährleistungen des Art. 20 AEUV über die nationalen Familiennachzugsregelungen des § 28 Abs. 1 AufenthG hinaus.

9. Verlängerung der Aufenthaltserlaubnis

9.1 Erstmalige Erteilung und Verlängerung

Die Aufenthaltserlaubnis nach § 28 Abs. 1 Satz 1 und Satz 4 AufenthG wird erstmals für mindestens ein Jahr erteilt (§ 27 Abs. 4 Satz 4 AufenthG) und dann nach § 28 Abs. 2 Satz 3 AufenthG verlängert, wenn kein Regelanspruch auf Erteilung einer Niederlassungserlaubnis nach Satz 1 besteht. Auf die Verlängerung der Aufenthaltserlaubnis besteht nach § 28 Abs. 2 Satz 3 AufenthG ein Anspruch, sofern die familiäre Lebensgemeinschaft fortbesteht. Hinsichtlich der Auswirkungen des Bezugs von Leistungen nach dem SGB II oder SGB XII und des Vorliegens von Versagungsgründen gelten nach § 8 Abs. 1 AufenthG die Regelungen über die erstmalige Erteilung der Aufenthaltserlaubnis (vgl. §§ 27, 28 Abs. 1 AufenthG).

Wichtig: Bei der Bemessung einer über ein Jahr hinausgehenden Geltungsdauer sollte auch berücksichtigt werden, ob die eheliche Lebensgemeinschaft des türkischen Ehegatten vor Erreichen eines Assoziationsrechts nach Art. 6 Abs. 1 ARB 1/80 aufgehoben wird oder ob der türkische Familienangehörige ein Assoziationsrecht nach Art. 7 Satz 1 ARB 1/80 erlangt hat. In diesem Fall findet § 5 Abs. 1 und § 8 Abs. 1 AufenthG wegen des Anwendungsvorrangs von Art. 14 ARB 1/80 keine Anwendung mehr.

9.2 Sicherstellung des Lebensunterhalts bei der Verlängerung der Aufenthaltserlaubnis

Bei der Verlängerung der Aufenthaltserlaubnis nach § 28 Abs. 2 Satz 3 AufenthG in den Fällen des § 28 Abs. 1 Satz 1 Nr. 1 bzw. Nr. 2 und Nr. 3 und Satz 4 AufenthG gelten hinsichtlich der Sicherstellung des Lebensunterhalts gemäß § 28 Abs. 1 Satz 2 bzw. 3 oder Satz 4 AufenthG die gleichen unterschiedlichen Voraussetzungen wie für die Erteilung (§ 8 Abs. 1 Satz 1 AufenthG). Die erleichterten Voraussetzungen des § 30 Abs. 3 AufenthG – Verlängerung beim Ehegattennachzug zu Ausländern gelten im Anwendungsbereich des § 28 AufenthG zwar nicht entsprechend. Beim Nachzug zu Deutschen gebietet jedoch der Grundsatz der Gleichbehandlung eine entsprechende Verfahrensweise, wenn sich der Familienangehörige nach § 28 AufenthG im Einzelfall schlechter stellen würde.

Soweit beim Ehegattennachzug nach § 28 Abs. 1 Satz 3 AufenthG „unter besonderen Umständen" auf die Sicherstellung des Lebensunterhalts durch den ausländischen Ehegatten abgestellt werden darf, ist in Fällen, in denen die eheliche Lebensgemeinschaft seit mindestens drei Jahren im Bundesgebiet rechtmäßig bestanden hat und diese fortbesteht, unter Wahrung des Grundsatzes der Gleichbehandlung mit den Fällen des § 28 Abs. 3 i. V. m. § 31 Abs. 1 und 4 Satz 1 AufenthG – eigenständiges Aufenthaltsrecht des Ehegatten – die Aufenthaltserlaubnis ungeachtet dessen, ob der Ehegatte eines Deutschen Leistungen nach SGB II oder SGB XII in Anspruch nimmt, mindestens für ein Jahr zu verlängern (vgl. BVerfG, Beschl. v. 11.5.2007 – 2 BvR 2483/06, NVwZ 2007, 1302 = InfAuslR 2007, 336).

10. Erteilung einer Niederlassungserlaubnis für Familienangehörige von Deutschen

Gemäß § 28 Abs. 2 Satz 1 AufenthG ist dem ausländischen Familienangehörigen eines Deutschen „in der Regel" eine Niederlassungserlaubnis zu erteilen, wenn

- er drei Jahre im Besitz einer Aufenthaltserlaubnis ist,

- die familiäre Lebensgemeinschaft mit dem Deutschen im Bundesgebiet fortbesteht,

- kein Ausweisungsinteresse besteht und

- er über ausreichende Kenntnisse der deutschen Sprache (§ 2 Abs. 11 AufenthG, zum Begriff, GER B 1) verfügt.

Grund der Privilegierung im Vergleich zu § 9 AufenthG ist die Annahme des Gesetzgebers, dass durch die familiäre Lebensgemeinschaft mit einem Deutschen eine positive Integrationsprognose antizipiert und die soziale und wirtschaftliche Integration daher zu einem früheren Zeitpunkt als nach den Voraussetzungen des § 9 Abs. 2 AufenthG angenommen werden kann. So ist es dem Ausländer im Zusammenleben mit deutschen Familienangehörigen leichter möglich, die deutsche Sprache zu erlernen und im gesellschaftlichen und beruflichen Leben eher zurechtzukommen. Diese gesetzgeberische Intention ginge ins Leere, wenn auch Zeiten des Besitzes einer Aufenthaltserlaubnis, in denen der Ausländer nicht mit deutschen Familienangehörigen zusammengelebt hat, auf die drei Jahre nach § 28 Abs. 2 Satz 1 AufenthG angerechnet würden (vgl. VGH München, Urt. v. 5.8.2015 – 10 B 15.429, AuAS 2015, 218). Anrechenbar sind daher nur Zeiten des Bestands der familiären Lebensgemeinschaft mit einem Deutschen auf der Grundlage einer Aufenthaltserlaubnis. Dieser Regelanspruch besteht jedoch nicht, wenn der Ausländer die Aufenthaltserlaubnis nach § 28 Abs. 1 AufenthG noch nicht insgesamt drei Jahre besitzt. Es muss sich nicht um den ununterbrochenen Besitz einer Aufenthaltserlaubnis „seit drei Jahren" handeln (vgl. VGH Mannheim, Beschl. v. 14.3.2006 – 13 S 220/06, AuAS 2006, 218, zur Anrechnung).

Unter den Voraussetzungen des § 28 Abs. 2 Satz 1 AufenthG hat der ausländische Familienangehörige eines Deutschen einen Regelanspruch auf Erteilung einer Niederlassungserlaubnis. Zur nach § 28 Abs. 2 Satz 1 AufenthG erforderlichen Feststellung, ob der Ausländer über ausreichende Kenntnisse der deutschen Sprache gemäß GER B 1 (§ 2 Abs. 11 AufenthG, zum Begriff; § 3 Abs. 2 IntV) verfügt, ist grundsätzlich das persönliche Erscheinen des Ausländers erforderlich (§ 82 Abs. 4 AufenthG), soweit diesbezüglich ein Nachweis nicht vorgelegt wird (Bescheinigung nach § 17 Abs. 4 IntV). Das zu erlangende Sprachniveau entspricht demjenigen für die Erteilung einer Niederlassungserlaubnis nach § 9 Abs. 2 Nr. 7 oder für die Erteilung einer Erlaubnis zum Daueraufenthalt-EU nach § 9a Abs. 2 Nr. 3 AufenthG. Der Nachweis nach § 9 Abs. 2 Satz 2 AufenthG kann auch in anderer Form als durch einen erfolgreich abgeschlossenen Integrationskurs nachgewiesen werden.

Hinweis:

- Im Anwendungsbereich des § 28 Abs. 1 Satz 1 AufenthG gelten die Beweisregelung in § 9 Abs. 2 Satz 2 AufenthG und die Ausnahmeregelungen zum Erfordernis ausreichender Deutschkenntnisse in § 9 Abs. 2 Satz 3 bis Satz 5 AufenthG entsprechend (§ 28 Abs. 2 Satz 2 AufenthG). Aus dem Umstand, dass sich § 9 Abs. 2 Satz 2 bis Satz 5 AufenthG sowohl auf das Erfordernis ausreichender Deutschkenntnisse nach § 9 Abs. 2 Satz 1 Nr. 7 AufenthG als auch auf das Erfordernis von Grundkenntnissen der Rechts- und Gesellschaftsordnung nach § 9 Abs. 2 Satz 1 Nr. 8 AufenthG bezieht, folgt nicht, dass im Rahmen von § 28 Abs. 2 Satz 1 AufenthG auch Grundkenntnisse der Rechts- und Gesellschaftsordnung nachzuweisen wären.

- § 28 Abs. 2 Satz 1 AufenthG ist hinsichtlich des Erfordernisses einfacher deutscher Sprachkenntnisse (GER A 1) auf das Niveau ausreichender deutscher Sprachkenntnisse (GER B 1) durch Art. 1 Nr. 15 Buchst. a des Gesetzes vom 29.8.2013 verschärft worden. Diese erhöhten Anforderungen gelten nicht

für Ausländer, die am 5.9.2013 im Besitz einer Aufenthaltserlaubnis nach § 28 Abs. 1 AufenthG waren. Damit sollen
Rechtsnachteile in der Umstellungszeit vermieden werden.

I

Gemäß § 8 Abs. 3 AufenthG soll eine Verlängerung der Aufenthaltserlaubnis um höchstens ein Jahr erfolgen, wenn der Integrationskurs noch nicht abgeschlossen ist. Der Integrationskurs schließt mit
dem Erreichen des Sprachniveaus B 1 ab. Eine Übereinstimmung erreicht die Sprachregelung des § 28 Abs. 2 Satz 1 AufenthG mit § 44a
Abs. 1 Nr. 1b AufenthG, wonach fehlende ausreichende deutsche
Sprachkenntnisse zum Zeitpunkt der Erteilung eines Aufenthaltstitels nach § 23 Abs. 2, § 28 Abs. 1 Satz 1 Nr. 1 oder § 30 AufenthG
einen anspruchsberechtigten Ausländer zur Teilnahme an einem
Integrationskurs verpflichten.

Bei der Erteilung einer Niederlassungserlaubnis für Ausländer mit
deutschem Familienangehörigen darf nach § 28 Abs. 2 Satz 1 AufenthG u. a. kein Ausweisungsinteresse nach § 54 AufenthG bestehen
(hier handelt es sich um eine zwingende Regelung im Vergleich zur
Regelerteilungsvoraussetzung nach § 5 Abs. 1 Nr. 2 AufenthG).

Hinsichtlich der Sicherstellung des Lebensunterhalts findet § 5 Abs. 1
Nr. 1 AufenthG Anwendung; die entsprechenden Regelungen in
§ 28 Abs. 1 AufenthG sind nicht erheblich, da es nicht mehr um einen
Nachzug geht. Die Anwendung des § 5 Abs. 1 Nr. 1 AufenthG im
Rahmen des § 28 Abs. 2 Satz 1 AufenthG, der die Erteilung einer Niederlassungserlaubnis für den ausländischen Familienangehörigen
eines Deutschen im Wege eines Regelanspruchs nach drei Jahren
ermöglicht, ist mit Art. 8 Abs. 2 EMRK vereinbar, da mit ihr das
legitime Ziel im Regelfall verfolgt wird, die öffentlichen Haushalte
zu schonen (vgl. BVerwG, Urt. v. 22.5.2012 – 1 C 6.11, AuAS 2012,
254, 256). Für die Sicherstellung des Lebensunterhalts reicht es aus,
wenn der Antragsteller nur seinen eigenen Lebensunterhalt im
Regelfall sichern kann (vgl. VGH Kassel, Beschl. v. 23.6.2010 – 6 A
140/10, InfAuslR 2010, 426). Zur Sicherstellung des Lebensunterhalts nach § 2 Abs. 3 AufenthG gehört auch, dass der Ausländer
die Kosten für die Miete und die Nebenkosten für die Wohnung
ohne Inanspruchnahme öffentlicher Mittel – mit Ausnahme der in
§ 2 Abs. 3 Satz 2 Nr. 1 bis Nr. 7 AufenthG genannten öffentlichen
Mittel – aufbringen kann. Der Regelanspruch nach § 28 Abs. 2 Satz 1
AufenthG setzt in Anwendung des § 5 Abs. 1 Nr. 1 AufenthG u. a.

voraus, dass der Lebensunterhalt einschließlich Miet(neben)kosten gemäß § 2 Abs. 3 AufenthG in der Regel gesichert ist (vgl. BVerfG, Beschl. v. 11.5.2007 – 2 BvR 2483/06, InfAuslR 2007, 336, 338; VG Stuttgart, Urt. v. 24.5.2006 – 12 K 1834/06).

11. Aufenthaltsrecht für Elternteile

Durch § 28 Abs. 3 Satz 2 AufenthG wird geregelt, dass für ausländische Elternteile, denen nach § 28 Abs. 1 Satz 1 Nr. 3 oder Satz 4 AufenthG eine Aufenthaltserlaubnis in Bezug auf ihr minderjähriges lediges deutsches Kind zur Ausübung der Personensorge erteilt worden ist, bei Eintritt der Volljährigkeit des deutschen Kindes die Aufenthaltserlaubnis zu verlängern ist, solange das deutsche Kind

- mit ihm weiterhin in familiärer Lebensgemeinschaft (§ 27 Abs. 1 AufenthG) lebt und

- sich in einer Ausbildung befindet, die zu einem anerkannten schulischen oder beruflichen Bildungsabschluss oder Hochschulabschluss führt.

Hierbei handelt es sich um ein temporäres Aufenthaltsrecht, das mit der Ausbildung des deutschen Kindes verknüpft ist. Hinsichtlich der Sicherung des Lebensunterhalts des Familienangehörigen gelten gemäß § 8 Abs. 1 AufenthG die Vorschriften des § 27 Abs. 3 und § 28 Abs. 1 AufenthG.

12. Eigenständiges Aufenthaltsrecht

Die Verweisung in § 28 Abs. 3 Satz 1 AufenthG auf die §§ 31 und 34 AufenthG stellt die Familienangehörigen von Deutschen denen der im Bundesgebiet lebenden Ausländer hinsichtlich der Erlangung eines eigenständigen Aufenthaltsrechts gleich. Wenn ihr Aufenthaltsrecht nicht länger vom Bestand der familiären Lebensgemeinschaft mit einem Deutschen abhängt, sondern sich zu einem eigenständigen oder verfestigten Aufenthaltsrecht verselbstständigt, besteht kein Bedarf einer aufenthaltsrechtlichen Differenzierung danach, ob der Aufenthaltszweck Familiennachzug zu einem Deutschen noch erfüllt ist (vgl. § 7 Abs. 1 Satz 2 und Abs. 2 Satz 2 AufenthG).

Wichtig: Für die Erlangung eines eigenständigen Aufenthaltsrechts von Elternteilen minderjähriger lediger Deutscher gibt zwar § 28 Abs. 3 Satz 1 i. V. m. §§ 31 und 34 AufenthG für den Fall der Aufhebung der familiären Lebensgemeinschaft nichts her. Es finden

I. **Aufenthalt aus familiären Gründen**

diesbezüglich § 28 Abs. 4 i. V. m. § 36 Abs. 2 Satz 2 AufenthG sowie die allgemeinen Regeln über die rechtliche Verfestigung des Aufenthalts Anwendung (§§ 9, 9a, 28 Abs. 2 AufenthG).

13. Sonstige Familienangehörige

Aus der Verweisung in § 28 Abs. 4 AufenthG auf § 36 Abs. 2 AufenthG folgt, dass anderen als den in § 28 Abs. 1 Satz 1 und 4 AufenthG genannten Familienangehörigen von Deutschen nur zur Vermeidung eines außergewöhnlichen Härtefalls eine Aufenthaltserlaubnis im Ermessenswege erteilt werden kann.

Zu den sonstigen Familienangehörigen i. S. d. § 36 Abs. 2 AufenthG gehören auch

- ausländische Elternteile minderjähriger Deutscher, die nicht personensorgeberechtigt sind oder die Personensorge nicht ausüben, soweit bei ihnen nicht § 28 Abs. 1 Satz 4 oder Abs. 3 Satz 2 AufenthG Anwendung findet,

- volljährige Ausländer, die von einem Deutschen adoptiert wurden; sie erwerben mit der Adoption nicht die deutsche Staatsangehörigkeit (vgl. § 6 StAG) und können daher nur zur Vermeidung einer außergewöhnlichen Härte i. S. v. § 36 Abs. 2 Satz 1 AufenthG nachziehen,

- der ausländische Elternteil eines volljährigen oder nicht mehr ledigen Deutschen, der keine Aufenthaltserlaubnis nach § 28 Abs. 1 Nr. 3 AufenthG erhalten kann.

14. Ausübung einer Erwerbstätigkeit

Nach § 27 Abs. 5 AufenthG berechtigt die Aufenthaltserlaubnis nach § 28 Abs. 1 AufenthG zur Ausübung einer Erwerbstätigkeit (vgl. § 2 Abs. 2 AufenthG, zum Begriff; § 17 Abs. 2 AufenthV; § 30 BeschV, zu Ausnahmen). Der Arbeitsmarktzugang für ausländische Familienangehörige von Deutschen besteht aufgrund von § 4 Abs. 2 Satz 1 erste Alternative AufenthG unabhängig von einer Arbeitsmigration nach §§ 18 bis 21 AufenthG. Wird die Aufenthaltserlaubnis im Falle einer Aufhebung der ehelichen Lebensgemeinschaft als eigenständiges Aufenthaltsrecht verlängert, findet ebenfalls § 27 Abs. 5 AufenthG Anwendung.

Bei der Anordnung im Aufenthaltstitel „Erwerbstätigkeit erlaubt" handelt es sich um eine selbstständig anfechtbare deklaratorische

Nebenbestimmung, da die Aufenthaltserlaubnis diese Berechtigung neben der aufenthaltsrechtlichen Entscheidung, die eine „Hauptbestimmung" darstellt, kraft Gesetzes enthält (vgl. § 4 Abs. 2 Satz 2, § 52 Abs. 2 Satz 2 AufenthG). Diese begünstigende Nebenbestimmung wird – im Gegensatz zu den Beschränkungen nach § 51 Abs. 6 AufenthG – bei jeder Verlängerung der Aufenthaltserlaubnis nach § 28 Abs. 1 AufenthG erneuert (vgl. BVerwG, AuAS 2008, 98; VGH Kassel, Beschl. v. 12.6.2008 – 9 D 1006/08).

Während der Gültigkeitsdauer der Aufenthaltserlaubnis ist die Ausübung einer Erwerbstätigkeit kraft Gesetzes erlaubt; dies muss im Aufenthaltstitel erkennbar gemacht werden (§ 4 Abs. 2 Satz 2 AufenthG). Gemäß § 81 Abs. 4 Satz 1 AufenthG entfällt diese Berechtigung nicht im Verlängerungsverfahren. Wird der Verlängerungsantrag abgelehnt, findet § 84 Abs. 2 Satz 2 AufenthG hinsichtlich der Fortsetzung der Erwerbstätigkeit im Anfechtungsverfahren Anwendung.

Hinweise:

- Fehlt es an der Nebenbestimmung nach § 27 Abs. 5 AufenthG im Aufenthaltstitel bzw. Trägervordruck, ist die Erwerbstätigkeit dennoch von Gesetzes wegen erlaubt. Eine Beschäftigung durch den Arbeitgeber ist jedoch nach § 4 Abs. 3 Satz 2 und 4 AufenthG nicht realisierbar, wenn dieser seiner Prüfpflicht ordnungsgemäß nachkommt. In diesem Fall bedarf es der Eintragung der entsprechenden Nebenbestimmung im Aufenthaltstitel.

- Eine Zustimmung der Arbeitsverwaltung nach § 39 AufenthG ist nach § 27 Abs. 5 AufenthG nicht erforderlich.

4 Familiennachzug zu Ausländern

1. Allgemeine Nachzugsvoraussetzungen

§ 29 AufenthG enthält allgemeine Nachzugsregelungen sowie Ausschlusstatbestände in Bezug auf den Nachzug von ausländischen Familienangehörigen zu Ausländern im Bundesgebiet, die beim Ehegattennachzug (§ 30 AufenthG), beim Kindernachzug (§ 32 AufenthG), bei der Geburt eines Kindes im Bundesgebiet (§ 33 AufenthG) und beim Nachzug sonstiger Familienangehöriger (§ 36

AufenthG) zu berücksichtigen sind, es sei denn, die spezielle Nachzugsregelung lässt eine Abweichung von § 29 AufenthG zu.

§ 29 Abs. 1 AufenthG regelt die Grundvoraussetzungen für einen ordnungsgemäßen Familiennachzug zu Ausländern. Diese Bestimmung findet daher nicht in den Fällen des § 28 AufenthG beim Familiennachzug zu Deutschen Anwendung. So muss beim Familiennachzug zu Deutschen kein ausreichender Wohnraum zur Verfügung stehen; es reicht aus, wenn der Deutsche als Bezugsperson den gewöhnlichen Aufenthalt (§ 30 Abs. 3 Satz 2 SGB I, zum Begriff) im Bundesgebiet hat.

§ 29 Abs. 2 AufenthG erleichtert für Ehegatten und minderjährige ledige Kinder den Familiennachzug zu Resettlement-Flüchtlingen nach § 23 Abs. 4 AufenthG, Asylberechtigten nach Art. 16a Abs. 1 GG, international Schutzberechtigten nach § 1 Abs. 1 Nr. 2 AsylG (§ 2 Abs. 13 AufenthG, zum Begriff), die eine entsprechende Aufenthaltserlaubnis nach § 23 Abs. 4, § 25 Abs. 1 Satz 1 und Abs. 2 Satz 1 Alt. 1 oder 2 AufenthG oder eine Niederlassungserlaubnis nach § 26 Abs. 3 oder 4 AufenthG besitzen (vgl. *Welte*, Die neue aufenthaltsrechtliche Verfestigung von Asylberechtigten und Konventionsflüchtlingen, KommP spezial 3/2016).

§ 29 Abs. 3 AufenthG enthält in Satz 1 zusätzliche Anforderungen hinsichtlich des Vorliegens völkerrechtlicher oder humanitärer Gründe oder bezüglich der Wahrung politischer Interessen, wenn es um einen Familiennachzug zu Ausländern mit einer Aufenthaltserlaubnis nach § 23 Abs. 4 AufenthG (Resettlement-Flüchtlinge) oder nach § 25 Abs. 1 Satz 1 oder Abs. 2 Satz 1 Alt. 1 oder 2 AufenthG (Asylberechtigte nach Art. 16a Abs. 1 GG oder international Schutzberechtigte nach § 1 Abs. 1 Nr. 2 AsylG) sowie zu Ausländern mit einer Niederlassungserlaubnis nach § 26 Abs. 3 AufenthG (Asylberechtigte oder Flüchtlinge nach § 3 Abs. 1 AsylG) oder nach § 26 Abs. 4 AufenthG (nur subsidiär Schutzberechtigte nach § 4 Abs. 1 AsylG) geht.

§ 29 Abs. 3 Satz 3 AufenthG enthält gesetzliche Ausschlusstatbestände für den Familiennachzug zu Ausländern, die einen Aufenthaltstitel nach § 25 Abs. 4, 4b und 5, nach § 25a Abs. 2, § 25b Abs. 4, § 104a Abs. 1 Satz 1 und § 104b AufenthG besitzen.

§ 29 Abs. 4 AufenthG dient der Umsetzung der Richtlinie zur Gewährung von vorübergehendem Schutz (vgl. § 24 AufenthG) in Bezug auf Familiennachzugsfälle, die auf die Schutzgewährung des

Nachziehenden ausgerichtet sind, wenn die Trennung der Ehegatten oder minderjährigen ledigen Kinder durch die Fluchtsituation selbst verursacht worden ist. Bei sonstigen Familienangehörigen findet § 36 Abs. 2 AufenthG Anwendung. Die Anwendung des § 29 Abs. 4 AufenthG (Familiennachzug bei vorübergehendem Schutz im Falle des Massenzustroms von Vertriebenen; vgl. § 2 Abs. 6 AufenthG, zum Begriff) setzt nach § 24 Abs. 1 AufenthG einen Beschluss des Rates der EU voraus (vgl. *Schmid, A.*, Die vergessene Richtlinie 2001/55/EG für den Fall eines Massenzustroms von Vertriebenen als Lösung der aktuellen Flüchtlingskrise, ZAR 2015, 205–212).

Der Ehegatte kann nach Aufhebung der ehelichen Lebensgemeinschaft unter den Voraussetzungen des § 31 Abs. 1 und 2 AufenthG ein eigenständiges Aufenthaltsrecht erlangen. Nachgezogene Kinder können nach § 34 Abs. 2 und § 35 AufenthG ebenfalls ein eigenständiges bzw. rechtlich gefestigtes Aufenthaltsrecht erlangen (vgl. auch § 28 Abs. 2 Satz 1 und Abs. 3 AufenthG in Bezug auf drittstaatsangehörige Familienangehörige von Deutschen).

2. Aufenthaltsrecht der Bezugsperson bzw. des Stammberechtigten im Bundesgebiet

Auch im Anwendungsbereich des § 29 AufenthG wird terminologisch differenziert zwischen Ausländer (= Bezugsperson, Stammberechtigter), von dessen Aufenthaltsrecht im Bundesgebiet sich das Nachzugsrecht ableitet (akzessorisches Aufenthaltsrecht), und seinen nachziehenden Familienangehörigen (Ehegatten, Kinder oder sonstige Familienangehörige). Das Aufenthaltsgesetz differenziert in Kapitel 2 Abschnitt 6 zwischen dem Begriff des „Ausländers", zu dem ein Familiennachzug in das Bundesgebiet stattfindet, und dem Begriff des Familienangehörigen (Ehegatte, Kind, Eltern, Elternteil oder sonstiger Familienangehöriger), der zu dem Ausländer in das Bundesgebiet nachzieht oder nachziehen will (vgl. z. B. § 31 Abs. 1 Satz 1 AufenthG).

Bei der Erteilung einer Aufenthaltserlaubnis zum Zweck des Familiennachzugs für den betreffenden Familienangehörigen wird nach § 29 Abs. 1 Nr. 1 AufenthG vorausgesetzt, dass der Ausländer (Bezugsperson, Stammberechtigter) eine gültige Aufenthaltserlaubnis (§ 7 Abs. 1 AufenthG), Blaue Karte EU (§ 19a AufenthG), Niederlassungserlaubnis (§ 9 Abs. 1 AufenthG) oder Erlaubnis zum Daueraufenthalt-EU (§ 9a Abs. 1 AufenthG) besitzt. Lediglich das

I. Aufenthalt aus familiären Gründen

Vorliegen eines Anspruchs auf Erteilung oder Verlängerung eines entsprechenden Aufenthaltstitels oder eine der Wirkungen des § 81 Abs. 3 oder 4 AufenthG im Antragsverfahren, in dem über die Erteilung oder Verlängerung eines Aufenthaltstitels entschieden wird, reichen mangels Besitzes des Aufenthaltstitels i. S. v. § 854 Abs. 1 BGB nicht aus. In den Fällen des § 84 Abs. 1 Satz 1 Nr. 1 und Abs. 2 Satz 1 AufenthG fehlt es am Besitz eines entsprechenden Aufenthaltstitels. Ebenso wenig genügen eine Duldung (§ 60a AufenthG), eine Beschäftigungserlaubnis nach § 32 BeschV oder eine Aufenthaltsgestattung nach § 55 Abs. 1 Satz 1 oder 3 AsylG.

Um einen Aufenthalt aus familiären Gründen im Bundesgebiet handelt es sich auch dann, wenn sich die Familienzusammenführung ausschließlich im Bundesgebiet vollzieht und daher kein grenzüberschreitender Sachverhalt vorliegt (z. B. bei Geburt eines Kindes im Bundesgebiet; Heirat unter im Bundesgebiet lebenden Ausländern). In diesen Fällen kann der Grundsatz der Meistbegünstigung Berücksichtigung finden.

§ 29 Abs. 1 Nr. 1 AufenthG schließt es nicht aus, dass ein Familiennachzug gleichzeitig und im Verbund mit dem Ehegatten, den Kindern und sonstigen Familienangehörigen stattfinden kann (vgl. z. B. § 32 Abs. 1 und Abs. 2 Satz 1 AufenthG). In diesem Fall muss das nationale Visum (§ 6 Abs. 3 AufenthG) der Bezugsperson zumindest dem Berechtigungsinhalt einer Aufenthaltserlaubnis für einen nicht familienbezogenen Aufenthaltszweck entsprechen.

Ausländern, deren Asylantrag

■ unanfechtbar abgelehnt worden ist oder die den Asylantrag zurückgenommen haben, darf ein Aufenthaltstitel vor der Ausreise nur aus völkerrechtlichen, humanitären oder politischen Gründen erteilt werden (§ 10 Abs. 3 Satz 1 AufenthG),

■ nach § 30 Abs. 3 AsylG als offensichtlich unbegründet abgelehnt worden ist, darf gemäß § 10 Abs. 3 Satz 2 AufenthG „vor ihrer Ausreise" eine Aufenthaltserlaubnis auch nicht zum Familiennachzug erteilt werden,

es sei denn, sie haben einen gesetzlichen Anspruch auf Erteilung eines Aufenthaltstitels; eine Ermessensreduzierung „auf Null" genügt nicht den Anforderungen an einen Anspruch (vgl. BVerwG, Urt. v. 26.8.2008 – 1 C 32.07, InfAuslR 2009, 8, 9 = AuAS 2009, 2, zum Vorliegen eines Anspruchs nach § 32 Abs. 3 AufenthG). So begründen

z. B. § 28 Abs. 1 Satz 1, § 30 Abs. 1 AufenthG einen Anspruch auf Ehegattennachzug, § 32 Abs. 1 und Abs. 3 und § 33 Satz 2 AufenthG einen Anspruch auf Kindernachzug bzw. ein Aufenthaltsrecht des im Bundesgebiet geborenen Kindes. Auf der Grundlage einer Soll- oder Kann-Vorschrift wird jedoch kein gesetzlicher Anspruch eingeräumt, mit dem die Sperrklausel des § 10 Abs. 3 AufenthG überwunden werden könnte, es sei denn, es handelt sich um einem Regelanspruch nach § 25 Abs. 3 Satz 1 AufenthG in den Fällen des § 10 Abs. 3 Satz 2 AufenthG (vgl. BVerwG, Urt. v. 17.12.2015 – 1 C 31.14, InfAuslR 2016, 133 = ZAR 2016, 147, zum Vorliegen eines gesetzlichen Anspruchs).

Hinweis:

Durch das am 26.11.2011 in Kraft getretene Gesetz zur Umsetzung aufenthaltsrechtlicher Richtlinien der Europäischen Union und zur Anpassung nationaler Rechtsvorschriften an den EU-Visakodex (BGBl. I S. 2258) wurde der Rechtsgedanke, dass Kindern und Jugendlichen die Ablehnung ihrer Asylanträge nicht persönlich vorzuwerfen ist, verallgemeinert und § 10 Abs. 3 Satz 2 AufenthG entsprechend geändert. Nach der Neufassung von § 10 Abs. 3 Satz 2 AufenthG schließt die Ablehnung eines Asylantrags nach § 30 Abs. 3 Nr. 7 AsylG – also die Ablehnung des Asylantrags eines Kindes als offensichtlich unbegründet, weil bereits der Asylantrag der Eltern unanfechtbar abgelehnt wurde – die Erteilung eines Aufenthaltstitels (nach § 25a, § 25b AufenthG oder eines anderen Aufenthaltstitels) nicht mehr aus.

3. Ausreichender Wohnraum beim Nachzug zu Ausländern

Das Vorhandensein ausreichenden Wohnraums beim Familiennachzug zu Ausländern gehört zu den allgemeinen Voraussetzungen eines geordneten Familiennachzugs nach § 29 Abs. 1 Nr. 2 AufenthG (vgl. § 2 Abs. 4 AufenthG, zum Begriff). Ist das Wohnraumerfordernis im Einzelfall nicht erfüllt, fehlt es an den Anspruchsvoraussetzungen für den Familiennachzug.

Von diesem Wohnraumerfordernis

- „ist" in den Fällen des § 29 Abs. 2 Satz 2, § 33 Satz 1 und 2, § 34 Abs. 1 Satz 1 und § 36 Abs. 1 Satz 1 AufenthG abzusehen (vgl. auch Verweise in § 36 Abs. 2 Satz 2 AufenthG),

- „kann" nach § 29 Abs. 2 Satz 1 AufenthG beim Nachzug zu anerkannten Asylberechtigten (§ 25 Abs. 1 AufenthG) und international Schutzberechtigten (§ 25 Abs. 2 AufenthG), die eine Aufenthaltserlaubnis besitzen, bei der Geburt eines Kindes im Bundesgebiet nach § 33 Satz 1 AufenthG sowie in Verlängerungsfällen des Ehegattennachzugs (§ 30 Abs. 3 AufenthG) abgesehen werden (vgl. § 36 Abs. 2 Satz 2 AufenthG).

Bei längerfristiger Obdachlosigkeit ist das erforderliche Wohnraumerfordernis nicht erfüllt; deswegen liegt jedoch – im Gegensatz zum Altausweisungsrecht (§ 55 Abs. 2 Nr. 6 AufenthG a. F.) – kein Ausweisungsinteresse nach § 5 Abs. 1 Nr. 2 AufenthG vor. Darf von diesem Erfordernis nach der Gesetzeslage abgesehen werden (vgl. § 30 Abs. 3, § 33 Satz 1, § 34 Abs. 1 AufenthG), liegt – im Gegensatz zum alten Ausweisungsrecht (vgl. § 55 Abs. 2 Nr. 5 AufenthG a. F.) – kein Ausweisungstatbestand und daher auch kein Ausweisungsinteresse nach § 5 Abs. 1 Nr. 2 AufenthG vor.

4. Beschränkung und Ausschluss des Familiennachzugs

§ 29 Abs. 3 AufenthG enthält in Satz 1 zusätzliche Anforderungen, nach denen ein Familiennachzug zu Ausländern gemäß §§ 27, 29 ff. AufenthG „gewährt" wird, und in Satz 3 Ausschlusstatbestände, nach denen ein Familiennachzug zu Ausländern „nicht gewährt" wird.

§ 29 Abs. 3 Satz 1 AufenthG begrenzt den Familiennachzug in sachlicher und personeller Hinsicht. Zusätzliche Anforderungen in sachlicher Hinsicht bestehen in dem

- Vorliegen humanitärer oder völkerrechtlicher Gründe oder

- der Wahrung politischer Interessen der Bundesrepublik Deutschland.

Ein Nachzug von Ehegatten und minderjährigen ledigen Kindern zu Ausländern, die eine Aufenthaltserlaubnis nach den §§ 22, 23 Abs. 1 oder Abs. 2, oder §§ 25 Abs. 3 oder Abs. 4a Satz 1, § 25a Abs. 1 oder § 25b Abs. 1 AufenthG besitzen, findet nach Maßgabe der §§ 30, 32 und 33 AufenthG statt (Begrenzung in personeller Hinsicht). Dabei ist dem Gesichtspunkt des Schutzes von Ehe und Familie nach Art. 6 Abs. 1 GG und dem Schutz des Familienlebens nach Art. 7 GRCh und Art. 8 EMRK besondere Bedeutung beizumessen (vgl. BVerfG, Beschl. v. 5.6.2013 – 2 BvR 586/13, AuAS 2013, 160, keine Trennung der Familie bei unterschiedlicher inländischer Fluchtalternative im Herkunftsstaat).

Hinweis:

In den Fällen des § 29 Abs. 3 Satz 1 AufenthG ist im Hinblick auf die familiären Verhältnisse (Art. 6 Abs. 1 GG, Art. 7 GRCh, Art. 8 EMRK) im Einzelfall zu prüfen, ob etwa humanitäre Gründe vorliegen. Danach ist in Fällen, in denen die Herstellung der Familieneinheit im Ausland aus zwingenden persönlichen Gründen unmöglich ist, stets ein dringender humanitärer Grund anzunehmen. Bei Ausländern, die eine Aufenthaltserlaubnis nach § 25 Abs. 1, Abs. 2 oder Abs. 3 AufenthG besitzen, ist anzunehmen, dass die Herstellung der familiären Einheit im Herkunftsstaat des Ausländers unmöglich und auch unzumutbar ist.

Nach § 29 Abs. 3 Satz 1 AufenthG müssen zusätzlich Tatbestandsmerkmale in der Form unbestimmter Rechtsbegriffe vorliegen, bei deren Vorliegen einem bestimmten Familienangehörigen eine Aufenthaltserlaubnis zum Zweck des Familiennachzugs erteilt werden darf. Diese Einschränkung gilt jedoch nicht für die Fälle des § 36 Abs. 2 Satz 1 AufenthG für sonstige Familienangehörige, die zu dem in § 29 Abs. 3 Satz 1 AufenthG genannten Personenkreis nachziehen wollen.

Unter welchen speziellen Voraussetzungen im Einzelfall die Aufenthaltserlaubnis zum Familiennachzug erteilt wird, ergibt sich aus § 30 (Ehegattennachzug), § 32 (Kindernachzug) und § 33 Satz 1 und 2 AufenthG für im Bundesgebiet geborene Kinder. Auch finden die allgemeinen Erteilungsvoraussetzungen nach § 5 AufenthG und die Sperrklauseln nach § 10 Abs. 1 und 3 sowie § 11 Abs. 1, 6 und 7 AufenthG Anwendung, soweit nicht eine Abweichung in einer Nachzugsvorschrift zugelassen ist (z. B. nach § 33 Satz 1 AufenthG) oder das Einreise- und Aufenthaltsverbot nach § 11 Abs. 4 AufenthG aufgehoben worden ist.

Die nachgezogenen Familienangehörigen können ein eigenständiges Aufenthaltsrecht erlangen (vgl. §§ 31 bzw. 34 Abs. 2 AufenthG) oder die Voraussetzungen für die Erteilung einer Niederlassungserlaubnis entsprechend § 26 Abs. 4 AufenthG erfüllen (vgl. § 29 Abs. 3 Satz 2 AufenthG). Insoweit wird das dem Aufenthaltsgesetz innewohnende Trennungsprinzip in Bezug auf die einzelnen Abschnitte in Kapitel 2 durchbrochen (vgl. BVerwG, Urt. v. 4.9.2007 – 1 C 43.06, InfAuslR 2008, 71, zum Trennungsprinzip). § 9a Abs. 3 Nr. 1 AufenthG schließt die Erteilung einer Erlaubnis zum Daueraufenthalt-EU an nachgezogene Familienangehörige, die einen Aufenthaltstitel nach Kapitel 2 Abschnitt 5 des Aufenthaltsgesetzes besitzen und nicht international Schutzberechtigte (vgl. § 2 Abs. 13 AufenthG; § 1 Abs. 1 Nr. 2 AsylG, zum Begriff) sind, aus.

Wichtig: Bei im Bundesgebiet geborenen Kindern, deren Eltern eine Aufenthaltserlaubnis nach § 25 Abs. 4 bis 5, § 104a Abs. 1 Satz 1 oder § 104b AufenthG besitzen, schließt § 29 Abs. 3 Satz 3 AufenthG die Anwendung der Nachzugsvorschrift des § 33 AufenthG aus (vgl. OVG Hamburg, Beschl. v. 2.6.2008 – 3 Bf 35/05.Z, AuAS 2008, 170).

5 Ehegattennachzug – Nachzug bei eingetragener Lebenspartnerschaft

1. Allgemeines

Der Ehegattennachzug setzt

■ eine rechtmäßige Eheschließung, die durch eine Heiratsurkunde nachgewiesen werden kann (vgl. *Keßler/Habbe*, Aufenthaltsrechtliche Wirkungen einer kirchlichen Trauung, InfAuslR 2009, 149), und

■ das Begehren des ausländischen Ehegatten voraus, nach der Einreise in das Bundesgebiet eine eheliche Lebensgemeinschaft mit dem stammberechtigten Ausländer (vgl. § 29 Abs. 1 Nr. 1 AufenthG) herzustellen und zu wahren (gelebte eheliche Beistandsgemeinschaft).

Ein Ehegattennachzug ist in den Fällen der Scheinehe und Zwangsheirat nach § 27 Abs. 1a AufenthG ausgeschlossen. Eingetragene Lebenspartner von Unionsbürgern sind hinsichtlich der Freizügigkeit von Familienangehörigen nach Unionsrecht den (drittstaatsangehörigen) Ehegatten von Unionsbürgern gleichgestellt (§ 3 Abs. 2 Nr. 1 FreizügG/EU).

Beispiele: _____

■ Ein Verlöbnis oder die Festlegung eines Eheschließungstermins beim Standesbeamten reichen für den Ehegattennachzug nicht aus. Für die Heirat im Bundesgebiet reicht

ein Schengen-Visum nach § 6 Abs. 1 Nr. 1 AufenthG aus.
§ 39 Nr. 3 AufenthV ermöglicht die Einholung einer Aufenthaltserlaubnis zum Zweck des Ehegattennachzugs nach der
Einreise in das Bundesgebiet.

- Hinsichtlich des Bestehens einer ehelichen Lebensgemeinschaft wird nicht vorausgesetzt, dass die Beziehung der
Ehegatten noch von einem unbedingten Willen zur Ehe
auf Lebenszeit getragen wird, wie dies im Zeitpunkt der
Eheschließung verlangt wird (§ 1353 Abs. 1 Satz 1 BGB). Unrichtige Angaben i. S. v. § 95 Abs. 2 Nr. 2 AufenthG liegen in
diesem Fall nicht vor (vgl. BayObLG, AuAS 2001, 164).

Ob eine im Ausland geschlossene Ehe rechtswirksam ist, richtet
sich grundsätzlich nach dem durch das Internationale Privatrecht
berufenen Recht. Dem Ausländer, der eine Aufenthaltserlaubnis
zum Zweck des Ehegattennachzugs beansprucht, obliegt im Falle
berechtigter Zweifel an der Gültigkeit der im Ausland erfolgten
Eheschließung die Glaubhaftmachung ihrer Rechtswirksamkeit (§ 82
Abs. 1 AufenthG).

Beispiel:

Eine in Dänemark geschlossene Ehe ist ausländerrechtlich auch
dann beachtlich, wenn sich ein Partner zur Zeit der Trauung
nicht rechtmäßig dort aufgehalten hat (VGH Mannheim, Beschl.
v. 14.5.2007 – 11 S 1640/06). Gemäß Art. 11 Abs. 1 EGBGB genügt die Einhaltung der dänischen Ortsform, die durch eine im
Verfahren vorgelegte Heiratsurkunde (z. B. Trauschein) belegt
werden kann (vgl. OLG Hamm, Beschl. v. 3.8.2006 – 15 W 23/06,
FamRZ 2007, 656).

Nach § 1304 BGB darf keine Ehe eingehen, wer nicht geschäftsfähig ist. Eine Ehe, die im Ausland geschlossen wurde, ohne dass
der Betroffene geschäftsfähig war, kann grundsätzlich wegen Verstoßes gegen den ordre public nicht anerkannt werden. Für die
Eheschließung genügt auch eine partielle Geschäftsfähigkeit, d. h.
der Betroffene muss wissen, dass er eine Ehe schließt und welche
Bedeutung dies hat. Abzustellen ist auf den Zeitpunkt der Eheschließung. Eine Behinderung, auch mit Buchstaben B oder H, bedeutet nicht zwangsläufig, dass keine Geschäftsfähigkeit vorliegt.

I. Aufenthalt aus familiären Gründen

Eine Verpflichtung, bei einer Auslandseheschließung ein Familienbuch anlegen zu lassen, besteht nicht. Gibt es Anhaltspunkte für eine fehlende Geschäftsfähigkeit, muss der Standesbeamte dies bei einem Antrag auf Anlegung eines Familienbuches prüfen.

I Werden Ehen durch „Stellvertreter im Willen" geschlossen, fehlt es nach deutschem Recht an einer wirksamen Eheschließung und es fehlt am rechtlichen Band bzw. Bestand einer Ehe, die im Falle des Zusammenlebens der Ehegatten in einer ehelichen Lebensgemeinschaft nach Art. 6 Abs. 1 GG schützenswert wäre. Die Stellvertretung im Willen, d. h. die Auswahl des Partners und Entscheidung über die Eheschließung im Rahmen der Vertretungsmacht, läuft dem deutschen ordre public zuwider (Art. 6 EGBGB). Die Eheschließung ist in diesen Fällen in Deutschland nicht wirksam.

Hiervon zu unterscheiden sind Ehen, bei denen ein oder beide Partner die Konsenserklärung vor dem Trauungsorgan durch eine Mittelsperson abgeben, die ohne eigene Entscheidungsfreiheit in der Trauungszeremonie für den abwesenden Verlobten auftritt. Die Zulässigkeit des Auftretens eines solchen „Boten" bei der Eheschließung ist nach dem für die Form maßgeblichen Recht zu beurteilen. Die „Handschuhehe" durch Boten kann daher nach Art. 11 Abs. 1 Alt. 2 EGBGB ohne Rücksicht auf die Heimatrechte der Verlobten in der Ortsform gültig abgeschlossen werden. Das bedeutet, die Eheschließung ist wirksam, wenn nach dem Ortsrecht eine Ehe durch Boten zulässig ist. Der Ort der Eheschließung liegt in dem Staat, in dem die Trauungszeremonie stattfindet, also dort, wo das Trauungsorgan die Ehewillenserklärung unter Einhaltung der vorgeschriebenen Förmlichkeiten mit eheschließender Wirkung zur Kenntnis nimmt.

Für den Nachweis der Staatsangehörigkeit bei der Anmeldung der Eheschließung nach § 11 Abs. 2 Satz 1 der Personenstandsverordnung sind Dokumente vorzulegen, aus denen sich die Staatsangehörigkeit von ausländischen Verlobten eindeutig ergibt. Da der türkische Personalausweis (Nüfus Cüzdani) die Staatsangehörigkeit des Ausweisinhabers nicht ausdrücklich bestätigt und das Dokument bei Verlust der Staatsangehörigkeit nicht eingezogen wird, darf der Nüfus Cüzdani für den Nachweis der türkischen Staatsangehörigkeit grundsätzlich nicht als ausreichend angesehen werden. Die türkischen Staatsangehörigen, die sich legal in Deutschland aufhalten, besitzen einen türkischen Reisepass (§ 3 Abs. 1 AufenthG) und können damit die Staatsangehörigkeit und ihren Aufenthaltsstatus dokumentieren. Da der Standesbeamte im Übrigen verpflichtet ist, den illegalen Aufenthalt eines Ausländers nach § 87 Abs. 2 AufenthG der zuständigen Ausländerbehörde anzuzeigen (§ 101 DA), sollte auf die Vorlage des Reisepasses bei türkischen Verlobten nicht verzichtet werden.

Beispiele:

- Eine lediglich nach islamischem Ritus im Inland geschlossene Ehe zwischen einer Ausländerin und einem deutschen Staatsangehörigen kann nicht in den Schutzbereich des Art. 6 Abs. 1 GG einbezogen werden (OVG Lüneburg, Beschl. v. 1.2.2005 – 2 ME 1326/04; vgl. auch *Göbel-Zimmermann/Born*, Zwangsverheiratung – Integratives Gesamtkonzept zum Schutz Betroffener, ZAR 2007, 54).

- Die deutschen Standesämter richten sich grundsätzlich nach den UNMIK-Urkunden und der in ihnen enthaltenen Namensschreibweise in albanischer Form, nachdem die UNMIK völkerrechtlich auch mit dem Aufbau von Personenstandsregistern und der Ausstellung von Personenstandsurkunden beauftragt ist.

- Der Berücksichtigung einer UNMIK-Heiratsurkunde durch deutsche Standesbeamte steht auch nicht entgegen, dass die Eheschließung von serbisch-montenegrinischen Behörden nicht anerkannt wird. Eheschließungen im Kosovo vor von der UNMIK beauftragten Personen sind administrativer Ausfluss des angesprochenen Sonderrechts und genügen daher der Ortsform im Sinne von Art. 11 Abs. 1 EGBGB. Die entsprechenden Ehen sind damit nach deutschem Recht gültig. Werden sie nach serbisch-montenegrinischem Recht nicht anerkannt, liegt eine sogenannte „hinkende Ehe" vor, die im deutschen, nicht aber auch im serbisch-montenegrinischen Rechtskreis gilt.

2. Vorliegen einer ehelichen Lebensgemeinschaft

Die Schutzwirkung des Art. 6 Abs. 1 GG und der Relevanz der auf das Vorliegen einer ehelichen Lebensgemeinschaft abstellenden ausländerrechtlichen Vorschriften (§ 27 Abs. 1, § 30 Abs. 3, § 31 Abs. 1 AufenthG) greift nicht schon dann ein, wenn der Ausländer auf den bloßen Bestand einer formal ordnungsgemäß eingegangenen Ehe, also auf die schlichte Tatsache seines Verheiratetseins, verweisen kann. Vielmehr kommt es entscheidend darauf an, ob die durch das Institut der Ehe miteinander verbundenen Personen auch der Sache nach in einer ehelichen Lebensgemeinschaft im Sinne einer die persönliche Verbundenheit der Eheleute zum Ausdruck bringenden Beistandsgemeinschaft leben.

Diese eheliche Lebensgemeinschaft, die sich nach außen im Regelfall in einer gemeinsamen Lebensführung, also in dem erkennbaren Bemühen dokumentiert, die alltäglichen Dinge des Lebens miteinander in organisatorischer, emotionaler und geistiger Verbundenheit zu bewältigen, dreht sich im Idealfall um einen gemeinsamen Lebensmittelpunkt und wird daher regelmäßig in einer von den Eheleuten gemeinsam bewohnten Wohnung gelebt. Allerdings ist es nicht Sache des Staates, Eheleuten die Art und Weise des persönlichen Umgangs miteinander sowie die organisatorische Gestaltung der zu bewältigenden Arbeitsabläufe vorzuschreiben. Vielmehr steht es nach Art. 2 Abs. 1 und Art. 6 Abs. 1 GG (Eheschließungsfreiheit) grundsätzlich im Belieben des Einzelnen, eine eigenverantwortliche Entscheidung darüber zu treffen, wen er heiratet, wie er das gemeinsame Leben mit seinem Ehegatten im Einzelnen gestaltet, so dass der Staat seiner Schutz- und Gewährleistungsfunktion auch dann nachzukommen hat, wenn sich die Eheleute etwa dazu entschließen, aus bestimmten sachlichen oder persönlichen Gründen, also beispielsweise wegen einer Berufstätigkeit an verschiedenen Orten, ihre Lebensgemeinschaft nicht ständig in einer gemeinsamen Wohnung zu leben, sondern einen Teil ihrer Zeit an verschiedenen Orten zu verbringen. Voraussetzung ist aber, dass hierdurch die persönliche und emotionale Verbundenheit der Eheleute, ihr „Füreinander-Dasein" nicht in einer so nachhaltigen Weise aufgegeben wird, dass – bei einem Fortbestand der Ehe bis zu einer etwaigen Scheidung – nicht mehr von einer Beistandsgemeinschaft, sondern allenfalls noch von einer bloßen Begegnungsgemeinschaft oder einer bloßen Hausgemeinschaft gesprochen werden kann, im Rahmen derer selbst regelmäßige Treffen und Freizeitaktivitäten nur noch den Charakter gegenseitiger Besuche miteinander befreundeter Personen haben.

Für das Ausländerrecht bedeutet dies, dass Ehegatten im Regelfall allein durch Vorlage ihrer Heiratsurkunde und durch den Nachweis, dass sie beide gemeinsam eine Wohnung bewohnen und dort einen gemeinsamen Haushalt führen, das Bestehen einer ehelichen Lebensgemeinschaft belegen können. Je mehr sich die individuelle Gestaltung einer Ehe indes nach dem äußeren Erscheinungsbild von diesem Regelfall entfernt, desto mehr bedarf es im Zweifelsfall zusätzlicher tatsächlicher Anhaltspunkte, um die Annahme zu rechtfertigen, dass die Beziehung der Ehegatten trotz der Zweifel auslösenden objektiven Umstände gleichwohl den inhaltlichen Kriterien entspricht, wie sie für eine eheliche Lebensgemeinschaft typisch sind. Derartige Anhaltspunkte sind vorrangig durchaus alltägliche, aber eine eheliche Beistandsgemeinschaft eben wesentlich prägende Umstände, die den Schluss rechtfertigen, dass im konkreten Fall trotz einer in ihrem äußeren Ablauf untypischen Gestaltung der ehelichen Beziehung dennoch die spezifische Verbundenheit der Ehegatten unverkennbar vorhanden ist.

Beispiele:

- Eine eheliche Beistandsgemeinschaft wesentlich prägende Umstände können beispielsweise Zeiten gemeinsamer Freizeitbeschäftigung, gemeinsame Besuche bei Verwandten, Freunden und Bekannten, zusammen unternommene Reisen, gegenseitige Unterstützungshandlungen in Fällen von Krankheit oder sonstiger Not, gemeinsames Wirtschaften, Einkaufen, Essen, gemeinsame Kindererziehung oder sonstige praktisch gelebte, deckungsgleiche Interessen der Eheleute, die einen Schluss auf ihre intensive persönliche Verbundenheit zulassen, sein.

- Die Stellung eines Scheidungsantrages durch einen Ehegatten lässt darauf schließen, dass sich die individuelle Gestaltung der Ehe nach dem äußeren Erscheinungsbild von dem o. g. Regelfall soweit entfernt hat, dass nicht mehr von einer schützenswerten ehelichen Lebensgemeinschaft die Rede sein kann. In diesem Fall ist der Schluss auf eine persönliche Verbundenheit der Eheleute nicht mehr gerechtfertigt.

In dem auf die Erteilung oder Verlängerung eines Aufenthaltstitels gerichteten Vornahmefall im Antragsverfahren nach § 81 AufenthG trifft den ausländischen Ehegatten die objektive Beweislast (Feststellungslast) für Herstellung und Wahrung einer ehelichen Lebensgemeinschaft i. S. v. § 27 Abs. 1 AufenthG in Abgrenzung zu Abs. 1a (vgl. VGH Kassel, Beschl. v. 3.9.2008 – 11 B 1690/08, EZAR NF 34

Nr. 17; *Jobs*, Beweismaß und Beweislast beim Ehegattennachzug, ZAR 2008, 295). Er hat daher die nachteiligen Folgen der Nichterweislichkeit einer ehelichen Lebensgemeinschaft zu tragen (vgl. VGH Kassel, Beschl. v. 1.7.2005 – 9 TG 1210/05; VGH Kassel, Beschl. v. 9.8.2004 – 9 TG 1179/04, FamRZ 2005, 989). Dies entspricht auch § 82 Abs. 1 Satz 1 AufenthG bezüglich der Mitwirkungsobliegenheiten des betreffenden Ausländers im behördlichen Verfahren (vgl. § 86 Abs. 1 Satz 1 Halbsatz 2 VwGO bezüglich des gerichtlichen Verfahrens).

Der ausländische Ehegatte, der ein nationales Visum zum Ehegattennachzug (§ 28 Abs. 1 Satz 1 Nr. 1, § 30 AufenthG) begehrt, trägt auch nach Einfügung des Abs. 1a Nr. 1 in § 27 AufenthG aufgrund des EU-Richtlinienumsetzungsgesetzes v. 19.8.2010 (BGBl. I S. 1970) im Fall der Nichterweislichkeit des Vorliegens einer Schein- bzw. Zweckehe die materielle Beweislast für die gemäß § 27 Abs. 1 AufenthG erforderliche Absicht, eine eheliche Lebensgemeinschaft im Bundesgebiet zu führen (vgl. BVerwG, Beschl. v. 22.5.2013 – 1 B 25.12, AuAS 2013, 158 und AuAS 2013, 182, zur Beweislast des Ausländers hinsichtlich des Bestehens des Herstellungswillens einer ehelichen Lebensgemeinschaft; BVerwG, Urt. v. 30.3.2010 – 1 C 7.09). Liegen konkrete Anhaltspunkte für eine Schein- bzw. Zweckehe vor, liegt es am Ehegatten, dies zu widerlegen (§ 82 Abs. 1 AufenthG).

Bei atypischer Gestaltung der persönlichen Umstände besteht dabei für den Ausländer die Obliegenheit, diejenigen tatsächlichen Umstände zu benennen, die den Schluss auf eine durch die persönliche Verbundenheit der Ehegatten geprägte Beistandsgemeinschaft erlauben. Kommt der Ausländer dieser Obliegenheit trotz Aufforderung nicht oder unzureichend nach, geht dies bei der Beweiswürdigung prinzipiell zu seinen Lasten (§ 82 Abs. 1 AufenthG). Die Behörde hat jedoch eine Hinweis- und Anstoßpflicht nach § 82 Abs. 3 AufenthG gegenüber dem ausländischen Ehegatten. Im behördlichen Verfahren ergibt sich dies aus § 82 Abs. 1 Satz 1 AufenthG, wonach der Ausländer verpflichtet ist, seine Belange und für ihn günstige Umstände, soweit sie nicht offenkundig und bekannt sind, unter Angabe nachprüfbarer Umstände unverzüglich geltend zu machen und die erforderlichen Nachweise über seine persönlichen Verhältnisse, sonstige erforderliche Bescheinigungen und Erlaubnisse sowie sonstige erforderliche Nachweise, die er erbringen kann, unverzüglich beizubringen (vgl. BVerwG, Urt. v. 14.5.2013 – 1 C 16.12, InfAuslR 2013, 328, zur Selbstverpflichtung des

Ehegatten). Im gerichtlichen Verfahren ist die entsprechende Obliegenheit ein Anwendungsfall der in § 86 Abs. 1 Satz 1 Halbsatz 2 VwGO verankerten Mitwirkungspflicht der Beteiligten. Die Behörde hat alle ihren Erkenntnishorizont umfassenden Tatsachen auch dann in die Entscheidung einzubringen, wenn diese vom Ehegatten nicht geltend gemacht worden sind.

I

Hinweis:

Einen Ehegatten, der rechtsmissbräuchlich eine Ehe geschlossen und hierfür ein Entgelt erhalten hat, trifft grundsätzlich die Verpflichtung, hiervon Rücklagen zu bilden, um die Kosten eines für ihn absehbaren Ehescheidungs- bzw. Eheaufhebungsverfahrens finanzieren zu können. In diesem Fall wird keine Prozesskostenhilfe bewilligt (vgl. OLG Zweibrücken, Beschl. v. 30.4.2007 – 2 WF 78/07; OLG Stuttgart, FamRZ 1992, 195).

3. Anspruch auf Erteilung einer Aufenthaltserlaubnis zum Zweck des Ehegattennachzugs

3.1 Allgemeines

Die Regelungen über die Festsetzung eines Mindestalters beider Ehegatten beim Ehegattennachzug (§ 30 Abs. 1 Satz 1 Nr. 1 AufenthG) und des Spracherfordernisses (§ 30 Abs. 1 Satz 1 Nr. 2 AufenthG) sind vor dem Hintergrund der Entscheidung des EuGH zum Aufenthaltsrecht von Ausländern und ihren ausländischen Familienangehörigen in einem fremden Staat zu sehen.

Der EuGH hat in seinem Urteil v. 27.6.2006 (C-540/03 – EP/Rat der Europäischen Union, EZAR NF 14 Nr. 6 = ZAR 2006, 366, zur Familiennachzugsrichtlinie 2003/86/EG) die Rechtsprechung des EGMR mit folgenden Grundsätzen zitiert und folgende Grundsätze herausgearbeitet:

- Der Umfang der Verpflichtung eines Staates, in seinem Hoheitsgebiet Verwandte von Einwanderern aufzunehmen, hängt von der Situation der Betroffenen und vom Allgemeininteresse ab.

- Nach einem gefestigten Grundsatz des Völkerrechts sind die Staaten vorbehaltlich der sich für sie aus Verträgen ergebenden Verpflichtungen berechtigt, die Einreise von Personen, die nicht ihre Staatsangehörigen sind, in ihr Staatsgebiet zu kontrollieren.

■ Im Bereich Einwanderung ist Art. 8 EMRK und daher auch Art. 7 GRCh nicht dahin auszulegen, dass er für einen Staat die allgemeine Verpflichtung mit sich brächte, die Entscheidung verheirateter Paare für ihren gemeinsamen Wohnort zu respektieren und die Familienzusammenführung in seinem Hoheitsgebiet zu gestatten.

Demzufolge gelten nach der Rechtsprechung des EuGH hinsichtlich des Rechts eines Ausländers auf Zugang und Aufenthalt in einem Drittstaat im Unionsrecht die in der Rechtsprechung des EGMR entwickelten Grundsätze. Der EuGH sichert die Grundrechte als integralen Bestandteil der im Unionsrecht beachtlichen allgemeinen Rechtsgrundsätze (vgl. EuGH, Urt. v. 27.6.2006 – C-540/03 – EP/EU-Rat, EZAR NF 14 Nr. 6 = ZAR 2006, 366).

3.2 Mindestalter

Das Mindestalter beim Ehegattennachzug ist nach § 30 Abs. 1 Satz 1 Nr. 1 AufenthG für beide Ehegatten erfüllt, wenn diese im Zeitpunkt der Erteilung der Aufenthaltserlaubnis das 18. Lebensjahr vollendet haben. Der Ehegattennachzug könnte nach Art. 4 Abs. 5 RL 2003/86/EG zur Förderung der Integration und zur Vermeidung von Zwangsehen durch eine innerstaatliche Regelung altersmäßig bis auf höchstens 21 Jahre begrenzt werden (vgl. *Hillgruber*, Mindestalter und sprachliche Integrationsvorleistung – verfassungsgemäße Voraussetzungen des Ehegattennachzugs?, ZAR 2006, 304, Verfassungskonformität bejaht; *Kingreen*, Verfassungsfragen des Ehegatten- und Familiennachzugs im Aufenthaltsrecht, ZAR 2007, 13, Gegenposition).

Nach der Härteklausel des § 30 Abs. 2 Satz 1 AufenthG kann von der Altersgrenze nach § 30 Abs. 1 Satz 1 Nr. 1 AufenthG im Ermessenswege unter Berücksichtigung rechtsstaatlicher Grundsätze, der Grundrechte und der in ihnen verkörperten Wertordnung sowie vorrangigen Völkerrechts abgesehen werden.

3.3 Spracherfordernis

Nach der Reform des Aufenthaltsgesetzes im Rahmen des ersten Richtlinienumsetzungsgesetzes v. 19.8.2007 (BGBl. I S. 1970) müssen ausländische Ehepartner, die nach Deutschland nachziehen möchten, schon bei der Beantragung des Visums einfache deutsche Sprachkenntnisse (§ 2 Abs. 9 AufenthG, zum Begriff) nachweisen.

Sinn und Zweck

Das Spracherfordernis als Voraussetzung für den Ehegattennachzug soll im Rahmen eines integrationsfördernden Maßnahmenbündels dem Beginn einer reibungslosen Eingliederung in die Lebensverhältnisse der Bundesrepublik Deutschland dienen und dabei mit der Unantastbarkeit der Menschenwürde (Art. 1 GRCh; Art. 1 Abs. 1 GG) unvereinbare Zwangssituationen, wie sie typischerweise bei Zwangsehen auftreten, verhindern (vgl. BT-Drucks. 16/5065, S. 172–175). Eine empirische Studie hat jedoch ergeben, dass die Erfüllung der Sprachanforderungen für die Betroffenen teilweise mit großen Belastungen einhergeht, aber nicht erkenntlich ist, wie dadurch Zwangsehen verhindert werden könnten (vgl. *Seveker/Walter*, Integrations- und Einbürgerungstests, 2010, S. 18; englische Fassung abrufbar unter: http://www.ru.nl/law/cmr/projects/overview/intec/). Dieser auf die Wahrung der Unantastbarkeit der Menschenwürde (Art. 1 GRCh; Art. 1 Abs. 1 GG) ausgerichtete „Zusatzeffekt" dürfte der auf nationale Integrationsmaßnahmen beim Familiennachzug abgestellten Ermächtigungsklausel des Art. 7 Abs. 2 RL 2003/86/EG nicht zuwiderlaufen.

Die gesetzliche Voraussetzung, sich auf einfache Art in deutscher Sprache verständigen zu können, entspricht nach § 2 Abs. 9 AufenthG der Definition des Sprachniveaus der Stufe A1 der kompetenten Sprachanwendung des Gemeinsamen Europäischen Referenzrahmens des Europarats (GER, Common European Framework of Reference for Languages). Die Stufe A1 GER beinhaltet als unterstes Sprachstandsniveau die folgenden sprachlichen Fähigkeiten:

„Kann sich mit einfachen, überwiegend isolierten Wendungen über Menschen und Orte äußern. Kann sich auf einfache Art verständigen, doch ist die Kommunikation völlig davon abhängig, dass etwas langsamer wiederholt, umformuliert oder korrigiert wird. Kann einfache Fragen stellen und beantworten, einfache Feststellungen treffen oder auf solche reagieren, sofern es sich um unmittelbare Bedürfnisse oder um sehr vertraute Themen handelt, z. B. wo sie/er wohnt, welche Leute sie/er kennt oder welche Dinge sie/er hat."

Nach § 30 Abs. 1 Satz 1 Nr. 2 AufenthG muss sich der nachziehende ausländische Ehegatte eines Drittstaatsangehörigen in Erfüllung des Anspruchs auf Ehegattennachzug grundsätzlich „auf einfache Art in deutscher Sprache" verständigen können.

I. Aufenthalt aus familiären Gründen

§§ 27 ff. AufenthG finden auf Unionsbürger und deren drittstaatsangehörige Familienangehörige keine Anwendung (vgl. § 11 Abs. 1 Satz 1 FreizügG/EU), es sei denn, die Meistbegünstigungsklausel des § 11 Abs. 1 letzter Satz FreizügG/EU greift ein. So unterliegt der drittstaatsangehörige Ehegatte eines Unionsbürgers beim Ehegattennachzug nicht dem Spracherfordernis des § 30 Abs. 1 Satz 1 Nr. 2 AufenthG. Er hat jedoch einen Anspruch auf Teilnahme am Sprachkurs, der sich aus der Meistbegünstigungsklausel des § 11 Abs. 1 letzter Satz FreizügG/EU herleiten lässt.

Grundsätzlich erfordert § 30 Abs. 1 Satz 1 Nr. 2 AufenthG den Sprachnachweis vor der Erteilung eines nationalen Visums zum Zweck des Ehegattennachzugs (vgl. § 82 Abs. 1 AufenthG), da es sich um eine der tatbestandlichen Anspruchsvoraussetzungen für den Ehegattennachzug handelt.

Heiratet der Ausländer erst nach der Einreise in das Bundesgebiet während seines rechtmäßigen Aufenthalts – z. B. während der Geltungsdauer eines Schengen-Visums oder während des erlaubnisfreien Aufenthalts nach Art. 20 SDÜ – und erfüllt er in dieser Zeit auch das Spracherfordernis, kann er die Aufenthaltserlaubnis zum Zweck des Ehegattennachzugs nach der Einreise beantragen (§ 39 Nr. 3 AufenthV) und muss für diesen Zweck nicht das ansonsten erforderliche nationale Visum (§ 6 Abs. 3 AufenthG) vor der Einreise einholen. Wird das Spracherfordernis gemäß § 30 Abs. 1 Satz 1 Nr. 2 AufenthG erst nach der Einreise erfüllt und lagen die übrigen Voraussetzungen für den Anspruch auf Ehegattennachzug bereits vor der Einreise in das Bundesgebiet vor (z. B. Heirat vor der Einreise), ist das in § 39 Nr. 3 AufenthV normierte Tatbestandsmerkmal, dass „die Voraussetzungen eines Anspruchs auf Erteilung eines Aufenthaltstitels nach der Einreise entstanden sind", nicht erfüllt, da nur eine von mehreren erforderlichen Voraussetzungen erst nach der Einreise erfüllt worden ist, während die übrigen Voraussetzungen schon vor der Einreise vorgelegen haben und daher nicht nach der Einreise entstanden sein können. In diesem Fall ist ein nationales Visum zum Zweck des Ehegattennachzugs vor der Einreise in das Bundesgebiet erforderlich und dessen Einholung grundsätzlich zumutbar (vgl. VGH Kassel, Beschl. v. 22.9.2008 – 1 B 1628/08, InfAuslR 2009, 14 = EZAR NF 28 Nr. 20 = ZAR 2008, 402, mit Anmerkung *Pfersich*; in Abgrenzung zu VGH Mannheim, Beschl. v. 8.7.2008 – 11 S 1041/08, EZAR NF 28 Nr. 19 = ZAR 2008, 399, mit Anmerkung *Pfersich*). In diesem Fall ist es nach § 5 Abs. 2 Satz 1 Nr. 2 AufenthG und auch zur Vermeidung einer unerlaubten Einreise nach § 14 Abs. 1 Nr. 2a AufenthG erforderlich, dass der Ehegatte im Visumantrag sein auf einen Ehegattennachzug gerichtetes Aufenthaltsbegehren zum Ausdruck bringt und sich um den Erwerb des Spracherfordernisses in zumutbarer Weise bemüht.

I

Hinweis:

Erst die Erteilung einer entsprechenden Aufenthaltserlaubnis von mindestens einem Jahr bewirkt den Anspruch auf einmalige Teilnahme am Integrationskurs nach § 44 Abs. 1 Satz 1 Nr. 1 Buchst. b AufenthG. Entsprechendes gilt für den Ehegattennachzug zu Deutschen (§ 28 Abs. 1 Satz 5 AufenthG). Beim Ehegattennachzug zu Unionsbürgern kommt § 30 AufenthG nicht zur Anwendung (vgl. § 11 Abs. 1 Satz 1 FreizügG/EU); der Nachweis entsprechender Sprachkenntnisse kann daher nicht zur Voraussetzung für den Ehegattennachzug gemacht werden (vgl. EuGH, Urt. v. 25.7.2008 – C-127/08 – Metock, EZAR NF 14 Nr. 12 = ZAR 2008, 354, mit Anmerkung *Laier*, = InfAuslR 2008, 377 = AuAS 2008, 218; vgl. *Weh*, Ausnahmen von der Anforderung einfacher Deutschkenntnisse beim Ehegattennachzug – zum Anwendungsbereich von § 30 Abs. 1 Satz 3 Nr. 4 AufenthG, InfAuslR 2008, 381).

Das Spracherfordernis als tatbestandliche Voraussetzung für den Ehegattennachzug geht mit Verfassungsrecht einher (vgl. *Welte*, Das nationale Spracherfordernis beim Ehegattennachzug, InfAuslR 2013, 128; *Hillgruber*, Mindestalter und sprachliche Integrationsvorleistung – verfassungsgemäße Voraussetzungen des Ehegattennachzugs?, ZAR 2006, 304, Verfassungskonformität bejaht). Das Tatbestandsmerkmal, ob sich der Ehegatte „auf einfache Art in deutscher Sprache verständigen" kann, ist gerichtlich uneingeschränkt nachprüfbar.

Art. 7 Abs. 2 der FamiliennachzugRL 2003/86/EG ermächtigt die Mitgliedstaaten, den Familiennachzug davon abhängig zu machen, dass der Betroffene Integrationsmaßnahmen nachkommt (zum Streitpunkt, ob es sich um eine Integrationsmaßnahme im Sinne des Unionsrechts handelt, vgl. *Groß/Farahat*, Europa- und verfassungsrechtliche Probleme des Spracherfordernisses beim Ehegattennachzug, InfAuslR 2011, 281, 283, verneint; *Marx*, ZAR, 2011, 15, 19, sowie

I

Groenendijk, ZAR, 191, 195 f., verneint). Das Nachzugsrecht kann daher von dieser Voraussetzung dann abhängig gemacht werden, wenn dies mit dem Grundsatz der Verhältnismäßigkeit vereinbar ist (Art. 52 Abs. 1 GRCh). Die Anwendung des Begriffs „Integrationsmaßnahmen" im Anwendungsbereich des § 30 AufenthG darf auch nicht gegen eine unionsrechtlich garantierte familiäre Schutzgewährleistung (Art. 7 GRCh) oder allgemeine Grundsätze des Unionsrechts (Art. 6 Abs. 3 EUV) verstoßen. Dies gilt in den Fällen des § 28 Abs. 1 Satz 1 Nr. 1 AufenthG nach dessen Satz 5 (nur) entsprechend. Das innerstaatlich gewährte Nachzugsrecht des Ehegatten muss daher diesen vorrangigen Schutzgewährleistungen entsprechen.

Hinweis:

Die EU-Kommission hat am 31.5.2013 ein förmliches Vertragsverletzungsverfahren nach Art. 258 AEUV gegen die Bundesrepublik Deutschland eingeleitet, um beim Europäischen Gerichtshof die Vereinbarkeit des nationalen Spracherfordernisses mit Unionsrecht auf den Prüfstand zu stellen.

In Altfällen, in denen es um die Verlängerung der Aufenthaltserlaubnis eines Ehegatten nach der Einführung des Spracherfordernisses geht, wird von einem erkennbar geringen Integrationsbedarf, also von dem Vorliegen eines Ausnahmetatbestandes i. S. v. § 30 Abs. 1 Satz 3 Nr. 3 AufenthG ausgegangen (vgl. auch VGH Mannheim, Urt. v. 12.6.2013 – 11 S 208/13). Ein entsprechender erkennbar geringer Integrationsbedarf ist in der Regel anzunehmen bei Ehegatten, wenn – wie in den Verlängerungsfällen – ein Anspruch zur Integrationskursteilnahme fehlt. Der Anspruch zur Integrationsteilnahme besteht nur bei erstmaliger Erteilung einer Aufenthaltserlaubnis nach den §§ 28, 29, 30, 32 oder 36 AufenthG, also nur für Neuzuwanderer, nicht für Bestandsausländer (§ 44 Abs. 1 Satz 1 Nr. 1 Buchst. b AufenthG). Auf Grund der Ausnahme des § 30 Abs. 1 Satz 3 Nr. 3 Halbsatz 2 AufenthG sind – ungeachtet eines durch routinemäßige Verlängerungen geschaffenen Vertrauenstatbestandes – einfache Deutschkenntnisse daher nicht bei der Verlängerung einer bereits vor Inkrafttreten des ersten Richtlinienumsetzungsgesetzes erteilten Aufenthaltserlaubnis zum Ehegattennachzug nachzuweisen (Ausnahme nur beim Aufenthaltszweckwechsel des Stammberechtigten von einem vorübergehenden zu einem dauerhaften Aufenthalt).

138

3.4 Spracherfordernis bei türkischen Assoziationsberechtigten

Die assoziationsrechtlichen Verschlechterungsverbote für türkische Staatsangehörige (vgl. Art. 13 ARB 1/80; Art. 41 ZP) greifen nach der bisherigen Rechtsprechung des Bundesverwaltungsgerichts hinsichtlich der Einführung eines Spracherfordernisses beim Ehegattennachzug nicht ein (vgl. BVerwG, Urt. v. 30.3.2010 – 1 C 8.09, AuAS 2010, 170 = EZAR NF 34 Nr. 25 = ZAR 2011, 27, mit Anmerkung *Pfersich*). Denn beim Ehegattennachzug handelt es sich um einen grenzüberschreitenden Sachverhalt, der nicht unter die vom Verschlechterungsverbot geschützten Aufenthaltszwecke (Art. 13 ARB 1/80: Arbeitnehmerfreizügigkeit; Art. 41 ZP: Niederlassungsfreiheit, freier Dienstleistungsverkehr) fällt. Da jedoch nach der neueren Rechtsprechung des Gerichtshofs der Anwendungsbereich der Stand-Still-Klausel des Art. 13 ARB 1/80 ausgeweitet worden ist, besteht insoweit auch in der nationalen Rechtsprechung noch Klärungsbedarf, ob das neu eingeführte Spracherfordernis beim Ehegattennachzug eines türkischen Ehegatten verlangt werden darf (vgl. OVG Lüneburg, Beschl. v. 15.3.2011 – 11 ME 59/11, InfAuslR 2011, 228, Zweifel an der Vereinbarkeit des gesetzlichen Spracherfordernisses nach § 30 Abs. 1 Satz 1 Nr. 2 AufenthG mit der Stand-Still-Klausel des Art. 13 ARB 1/80; *Pfersich*, ZAR 2011, 34 f., in Anmerkung zum Urteil des BVerwG v. 30.3.2010 – 1 C 8/09, InfAuslR 2010, 331; *Farahat*, NVwZ 2011, 343, 345 f.).

Bei türkischen Assoziationsberechtigten, die nach Art. 6 Abs. 1 oder Art. 7 ARB 1/80 assoziationsberechtigt sind und daher eine Aufenthaltserlaubnis nach § 4 Abs. 5 AufenthG besitzen, sind unbeschadet eines Verschlechterungsverbotes nach Art. 13 ARB 1/80 oder Art. 41 ZP hinsichtlich der Erfüllung des nationalen Spracherfordernisses beim Ehegattennachzug nach § 30 Abs. 1 Satz 1 Nr. 2 AufenthG ähnliche Maßstäbe anzulegen, wie sie das Bundesverwaltungsgericht in seiner Entscheidung vom 4.9.2012 – 10 C 12.12, AuAS 2012, 266 = InfAuslR 2013, 14, unter Hinweis auf das in Art. 11 Abs. 1 GG verfassungsrechtlich garantierte Freizügigkeitsrecht angelegt hat. Der aus dem Freizügigkeitsrecht nach Art. 11 Abs. 1 GG resultierende materiell-rechtliche Anspruch, seinen Aufenthalt im ganzen Bundesgebiet frei zu wählen und sich frei zu bewegen, wird in gleicher Weise wie das Assoziationsrecht nach Art. 6 Abs. 1 und Art. 7 Satz 1 und 2 ARB 1/80 ohne konstitutiven Verwaltungsakt, also ex lege, gewährt und darf nur unter erhöhten Voraussetzungen (vgl. Art. 11

Abs. 2 GG; Art. 14 ARB 1/80) wie bei Unionsbürgern (§ 6 Abs. 1 FreizügG/EU) beschränkt werden.

Vor diesem Hintergrund hat der drittstaatsangehörige Ehegatte eines türkischen Assoziationsberechtigten das gesetzliche Spracherfordernis nach § 30 Abs. 1 Satz 1 Nr. 2 AufenthG dann nicht vor der Einreise einzuhalten, wenn das auf den Vertragsstaat begrenzte Assoziationsrecht, aus dem sich ein unionsrechtlich geschütztes Aufenthaltsrecht herleitet, dadurch tangiert wird, dass er nicht nur kurzfristig gezwungen wäre, die nach Art. 6 Abs. 1 GG besonders schützenswerte eheliche Lebensgemeinschaft im Herkunftsstaat seines Ehegatten zu führen. Denn der Assoziationsberechtigte darf im Hinblick auf seine materiell gefestigte aufenthaltsrechtliche Position bei Entscheidungen über den Aufenthalt seines nach Art. 6 Abs. 1 GG schützenswerten Ehegatten mit Ausnahme der in Art. 14 ARB 1/80 genannten Fälle nicht darauf verwiesen werden, seine familiäre Lebensgemeinschaft auf Dauer im Ausland zu führen. Die Anforderungen an den Spracherwerb des ausländischen Ehegatten dürfen bei verfassungskonformer Anwendung der gesetzlichen Regeln zum Spracherfordernis die durch Art. 6 GG, Art. 7 GRCh und Art. 8 EMRK gesetzte Zumutbarkeitsgrenze nicht überschreiten. Von dem gesetzlichen Spracherfordernis vor der Einreise in das Bundesgebiet ist unter diesen Umständen dann abzusehen, wenn ernsthafte und konkrete Bemühungen um den Spracherwerb, die der Ehegatte glaubhaft nachzuweisen hat (§ 82 Abs. 1 AufenthG), im Einzelfall nicht möglich, nicht zumutbar oder innerhalb eines Jahres nicht erfolgreich sind (vgl. „Zuheiratsurteil" des BVerfG v. 12.5.1987 – 2 BvR 1226/83, 2 BvR 101/84, 2 BvR 313/84, zur Jahresfrist, DVBl. 1988, 98).

Dem ausländischen Ehegatten des Assoziationsberechtigten darf ein nationales Einreisvisum (§ 6 Abs. 3 AufenthG) speziell zur Erfüllung des Spracherfordernisses nach § 7 Abs. 1 Satz 3 AufenthG erteilt werden. Nach erfolgreichem Spracherwerb kann der Aufenthaltstitel nach § 30 Abs. 1 AufenthG in Abweichung von § 5 Abs. 2 AufenthG gemäß § 39 Nr. 1 AufenthV bei der Ausländerbehörde eingeholt werden.

3.5 Ausnahmen vom Mindestalter und Spracherfordernis

§ 30 Abs. 1 Satz 2 und 3 AufenthG regelt, in welchen Fällen die Voraussetzungen des Absatzes 1 Satz 1 Nr. 1 und 2 (Satz 2) oder des

Absatzes 1 Satz 1 Nr. 2 (Satz 3) nicht vorliegen müssen und dennoch ein Anspruch auf Erteilung einer Aufenthaltserlaubnis zum Zweck des Ehegattennachzugs besteht. § 30 Abs. 1 Satz 2 AufenthG regelt Fälle, in denen sowohl die Altersgrenze für den Ehegattennachzug als auch das Spracherfordernis von vornherein unbeachtlich sind. § 30 Abs. 1 Satz 3 AufenthG suspendiert lediglich vom Spracherfordernis in bestimmten Fällen.

Das Spracherfordernis nach § 30 Abs. 1 Satz 1 Nr. 2 AufenthG umfasst nicht alle nachziehenden ausländischen Ehegatten. § 30 Abs. 1 Satz 2 und 3 AufenthG stellt bestimmte Ausländer in mit Art. 3 Abs. 1 GG konformer Weise von diesem Erfordernis frei (vgl. BVerfG, Urt. v. 24.9.2007 – 2 BvR 1673/03, ZBR 2007, 411, 416, zum Maßstab für eine Ungleichbehandlung).

Diese Befreiung gilt für

- ausländische Ehegatten, die zu einem Ausländer nachziehen, der einen Aufenthaltstitel nach §§ 19 bis 21 – Arbeitsmigration – (§ 30 Abs. 1 Satz 2 Nr. 1 AufenthG) oder nach § 23 Abs. 4 AufenthG – Resettlement-Flüchtlinge –, § 25 Abs. 1 oder 2 – Asylberechtigte nach Art. 16a Abs. 1 GG und international Schutzberechtigte nach § 1 Abs. 1 Nr. 2 AsylG – oder § 26 Abs. 3 AufenthG – Asylberechtigte nach Art. 16a Abs. 1 GG und Flüchtlinge nach § 3 Abs. 1 AsylG – (§ 30 Abs. 1 Satz 3 Nr. 1 AufenthG) oder nach Erteilung einer Aufenthaltserlaubnis nach § 25 Abs. 2 Satz 1 Alt. 2 AufenthG – subsidiär Schutzberechtigte nach § 4 Abs. 1 AsylG – eine Niederlassungserlaubnis nach § 26 Abs. 4 AufenthG besitzt, und die Ehe bereits bestand, als der Ausländer seinen Lebensmittelpunkt (gewöhnlicher Aufenthalt) in das Bundesgebiet verlegt hat. Der (rechtliche) Bestand der Ehe reicht aus, das Bestehen einer ehelichen Lebensgemeinschaft ist nicht erforderlich. Die Verlegung des Lebensmittelpunkts in das Bundesgebiet muss nicht mit dem Zeitpunkt der Einreise identisch, sondern kann später erfolgt sein. Die Eheschließung nach diesem maßgeblichen Zeitpunkt entbindet nicht vom Spracherfordernis. Die Erleichterung des Ehegattennachzugs im Bereich der Arbeitsmigration soll zugleich eine erleichterte Zuwanderung dieser Personengruppen, an deren Ansiedlung ein erhebliches öffentliches bzw. wirtschaftspolitisches Interesse besteht, fördern. Die Erleichterung des Ehegattennachzugs zu anerkannten Flüchtlingen beruht auf gewichtigen humanitären Gründen (vgl.

auch Ausnahmen nach § 29 Abs. 2 AufenthG) und geht mit Art. 7 Abs. 2 Satz 2 RL 2003/86/EG einher;

- den Ehegattennachzug zu Ausländern, die unmittelbar vor der Erteilung eines unbefristeten Aufenthaltstitels (Niederlassungserlaubnis, Erlaubnis zum Daueraufenthalt-EU) im Besitz einer Forscher-Aufenthaltserlaubnis nach § 20 AufenthG (vgl. § 59 Abs. 4 AufenthV) waren (§ 30 Abs. 1 Satz 2 Nr. 2 AufenthG);

- den Ehegattennachzug zu Ausländern, die als Mobilitätsberechtigte eine Aufenthaltserlaubnis nach § 38a AufenthG besitzen, und der Ehegatte aus dem bisherigen EU-Aufenthaltsmitgliedstaat, in dem die eheliche Lebensgemeinschaft bereits bestanden hat und das langfristige Aufenthaltsrecht des Ausländers erlangt worden ist, nachzieht (vgl. *Hailbronner*, Langfristig aufenthaltsberechtigte Drittstaatsangehörige, ZAR 2004, 163–168; *Welte*, Mobilitätsrecht für langfristig Aufenthaltsberechtigte in der EU, ZAR 2008, 263; Die Daueraufenthaltsrichtlinie-EU, InfAuslR 2007, 45). Diese Befreiung dient der durch die DaueraufenthaltRL/EU angestrebten Annäherung der langfristig Aufenthaltsberechtigten (vgl. § 2 Abs. 7 AufenthG) an die Rechtsstellung der Unionsbürger im Bereich des Familiennachzugs von Drittstaatsangehörigen (vgl. § 3 FreizügG/EU). Diese Privilegierung von Drittstaatsangehörigen im Vergleich zu Ausländern mit gleicher Staatsangehörigkeit aus den Heimatstaaten verstößt nicht gegen den Grundsatz der Gleichbehandlung, da diese Privilegierung zur Gewährleistung eines uneingeschränkten Mobilitätsrechts, das nicht durch nationale Regelungen erschwert werden darf, auf Unionsrecht beruht und es sich beim Spracherfordernis, das im Einklang mit der FamiliennachzugRL/EU festgelegt worden ist, um einen vom Unionsrecht getrennten nationalen Regelungsgegenstand handelt (vgl. BVerwGE 126, 149, 164, Rn. 60);

- Ehegatten, die nach § 30 Abs. 1 Satz 3 Nr. 2 AufenthG aufgrund ihrer Konstitution persönlich nicht in der Lage sind, das Spracherfordernis zu erfüllen (tatsächliche Unmöglichkeit). Eine entsprechende Klausel findet sich in § 9 Abs. 2 Satz 3 und § 9a Abs. 2 Satz 2 AufenthG;

- Ehegatten mit erkennbar geringem Integrationsbedarf (vgl. § 4 Abs. 2 IntV), da in diesen Fällen das mit dem Spracherfordernis verfolgte Ziel verfehlt wäre. Gleiches gilt für die Fälle, in denen aus anderen Gründen ein Anspruch auf Teilnahme im Integrationskurs nicht besteht (vgl. § 44 Abs. 1 Satz 2 und Abs. 3 AufenthG; z. B. auch bei nur vorübergehender Aufenthaltsdauer im Bundesgebiet). Unter diesen Ausnahmetatbestand sind auch die Bestandsausländer zu subsumieren;

■ Angehörige bestimmter Staaten, die ohne Visum nicht nur zu einem Kurzaufenthalt – also auch zum Ehegattennachzug – in das Bundesgebiet einreisen und nach § 26 Abs. 1 BeschV eine Beschäftigung aufnehmen dürfen. Nach § 41 Abs. 1 Satz 1 und Abs. 2 AufenthV benötigen Staatsangehörige von Australien, Israel, Japan, Kanada, der Republik Korea, Neuseeland und der Vereinigten Staaten von Amerika sowie diejenigen Staatsangehörigen von Andorra, Honduras, Monaco und San Marino, die im Bundesgebiet keine Erwerbstätigkeit ausüben wollen, kein Visum und können den Aufenthaltstitel nach der Einreise einholen. Diese Differenzierung beruht auf der Erwägung, durch außenpolitische Rücksichtnahmen eine Bevorzugung von Ausländern aus bestimmten Staaten (z. B. mit westlicher Prägung und Kultur) zu rechtfertigen, auch wenn bei subjektiver Betrachtungsweise eine unterschiedliche Handhabung nicht einleuchtend wäre. Insoweit hat der Gesetzgeber die Visumfreiheit mit der Befreiung vom Spracherfordernis und auch mit der Möglichkeit der erleichterten Arbeitsmigration (§ 26 Abs. 1 BeschV) verknüpft. Der Befreiungstatbestand bezieht sich nach dem Gesetzeswortlaut auf den nachziehenden Ehegatten des nach § 41 Abs. 1 Satz 1 und Abs. 2 AufenthV begünstigten Ausländers nach § 29 Abs. 1 Nr. 1 AufenthG. Entsprechendes gilt in den Fällen des Ehegattennachzugs zu Deutschen (§ 28 Abs. 1 Satz 5 AufenthG).

§ 30 Abs. 1 Satz 3 Nr. 6 AufenthG lässt den Erwerb einfacher Kenntnisse der deutschen Sprache nach der Einreise in das Bundesgebiet dann zu, wenn das Spracherfordernis aufgrund besonderer Umstände des Einzelfalls vorher nicht erfüllt werden kann oder dies unzumutbar ist. In diesen Fällen entsteht der Anspruch auf Ehegattennachzug nach der Einreise, so dass nach § 39 Nr. 3 AufenthV die Aufenthaltserlaubnis nach der Einreise eingeholt werden. Kommt jedoch § 39 Nr. 3 AufenthV nicht zur Anwendung, ist der Behörde Abweichungsermessen nach § 5 Abs. 2 Satz 2 Var. 1 AufenthG eingeräumt: Sie darf etwa darauf abstellen, ob das für einen Daueraufenthalt maßgebliche Aufenthaltsbegehren in einem Visumantrag hätte geltend gemacht werden können und – falls dies bejaht wird – die Einholung eines nationalen Visums insbesondere unter Berücksichtigung des Familienschutzes (noch) zumutbar ist (vgl. VG Sigmaringen, Beschl. v. 16.12.2015 – 1 K 3226/15, InfAuslR 2016, 143). Solche besonderen Umstände des Einzelfalls können z. B. entsprechend der Rechtsprechung des Bundesverwaltungsgerichts im Urteil v. 4.9.2012 – 10 C 12.12, NVwZ 2013, 515 bestimmt werden. Ein Härtefall ist dementsprechend anzunehmen, wenn es dem ausländischen Ehegatten entweder von vorneherein nicht möglich oder nicht zumutbar ist, vor einer Einreise nach Deutschland Bemühungen zum Erwerb einfacher deutscher Sprachkenntnisse zu unternehmen, oder aber es ihm trotz ernsthafter Bemühungen von einem Jahr Dauer nicht gelungen ist, das erforderliche Sprachniveau zu erreichen.

Anhaltspunkte können in der Person des Ehegatten oder in den äußeren Umständen liegende Gründe sein, zum Beispiel der Gesundheitszustand des Betroffenen, seine kognitiven Fähigkeiten, die Erreichbarkeit von Sprachkursen oder die zumutbare tatsächliche Verfügbarkeit eines Sprachlernangebotes. Das erforderliche Bemühen zum Spracherwerb kann auch darin zum Ausdruck kommen, dass der Ausländer zwar die schriftlichen Anforderungen nicht erfüllt, wohl aber die mündlichen.

Hinweis:

Ehegatten von türkischen Arbeitnehmern und selbstständig Tätigen sind ungeachtet ihrer Staatsangehörigkeit wegen des Verschlechterungsverbots nach Art. 13 ARB 1/80 bzw. Art. 41 Abs. 1 ZP vom Spracherfordernis befreit (vgl. EuGH, Urt. v. 10.7.2014 – C-138/13 – *Dogan*, InfAuslR 2014, 322 = NVwZ 2014, 1081 = ZAR 2014, 421, zur Reichweite der Verschlechterungsverbote und zum Spracherfordernis; dazu *Groenendijk*, Standstill und Sprachprüfung, InfAuslR 2014, 410–412).

Diese Problematik wird in dem RdSchr. des BMI v. 4.8.2014 zur Umsetzung in der Verwaltungspraxis mit dem Ziel aufgegriffen, in welchen Fällen Ehegatten dieser türkischen Staatsangehörigen ohne einfache Sprachkenntnisse ins Bundesgebiet einreisen dürfen.

4. Anspruchsgruppen

§ 30 Abs. 1 Satz 1 Nr. 3 AufenthG räumt für folgende Fälle des Ehegattennachzugs einen gesetzlichen Anspruch ein.

Der im Bundesgebiet lebende Ausländer muss

- eine Niederlassungserlaubnis (vgl. § 9 Abs. 1 AufenthG) besitzen (Buchst. a),

- eine Erlaubnis zum Daueraufenthalt-EU (vgl. § 9a Abs. 1 AufenthG) besitzen (Buchst. b),

- eine Aufenthaltserlaubnis nach § 20 AufenthG (Forscher) oder nach § 25 Abs. 1 oder Abs. 2 AufenthG (Asylberechtigte bzw. Konventionsflüchtlinge und international subsidiär Schutzberechtigte) besitzen (Buchst. c),

- seit zwei Jahren eine Aufenthaltserlaubnis besitzen, die nicht mit einem Verlängerungsausschluss nach § 8 Abs. 2 AufenthG versehen sein darf oder der Ausländer darf nicht von der späteren Erteilung einer Niederlassungserlaubnis aufgrund einer Rechtsnorm (vgl. §§ 16, 17 AufenthG in Bezug auf Studenten und Auszubildende) ausgeschlossen sein (Buchst. d),

- eine Aufenthaltserlaubnis besitzen, die Ehe muss bei deren Erteilung bereits bestanden haben und die Dauer des Aufenthalts im Bundesgebiet muss voraussichtlich über ein Jahr betragen (Buchst. e). Bei einem voraussichtlichen Aufenthalt von nicht mehr als einem Jahr ist an Fälle gedacht, in denen z. B. Wissenschaftler oder Gastdozenten für weniger als ein Jahr eine Tätigkeit in Deutschland aufnehmen und von ihrem Ehepartner bzw. ihrer Familie begleitet werden,

- eine Aufenthaltserlaubnis nach § 38a AufenthG (mobilitätsberechtigte Drittstaatsangehörige) besitzen und es muss eine eheliche Lebensgemeinschaft mit dem nachziehenden Ehegatten bereits in dem EU Mitgliedstaat, in dem der Ausländer die Rechtsstellung eines langfristig Aufenthaltsberechtigten (vgl. § 2 Abs. / AufenthG, zum Begriff) innehat, vor der Einreise in das Bundesgebiet bestanden haben (Buchst. f) oder

- eine Blaue Karte EU nach § 19a AufenthG besitzen (Buchst. g).

Nach § 30 Abs. 1 Satz 1 Nr. 3 Buchst. a AufenthG gehört zum nachzugsberechtigten Personenkreis die Ehegatte eines Ausländers, der eine Niederlassungserlaubnis (§ 9 Abs. 1 AufenthG) besitzt. Diese

I. Aufenthalt aus familiären Gründen

I. Aufenthalt aus familiären Gründen

Voraussetzung liegt auch in den Übergangsfällen des § 101 Abs. 1 AufenthG bei Ausländern vor, die nach altem Recht im Besitz einer unbefristeten Aufenthaltserlaubnis oder einer Aufenthaltsberechtigung, die als Niederlassungserlaubnis fortgelten, waren. Wurden diese Aufenthaltsgenehmigungen bzw. Aufenthaltstitel nach § 48 VwVfG zurückgenommen (z. B. wegen Vorliegens einer Scheinehe, Erschleichens eines Aufenthaltstitels wegen falscher Angaben über den Bestand einer ehelichen Lebensgemeinschaft), ist das Merkmal des „Besitzes" nicht mehr erfüllt (vgl. § 84 Abs. 2 Satz 1; § 102 Abs. 1 Satz 1 AufenthG).

Nach § 30 Abs. 1 Satz 1 Nr. 3 Buchst. b AufenthG wird dem Ehegatten eines langfristig Aufenthaltsberechtigten (vgl. § 2 Abs. 7 AufenthG, zum Begriff), der eine Erlaubnis zum Daueraufenthalt-EU nach § 9a Abs. 1 AufenthG besitzt, ein gesetzlicher Anspruch auf Ehegattennachzug eingeräumt. Die mit § 30 Abs. 1 Satz 1 Nr. 3 Buchst. a AufenthG gleichrangige Nachzugsregelung bekräftigt die Gleichstellung der Erlaubnis zum Daueraufenthalt-EU mit der Niederlassungserlaubnis (§ 9a Abs. 1 Satz 2 AufenthG). Das Merkmal des „Besitzes" liegt in den Fällen des Erlöschens nach § 51 Abs. 9 i. V. m. § 84 Abs. 2 Satz 1 AufenthG nicht mehr vor.

Die Ehegatten von Asylberechtigten bzw. Konventionsflüchtlingen (§ 25 Abs. 1 und 2 Alternative 1 AufenthG) wurden aufgrund des Zuwanderungsgesetzes beim Ehegattennachzug nach § 30 Abs. 1 Satz 1 Nr. 3 Buchst. c AufenthG erstmals gleichgestellt. Das Ausländergesetz 1990 gewährte Ehegatten von Konventionsflüchtlingen lediglich eine Nachzugsmöglichkeit auf der Basis einer zweckgebundenen Aufenthaltsbefugnis (vgl. § 31 Abs. 1 AuslG 1990), die nicht zur Erlangung eines eigenständigen Aufenthaltsrechts führte.

Zu dem nach § 30 Abs. 1 Satz 1 Nr. 3 Buchst. c AufenthG anspruchsberechtigten Personenkreis gehören – neben dem Ehegatten oder dem eingetragenen Lebenspartner von Forschern i. S. v. § 20 AufenthG – der Ehegatte oder eingetragene Lebenspartner von Asylberechtigten nach Art. 16a Abs. 1 GG und von international Schutzberechtigten i. S. v. § 1 Abs. 1 Nr. 2 AsylG (vgl. § 2 Abs. 13 AufenthG, zum Begriff), wenn sie eine Aufenthaltserlaubnis nach § 25 Abs. 1 Satz 1 bzw. Abs. 2 Satz 1 Alt. 1 oder 2 AufenthG besitzen. Ihnen wird nach § 30 Abs. 1 Satz 1 Nr. 3 Buchst. c AufenthG ein gesetzlicher Aufenthaltsanspruch eingeräumt. Der Nachzugsanspruch für Ehegatten von Forschern (§ 20 AufenthG) ist durch das erste Richtlinienumsetzungsgesetz v. 19.8.2007 (BGBl. I S. 1970) eingeführt worden. In den Fällen des Widerrufs der Aufenthaltserlaubnis eines Forschers nach § 52 Abs. 4 i. V. m. § 84 Abs. 2 Satz 1 AufenthG liegen die Voraussetzungen für einen Ehegattennachzug nach § 29 Abs. 1 Nr. 1 AufenthG nicht mehr vor.

§ 30 Abs. 1 Satz 1 Nr. 3 Buchst. d AufenthG dient der Umsetzung der FamiliennachzugRL/EU. Diese Richtlinie stellt in Art. 2 Buchst. d klar, dass ein Recht auf Familienzusammenführung für Ehegatten unabhängig davon einzuräumen ist, ob die familiäre Bindung vor oder nach der Einreise des Zusammenführenden entstanden ist. Vorausgesetzt wird ausschließlich, dass der in Deutschland befindliche Stammberechtigte einen Aufenthaltstitel mit mindestens einjähriger Gültigkeit besitzt und begründete Aussicht darauf hat, ein dauerhaftes Aufenthaltsrecht zu erlangen (Art. 3 Abs. 1 RL 2003/86/ EG), wobei die EU-Mitgliedstaaten darüber hinaus aber – wie in § 30 Abs. 1 Satz 1 Nr. 3 Buchst. d AufenthG geschehen – verlangen können, dass er sich bereits seit zwei Jahren rechtmäßig auf ihrem Hoheitsgebiet aufhält (Art. 8 Satz 1 RL 2003/86/EG). Wenn der Ausländer, zu dem der Nachzug stattfindet (Bezugsperson), seit zwei Jahren eine Aufenthaltserlaubnis besitzt, ist von dem Erfordernis des § 30 Abs. 1 Satz 1 Nr. 3 Buchst. e AufenthG abzusehen, wonach die Ehe bei der Erteilung der Aufenthaltserlaubnis (Visum) an die Bezugsperson bereits bestanden haben muss. Die weitere Voraussetzung, dass die Dauer des Aufenthaltes der Bezugsperson voraussichtlich über ein Jahr betragen wird, ist in diesen Fällen ohnehin stets erfüllt. Zur richtlinienkonformen Ausgestaltung des Aufenthaltsgesetzes ist daher der in § 30 Abs. 1 Nr. 3 AufenthG a. F. vorgeschriebene Fünfjahreszeitraum auf zwei Jahre herabgesetzt worden und wird ein Aufenthaltstitel des Stammberechtigten vorausgesetzt, bei dem weder die Verlängerung noch die Erteilung einer Niederlassungserlaubnis nach § 8 Abs. 2 AufenthG ausgeschlossen ist. Damit wird ein Nachzugsanspruch auch für den Fall begründet, dass die Ehe zwar erst nach der Einreise geschlossen wurde, sich der Stammberechtigte aber bereits seit zwei Jahren rechtmäßig mit einer Aufenthaltserlaubnis und mit einer begründeten Aussicht auf ein dauerhaftes Aufenthaltsrecht in Deutschland aufgehalten hat.

Nach § 30 Abs. 1 Satz 1 Nr. 3 Buchst. e AufenthG ist dem Ehegatten eines Ausländers eine Aufenthaltserlaubnis zu erteilen, wenn der Ausländer eine Aufenthaltserlaubnis besitzt, die Ehe bei deren

Erteilung bereits bestand und die Dauer seines Aufenthalts voraussichtlich über ein Jahr betragen wird. In diesen Fällen ist nach der Gesetzesbegründung ein Rechtsanspruch gerechtfertigt, weil die Aufrechterhaltung einer bereits bestehenden ehelichen oder lebenspartnerschaftlichen Gemeinschaft einen stärkeren aufenthaltsrechtlichen Schutz verlangt als der Fall, in dem diese Lebensgemeinschaft erstmals durch den Nachzug des Ehe- bzw. Lebenspartners – wie in den Fällen des § 30 Abs. 2 Satz 2 AufenthG – begründet werden soll und daher nur eine Ermessenserteilung gerechtfertigt ist.

Beifspiel:

Die Aufenthaltserlaubnis darf dem Ehegatten eines Ausländers, der eine Aufenthaltserlaubnis nach §§ 22, 23 Abs. 1 oder 2, § 25 Abs. 3 oder Abs. 4a Satz 1, § 25a Abs. 1 oder 25b Abs. 1 AufenthG besitzt, nur aus völkerrechtlichen oder humanitären Gründen oder zur Wahrung politischer Interessen der Bundesrepublik Deutschland – unbestimmte Rechtsbegriffe – erteilt werden (§ 29 Abs. 3 Satz 1 AufenthG). Die Erteilung der Aufenthaltserlaubnis setzt nach § 5 Abs. 2 Satz 1 AufenthG voraus, dass der Ehegatte mit dem erforderlichen Visum eingereist ist und die für die Erteilung maßgeblichen Angaben bereits im Visumantrag gemacht hat. Hiervon kann nach § 5 Abs. 2 Satz 2 AufenthG u. a. abgesehen werden, wenn die Voraussetzungen eines gesetzlichen Anspruchs auf Erteilung erfüllt sind (vgl. BVerwG, Urt. v. 17.12.2015 – 1 C 31.14, InfAuslR 2016, 133 = ZAR 2016, 147, mit Anmerkung *Pfersich*, zum Vorliegen eines gesetzlichen Anspruchs).

Nach § 30 Abs. 1 Satz 1 Nr. 3 Buchst. e AufenthG hat der Ausländer einen gesetzlichen Anspruch auf Erteilung einer Aufenthaltserlaubnis. Im Hinblick auf die familiären Verhältnisse (Art. 6 Abs. 1 GG, Art. 7 GRCh, Art. 8 EMRK) ist zu prüfen, ob humanitäre Gründe im Sinne von § 29 Abs. 3 Satz 1 AufenthG vorliegen. Danach ist in Fällen, in denen die Herstellung der Familieneinheit im Ausland aus zwingenden persönlichen Gründen unmöglich oder unzumutbar ist, stets ein dringender humanitärer Grund anzunehmen. Bei Ausländern, die eine Aufenthaltserlaubnis nach § 25 Abs. 1, 2 oder 3 AufenthG besitzen, ist anzunehmen, dass die Herstellung der familiären Einheit im Verfolgerstaat unmöglich oder unzumutbar ist. Ein Familiennachzug zu Ausländern, die eine Aufenthaltserlaubnis nach § 25 Abs. 4, 4b und Abs. 5, § 25a Abs. 2, § 25b Abs. 4, § 104a Abs. 1 Satz 1 und § 104b AufenthG besitzen, ist nach § 29 Abs. 3 Satz 3 AufenthG gesetzlich ausgeschlossen.

Der Ehegattennachzug zum Mobilitätsberechtigten nach § 38a AufenthG setzt nach § 30 Abs. 1 Satz 1 Nr. 3 Buchst. f AufenthG Folgendes voraus:

- „Besitz" einer Aufenthaltserlaubnis nach § 38a AufenthG und

- Bestehen der „ehelichen Lebensgemeinschaft" im bisherigen EU-Aufenthaltsmitgliedstaat, in dem der Ausländer die Rechtsstellung als langfristig Aufenthaltsberechtigter (vgl. § 2 Abs. 7 AufenthG, zum Begriff) hat.

- Der bloße „Bestand" der Ehe reicht nicht aus.

Das Merkmal des Besitzes einer Aufenthaltserlaubnis nach § 38a AufenthG liegt in den Fällen des Widerrufs nach § 52 Abs. 6 i. V. m. § 84 Abs. 2 Satz 1 AufenthG nicht mehr vor (vgl. § 29 Abs. 1 Nr. 1 AufenthG). Während in § 30 Abs. 1 Satz 1 Nr. 3 Buchst. e AufenthG auf den Bestand der „Ehe" abgestellt wird, kommt es in Buchst. f auf den Bestand der „ehelichen Lebensgemeinschaft" an. Die unterschiedlichen Anknüpfungspunkte haben ihren Grund darin, dass grundsätzlich auch der Nachzug von Ehegatten möglich sein soll, die nach einer Eheschließung erstmals in Deutschland Gelegenheit haben, die eheliche Lebensgemeinschaft zu leben. Diese Fallgestaltung wird gerade auch bei Ehen zwischen Qualifizierten vorliegen, die bisher aufgrund ihres Arbeitsplatzes nicht an einem Ort leben konnten, also Personen, für die das Bundesgebiet attraktiv sein soll. § 30 Abs. 1 Satz 1 Nr. 3 Buchst. f AufenthG beruht hingegen auf einer anderen Fallgestaltung – der innergemeinschaftlichen Mobilität von langfristig Aufenthaltsberechtigten – und ist inhaltlich an die DaueraufenthaltRL/EU angelehnt (Art. 16 Abs. 1).

5. Ehegattennachzug im Ermessenswege

Nach der Härteklausel des § 30 Abs. 2 Satz 1 AufenthG kann von der Altersgrenze nach § 30 Abs. 1 Satz 1 Nr. 1 AufenthG im Ermessenswege abgesehen werden. Danach kann ein Ehegattennachzug nach Ermessen dann zugelassen werden, wenn einer oder beide Ehegatten noch nicht das 18. Lebensjahr vollendet haben. Die eheliche Lebensgemeinschaft muss das geeignete und notwendige Mittel sein, um die besondere Härte zu vermeiden. Nach Art und Schwere müssen die vorgetragenen „besonderen" Umstände so deutlich von den sonstigen Fällen des Ehegattennachzugs abweichen, dass das Festhalten am Mindestaltererfordernis im Hinblick auf das geltend gemachte Interesse der Führung der Lebensgemeinschaft in Deutschland – bei Vorliegen aller übrigen Zuzugsvoraussetzungen – unverhältnismäßig wäre (Einzelfallbetrachtung). Dabei ist auch zu berücksichtigen, wieweit das Alter des/der Betroffenen das Mindestaltererfordernis im Zuzugszeitpunkt unterschreitet.

§ 30 Abs. 2 Satz 2 AufenthG legt die Erteilung einer Aufenthaltserlaubnis zum Zweck des Ehegattennachzugs ins Ermessen der Behörde, wenn die Ehe nicht bei der „erstmaligen" Erteilung der Aufenthaltserlaubnis des Ausländers wie in den Fällen des § 30 Abs. 1 Satz 1 Nr. 3 Buchst. e AufenthG bestanden hat. Gemäß § 30 Abs. 2 Satz 2 AufenthG kann der Ehegattennachzug zum Ausländer nach Ermessen auch dann zugelassen werden, wenn die Ehe erst nach der Einreise des Ausländers geschlossen wird oder die Dauer des Aufenthalts höchstens ein Jahr beträgt. Im Fall der Eheschließung nach der Einreise des Ausländers kann eine Aufenthaltserlaubnis für den Nachzug des Ehegatten in der Regel erteilt werden, wenn keine Anhaltspunkte für Missbrauch – z. B. Scheinehe, Zwangsehe – bestehen oder der Aufenthalt der Ausländers von vornherein nur auf die Dauer eines Jahres angelegt ist (z. B. Wissenschaftler oder Gastdozenten; Durchführung eines im außenwirtschaftlichen Interesse liegenden Projekts).

Kommt unter diesen Gesichtspunkten eine Ermessensbetätigung in Betracht, darf sich die Abweichungsmöglichkeit im Ermessenswege gemäß § 30 Abs. 2 Satz 2 AufenthG nur auf die fehlenden Erfordernisse des § 30 Abs. 1 Satz 1 Nr. 3 Buchst. e AufenthG, nämlich dass die Ehe des Ausländers nicht bereits im Zeitpunkt der Erteilung der Aufenthaltserlaubnis des Ausländers bestanden hat und/oder die voraussichtliche Dauer des Aufenthalts des Ausländers im Bundesgebiet nicht über ein Jahr betragen wird, beziehen. Im Ermessensbereich sind insbesondere die rechtsstaatlichen Grundsätze und die Grundrechte und Menschenrechte (Art. 6 GG, Art. 7 GRCh, Art. 8 EMRK) zu berücksichtigen.

Prüfungskriterien bei der Ermessensausübung sind, ob

- der Ausländer im Bundesgebiet integriert ist und daher den regelmäßig für einen Anspruch auf Nachzug vorausgesetzten Anforderungen in etwa gleichwertiger Weise gerecht wird,

- der Schutz der Ehe nach Art. 6 Abs. 1 GG besonders zu berücksichtigen ist; dies ist z. B. der Fall, wenn der Ausländer auf den Beistand des Ehegatten im Bundesgebiet dringend angewiesen ist und eine auch nur vorübergehende familiäre Trennung der Ehegatten nicht zumutbar ist,

- ein sonstiges überwiegendes öffentliches Interesse am weiteren Verbleib des Ausländers im Bundesgebiet gegeben ist.

Bei einer Ermessensbetätigung kann jedoch nachteilig sein, dass der Ausländer bei der Beantragung einer Aufenthaltserlaubnis hinsichtlich seines Familienstandes unrichtige Angaben gemacht und somit ein Ausweisungsinteresse nach § 54 AufenthG besteht (vgl. § 27 Abs. 3 Satz 2, § 54 Abs. 2 Nr. 8 Buchst. a, § 95 Abs. 2 Nr. 2 AufenthG). § 14 Abs. 1 Nr. 2a AufenthG gewinnt in solchen Fällen hinsichtlich des Vorliegens einer unerlaubten Einreise und sich daraus ergebenden Rechtsfolgen (vollziehbare Ausreisepflicht nach § 58 Abs. 2 Satz 1 Nr. 1 AufenthG) an Bedeutung.

6. Verlängerung der Aufenthaltserlaubnis

Besteht die eheliche Lebensgemeinschaft fort, kann nach § 30 Abs. 3 AufenthG in Verlängerungsfällen von der Erteilungsvoraussetzung des § 5 Abs. 1 Nr. 1 AufenthG (Sicherung des Lebensunterhalts; vgl. § 2 Abs. 3 AufenthG, zum Begriff) und von dem Wohnraumerfordernis des § 29 Abs. 1 Nr. 2 i. V. m. § 2 Abs. 4 AufenthG im Ermessenswege abgesehen werden. Dies gilt in den Fällen des § 30 Abs. 1 Satz 1 und Satz 2 AufenthG. Kommt in den Fällen des § 30 Abs. 1 Satz 1 AufenthG bei der Verlängerung der Aufenthaltserlaubnis die Ermessensvorschrift des Absatzes 3 zur Anwendung, liegt kein gesetzlicher Anspruch mehr vor.

Die besonderen Anforderungen an die Sicherstellung des Lebensunterhalts des nachzugswilligen Ausländers nach § 5 Abs. 1 Nr. 1 AufenthG beruhen auf der Erwägung, dass bei der Ersterteilung einer entsprechenden Aufenthaltserlaubnis eine auf einen Daueraufenthalt ausgerichtete Entscheidung im Rahmen des Familiennachzugs getroffen wird (vgl. BVerwG, Urt. v. 26.8.2008 – 1 C 32.07, InfAuslR 2009, 8). In Verlängerungsfällen werden an die Sicherstellung des Lebensunterhalts keine so hohen Anforderungen mehr gestellt. Die Unterhaltssicherungsmöglichkeiten sind daher auch beim Ehegattennachzug in § 30 Abs. 3 AufenthG und beim Kindernachzug in § 34 Abs. 1 AufenthG erleichtert worden. Auch der in Art. 7 GRCh und Art. 8 Abs. 1 EMRK niedergelegte Anspruch auf Achtung des Familienlebens gewährt kein über das nationale Recht hinausgreifendes Nachzugsrecht (vgl. EGMR, InfAuslR 1993, 84; VGH Kassel, AuAS 1994, 255). Die Forderung nach einer ausreichenden wirtschaftlichen und sozialen Sicherung der Ausländer als Voraussetzung für die Gewährung eines Aufenthaltsrechtes verfolgt ein legitimes staatliches Ziel i. S. v. Art. 8 Abs. 2 EMRK hinsichtlich der Erteilung einer Aufenthaltserlaubnis.

Der Lebensunterhalt des nachziehenden Ehegatten kann nach § 30 Abs. 3 AufenthG abweichend von § 5 Abs. 1 Nr. 1 AufenthG gesichert werden. Für diesen Zweck können daher auch öffentliche Mittel in Anspruch genommen werden, die nicht auf einer Beitragsleistung beruhen. Werden öffentliche Mittel, die nicht auf einer Beitragsleistung beruhen (z. B. ALG II), in Anspruch genommen, besteht kein Anspruch auf Verlängerung mehr, da gemäß § 30 Abs. 3 AufenthG in Verlängerungsfällen nur noch Ermessen eingeräumt ist.

Versagungsermessen nach § 27 Abs. 3 Satz 1 AufenthG ist auch in Verlängerungsfällen auszuüben, wenn Leistungen nach SGB II oder SGB XII für die Existenzsicherung der betreffenden Familienangehörigen in Anspruch genommen werden. Demgegenüber werden Beiträge der Familienangehörigen zum Haushaltseinkommen bei der Sicherstellung des Lebensunterhalts berücksichtigt (§ 2 Abs. 3 Satz 4 AufenthG).

Für die Ermessenserwägungen können auch die in § 53 Abs. 2 AufenthG genannten Schutztatbestände dienen. Dabei kann berücksichtigt werden, ob dem nichterwerbstätigen Ehegatten die Ausübung einer Beschäftigung zugemutet werden kann und er im Rahmen von Vermittlungsbemühungen der Arbeitsverwaltung bereit und gewillt ist, einem Arbeitsplatzangebot ernsthaft Folge zu leisten.

7. Eingetragene Lebenspartnerschaft

Die Regelungen über den Familiennachzug finden für die Herstellung und Wahrung einer lebenspartnerschaftlichen Gemeinschaft entsprechende Anwendung (§ 27 Abs. 2 AufenthG). Eine lebenspartnerschaftliche Gemeinschaft nach § 27 Abs. 2 AufenthG ist nur bei einer durch einen staatlichen Akt anerkannten Lebenspartnerschaft im Sinne des Lebenspartnerschaftsgesetzes – LPartG – gegeben (vgl. Art. 2 Nr. 2 Buchst. b FamiliennachzugRL/EU). Im Verhältnis zu einem deutschen Lebenspartner gelten die Vergünstigungen für den Familiennachzug zu Deutschen nach § 28 AufenthG entsprechend.

Mit dem Inkrafttreten des LPartG ist ein neues familienrechtliches Verhältnis neben der Ehe und damit ein neuer Personenstand eingeführt worden (vgl. BVerfGE 105, 313, 338, DVBl. 2002, 1269). Die eingetragene Lebenspartnerschaft sieht den einen Lebenspartner als Familienangehörigen des anderen Lebenspartners, so dass dieser nicht als „ledig" eingestuft werden kann (vgl. BVerwG, Urt. v. 2.6.2005 – 5 C 24.04, DVBl. 2006, 305). Die Merkmale „ledig", „verwitwet" und „geschieden" bezeichnen den Familienstand eines Alleinstehenden.

Eine Aufenthaltserlaubnis darf grundsätzlich nur in den gesetzlich geregelten Fällen erteilt werden. Ausnahmsweise kann nach § 7 Abs. 1 Satz 3 AufenthG in begründeten Fällen auch für einen nicht gesetzlich geregelten Aufenthaltszweck eine Aufenthaltserlaubnis erteilt werden (z. B. wenn die Versagung der Aufenthaltserlaubnis offensichtlich zu einem unbilligen Ergebnis führen würde). Bei nicht eingetragenen Lebensgemeinschaften liegt keine entsprechende Ausnahmesituation vor. Denn das Aufenthaltsgesetz sieht einen Nachzug nur von Angehörigen eingetragener Lebenspartnerschaften vor (§ 27 Abs. 2 AufenthG). Eine anderweitige Verfahrensweise würde zu einer Umgehung des Aufenthaltsgesetzes, insbesondere der Vorschriften über den Nachzug von eingetragenen Lebenspartnern, führen.

8. Verlängerung der Aufenthaltserlaubnis, Niederlassungserlaubnis

Solange die eheliche oder lebenspartnerschaftliche Gemeinschaft fortbesteht, kann gemäß § 30 Abs. 3 AufenthG die Aufenthaltserlaubnis auch verlängert werden, selbst wenn die Voraussetzungen des gesicherten Lebensunterhalts und des ausreichenden Wohnraums nicht mehr erfüllt sind. Ist der Lebensunterhalt des ausländischen Ehegatten oder Partners wegen Inanspruchnahme öffentlicher Mittel (z. B. ALG II) nicht gesichert (vgl. § 2 Abs. 3 AufenthG), liegt bei ihm die Regelerteilungsvoraussetzung des § 5 Abs. 1 Nr. 1 AufenthG nicht vor. Besteht die Lebensgemeinschaft fort, kann nach

I

§ 30 Abs. 3 AufenthG in Verlängerungsfällen von dieser Erteilungs-
voraussetzung und von dem Wohnraumerfordernis des § 29 Abs. 1
Nr. 2 AufenthG im Ermessenswege abgesehen werden. In die Er-
messensabwägung sind auch die in § 55 Abs. 3 AufenthG genannten
Schutztatbestände als Orientierungshilfe einzubeziehen. Besondere
Bedeutung ist dem Schutz des Privatlebens nach Art. 7 GRCh und
Art. 8 EMRK beizumessen. Dabei kann auch berücksichtigt werden,
ob dem nichterwerbstätigen Ehegatten/Partner die Ausübung einer
Beschäftigung zugemutet werden kann und er im Rahmen von
Vermittlungsbemühungen der Arbeitsverwaltung bereit ist, einem
Arbeitsplatzangebot Folge zu leisten. Versagungsermessen nach
§ 27 Abs. 3 AufenthG darf auch in den Verlängerungsfällen aus-
geübt werden.

Bei fortbestehender Lebensgemeinschaft kommt eine rechtliche
Verfestigung nach § 9, § 9a oder § 28 Abs. 2 Satz 1 AufenthG in
Betracht. § 9 Abs. 3 AufenthG findet hinsichtlich der erleichterten
Erteilung einer Niederlassungserlaubnis für den nachgezogenen
Partner Anwendung.

9. Doppel- und Mehrehen

Ein Ehegattennachzug zur Begründung einer Doppel- oder Mehrehe im Bundesgebiet ist in § 30 Abs. 4 AufenthG ausgeschlossen.
Da Art. 6 Abs. 1 GG das Prinzip der Einehe zugrunde liegt, kommt
in Übereinstimmung mit den Schutzgewährleistungen des Art. 6 GG
nach § 30 Abs. 4 AufenthG ein Ehegattennachzug eines weiteren
Ehepartners nicht in Betracht (BVerwGE 71, 228; vgl. §§ 1306, 1314
Abs. 1 BGB; EuGH, NJW 1985, 2087). Dies würde auch mit dem
Grundtatbestand des § 27 Abs. 1 AufenthG nicht vereinbar sein und
dem Grundsatz der Zuwanderungsbegrenzung zuwiderlaufen (§ 1
Abs. 1 AufenthG).

Hinweis:

Zunächst ist die zivilrechtliche Vorfrage zu prüfen, inwieweit
nach dem auf beide Ehegatten jeweils anwendbaren Per-
sonalstatut eine wirksame Eheschließung stattgefunden hat.
Insbesondere nach muslimisch geprägten Rechtsordnungen
unterliegt die wirksame Eingehung einer Mehrehe häufig
besonderen verfahrens- und materiellrechtlichen Voraussetzungen.

Liegt zwischen den Ehegatten eine wirksame (Mehr-)Eheschließung vor, besteht nach § 30 Abs. 4 AufenthG nur insoweit ein Nachzugsrecht gemäß § 27 Abs. 1 i. V. m. § 30 AufenthG, als in Deutschland – entsprechend dem hiesigen verfassungsrechtlichen Schutz nach Art. 6 GG – die eheliche Lebensgemeinschaft mit nur einem der Ehegatten geführt wird.

Beispiele:

- Wird dem Ehegatten eine Aufenthaltserlaubnis erteilt oder verlängert, ist diese Entscheidung gemäß § 30 Abs. 4 AufenthG dann rechtswidrig, wenn der Ausländer eine Doppelehe im Bundesgebiet führt. In diesem Fall liegen nach § 48 (L)VwVfG die Voraussetzungen für eine Rücknahme der Aufenthaltserlaubnis für die Vergangenheit vor (vgl. OVG Münster, Urt. v. 3.12.2009 – 18 A 1787/06, AuAS 2010, 84 L, zur Rücknahme der Aufenthaltserlaubnis bei Doppelehe).

- Ist ein anerkannter Asylberechtigter nach Art. 16a Abs. 1 GG oder Flüchtling i. S. v. § 3 Abs. 1 AsylG nach dem Recht seines Heimatlandes gültig mit zwei Ehefrauen verheiratet, von denen die erste bereits über eine Aufenthaltserlaubnis verfügt und die zweite aufgrund einer Aussetzung der Abschiebung seit mehreren Jahren an der Lebensgemeinschaft im Bundesgebiet teilhat, so kann die Ausländerbehörde gehalten sein, auch der Zweitfrau eine Aufenthaltserlaubnis aus humanitären Gründen nach § 25 Abs. 5 AufenthG i. V. m. Art. 6 Abs. 1 GG und Art. 8 EMRK zu erteilen (vgl. OVG Koblenz, Urt. v. 12.3.2004 – 10 A 11717/03.OVG).

- Eine auch nach ausländischem Recht unzulässige Doppelehe (hier: Ehe eines in Polen bereits verheirateten Ausländers mit einer Deutschen) entfaltet zugunsten des Ausländers keine ausländerrechtlichen Wirkungen, weil sie nicht unter dem Schutz des Art. 6 Abs. 1 GG steht (VGH Mannheim, Beschl. v. 15.8.2005 – 13 S 951/04, StAZ 2006, 298) und daher auch die Grundvoraussetzungen für einen Ehegattennachzug nach § 27 Abs. 1 AufenthG nicht vorliegen.

6 Kindernachzug zu den Eltern oder dem Elternteil

1. Allgemeines

Anknüpfungspunkt für den Kindernachzug ist der Besitz eines bestimmten Aufenthaltstitels durch die Eltern oder den Elternteil (Bezugspersonen) und deren familiäre Lebensgemeinschaft mit dem Kind (vgl. § 27 Abs. 1 und § 29 Abs. 1 Nr. 1, § 32 Abs. 1 AufenthG). Die betreffende Bezugsperson muss eine Aufenthaltserlaubnis, eine Blaue Karte EU, eine Niederlassungserlaubnis oder eine Erlaubnis zum Daueraufenthalt-EU besitzen. Der Besitz des Aufenthaltstitels setzt voraus, dass der Titel erteilt oder verlängert worden ist und nicht eine die Rechtmäßigkeit des Aufenthalts beendende Maßnahme nach § 84 Abs. 2 Satz 1 AufenthG wirksam geworden ist.

Hinweise:

- Entsprechend § 6 Abs. 3 Satz 2 AufenthG steht ein nationales Visum der Aufenthaltserlaubnis, der Blauen Karte EU, der Niederlassungserlaubnis oder der Erlaubnis zum Daueraufenthalt-EU gleich, wenn in Aussicht steht, dass dem Ausländer, wenn er es beantragen würde, im Inland ein entsprechender Aufenthaltstitel erteilt werden könnte.

- Eine Duldung (§ 60a AufenthG) oder eine Aufenthaltsgestattung für Asylbewerber (§ 55 Abs. 1 Satz 1 und 3 AsylG) reichen als Anknüpfungspunkt für einen Kindernachzug nicht aus. Die Stellung eines Antrages oder das Vorliegen eines Anspruchs auf Erteilung eines Aufenthaltstitels reichen ebenfalls nicht aus.

- Zwischen den Eltern muss nicht zwingend eine eheliche Lebensgemeinschaft bestehen.

Hinsichtlich der Bezugsperson ist nach § 32 Abs. 1 und 2 AufenthG maßgebend, ob beide Eltern oder nur ein Elternteil das alleinige Personensorgerecht hat. Erheblich ist daher nicht der rechtmäßige Bestand einer Ehe oder der Bestand einer ehelichen Lebensgemeinschaft zwischen den Elternteilen des nachzugswilligen Kindes. In § 32 Abs. 3 AufenthG findet sich eine „Zwischenlösung" für den Fall, dass beide Eltern das gemeinsame Sorgerecht haben und das Kind nur zu einem Elternteil nach Deutschland nachziehen soll. Zwischen dem Kind und der betreffenden Bezugsperson, zu der nach § 32

AufenthG ein Nachzugsrecht eingeräumt wird, muss jedoch eine familiäre Gemeinschaft i. S. v. Art. 6 GG i. V. m. § 27 Abs. 1 AufenthG gelebt werden (Herstellung und Wahrung einer familiären Lebensgemeinschaft).

Kinder sind in absteigender gerader Linie mit den Eltern im ersten Grade verwandt (vgl. § 1589 BGB). Es kann sich auch um Adoptivkinder handeln. Der Begriff der Verwandtschaft stellt auf die Abstammung ab; er erstreckt sich daher auch auf nichteheliche Kinder (§ 1591 Abs. 1 Satz 2 BGB). Ein ausländisches Kind kann auch dann zur familiären Lebensgemeinschaft i. S. v. § 27 Abs. 1 AufenthG im Verhältnis zum biologischen Vater gehören, wenn dieser rechtlich nicht als dessen Vater gilt, weil die Mutter noch anderweitig verheiratet ist und der Ehemann wegen der Vermutung der Vaterschaft des Ehemanns für während der Ehe geborene Kinder (vgl. § 1592 Nr. 1 BGB) rechtlich als Vater gilt (vgl. OVG Hamburg, Beschl. v. 25.8.2003 – 1 Bs 227/03, InfAuslR 2003, 417).

Hinweis:

Es ist ausschließlich Sache der gesetzlich vorgesehenen Vermittlungsstellen – und nicht der Ausländerbehörde –, die sachdienlichen Ermittlungen bei den Adoptionsbewerbern, bei dem Kind und ggf. dessen Familie durchzuführen und dabei zu prüfen und zu bewerten, ob die Adoptionsbewerber unter Berücksichtigung der Persönlichkeit des Kindes und dessen individueller Bedürfnisse für die Annahme des Kindes geeignet sind. Da dieses Verfahren der Sicherung des Kindeswohls dient, kommt eine Visumserteilung grundsätzlich auch dann nicht in Betracht, wenn ein internationales Adoptionsvermittlungsverfahren nicht durchgeführt werden kann, weil es im Heimatstaat des Kindes an einer entsprechenden Adoptionsvermittlungsstelle fehlt.

Unter den betreffenden Familienangehörigen, auf die § 32 AufenthG Anwendung findet, muss nach der Ausgestaltung des Familienrechts und den natürlichen Anknüpfungspunkten eine tatsächlich gelebte Beziehung bestehen, ohne die eine gedeihliche Entwicklung zum Wohl des Kindes regelmäßig unmöglich wäre. Dabei ist die persönliche Situation des Kindes im Blick zu halten und auf ein Wohlergehen des Kindes abzustellen.

I. Aufenthalt aus familiären Gründen

I

Zwar ist auch das Verhältnis volljähriger Kinder zu ihren Eltern nach Art. 6 GG geschützt (BVerfG, NJW 1993, 2671); dieser Schutz kann sich nach Eintritt der Volljährigkeit des Kindes grundsätzlich nur noch auf eine sogenannte Begegnungsgemeinschaft unter den Familienangehörigen beziehen und erfordert wegen ihres nicht existenziell geprägten Charakters typischerweise grundsätzlich keinen besonderen familiären Schutz mehr, der die Einräumung eines Aufenthaltsrechts erforderlich machen könnte, es sei denn, es liegt eine familiäre Sondersituation nach § 36 Abs. 2 Satz 1 AufenthG vor. In der Nachzugsbeschränkung für volljährige Kinder im Bundesgebiet lebender ausländischer Arbeitnehmer hat das Bundesverfassungsgericht keinen Verstoß gegen Art. 6 GG gesehen (BVerfG, NJW 1982, 2730). Bei diesem Personenkreis finden zur Vermeidung von außergewöhnlichen Härtefällen § 36 Abs. 2 Satz 1 bzw. § 28 Abs. 4 oder § 25 Abs. 5 AufenthG aus verfassungsunmittelbaren Gründen und völkerrechtlichen Verpflichtungen (Art. 6 GG; Art. 7 GRCh; Art. 8 EMRK; UN-Kinderrechtskonvention) Anwendung (vgl. BVerwG, InfAuslR 1997, 351, zum Nachzug von Enkelkindern; VGH Mannheim, InfAuslR 1993, 366, zum Nachzug des nichtsorgeberechtigten Elternteils).

Beispiel:

So stellt die Betreuungsbedürftigkeit von minderjährigen Kindern, deren Eltern sich im Bundesgebiet ohne Aufenthaltstitel aufhalten, grundsätzlich keine außergewöhnliche Härte gemäß § 36 Abs. 2 Satz 1 AufenthG dar (vgl. OVG Lüneburg, Beschl. v. 7.4.2011 – 11 ME 72/11, InfAuslR 2011, 249; *Huber*, Aufenthaltsgesetz, Kommentar, § 36 Rn. 7; *Eberle* in: Storr, u. a., Kommentar zum Zuwanderungsrecht, 2. Aufl., § 36 AufenthG, Rn. 15). Handelt es sich jedoch um Vollwaisen, kann deren Betreuungsbedürftigkeit im Bundesgebiet durch nahe Verwandte, die den erforderlichen Aufenthaltstitel besitzen, ein Aufenthaltsrecht nach § 36 Abs. 2 Satz 1 AufenthG bewirken.

2. Begriff des allein personensorgeberechtigten Elternteils

Der Begriff des allein personensorgeberechtigten Elternteils eines minderjährigen (adoptierten) Kindes in § 32 Abs. 1 und Abs. 2, § 33 Satz 2 sowie § 104b AufenthG ist mit Blick auf Art. 4 Abs. 1 Buchst. c und d FamiliennachzugRL/EU auszulegen (vgl. BVerwG, Beschl. v. 28.8.2008 – 1 C 31.07, EZAR NF 34 Nr. 15 = InfAuslR 2009, 13). Zu diesem Personenkreis gehören entweder der Ausländer oder sein Ehegatte als Elternteil des minderjährigen Kindes, wenn die betreffende Bezugsperson das Sorgerecht besitzt und für den Unterhalt des Kindes (vgl. § 5 Abs. 1 Nr. 1 i. V. m. § 2 Abs. 3 Satz 4 AufenthG) aufkommt. Es genügt daher nicht allein, wenn ein gelebtes Kind-Eltern-Verhältnis rein tatsächlich besteht oder bestanden hat, ohne dass dem betreffenden Elternteil das Sorgerecht übertragen worden ist.

§ 32 Abs. 1 und Abs. 2, § 33 Satz 2 sowie § 104b AufenthG sind auf Fälle, in denen das ausländische Recht (z. B. im Kosovo) eine vollständige Übertragung der Personensorge auf einen Elternteil nicht kennt, nicht analog anzuwenden (vgl. BVerwG, Urt. v. 7.4.2009 – 1 C 17.08, InfAuslR 2009, 270). Dem Elternteil fehlt es an dem alleinigen Personensorgerecht i. S. dieser Nachzugsregelungen i. V. m. Art. 4 Abs. 1 Buchst. c FamiliennachzugRL/EU, wenn dem anderen Elternteil bei der Ausübung der Personensorge substanzielle Mitentscheidungsrechte und -pflichten (z. B. Aufenthaltsbestimmung, Schule, Ausbildung oder Heilbehandlung) zustehen (vgl. BVerwG, Urt. v. 7.4.2009 – 1 C 17.08, InfAuslR 2009, 270). In solchen Fällen kommt § 32 Abs. 3 AufenthG zur Anwendung.

3. Vaterschaftsanerkenntnis – Verfahren

Die Tatsache, dass ein Ausländer, der einen für den Kindernachzug erforderlichen Aufenthaltstitel besitzt, die Vaterschaft eines ausländischen Kindes formwirksam anerkannt hat, begründet allein wegen des nach § 1592 Nr. 2 BGB bestehenden rechtlichen Kindschaftsverhältnisses nicht zwingend einen Anspruch auf Erteilung eines Aufenthaltstitels nach §§ 32, 33 Satz 1 oder 2 AufenthG. Ein entsprechender Aufenthaltsanspruch besteht nicht, wenn die Vaterschaftsanerkennung in kollusivem Zusammenwirken mit der ausländischen Mutter des Kindes, deren Verhalten sich der Ausländer zurechnen lassen muss (vgl. BVerwG, Beschl. v. 30.4.1997 – 1 B 74/97, Urt. v. 9.9.2003 – 1 C 6.03, InfAuslR 2004, 77), missbräuchlich (z. B.

Vaterschaftsanerkennung bewusst wahrheitswidrig) erfolgt ist, um ihr und etwa auch dem Ausländer den Aufenthalt im Bundesgebiet zu ermöglichen. Der offensichtliche Missbrauch des § 1598 BGB gebietet es, dass aus dem rein formalen Vaterschaftsanerkenntnis kein aufenthaltsrechtlicher Nutzen gezogen werden kann, da Ausländer ansonsten in den Genuss von Rechtspositionen kämen, auf die sie von Rechts wegen unter Verletzung des Grundsatzes von Treu und Glauben keinen Anspruch hätten (vgl. BVerwG, Urt. v. 23.3.1982 – 1 C 20/81, BVerwGE 65, 174; VGH Mannheim, Urt. v. 26.3.1984 – 13 S 2912/83, VBlBW 1984, 284, Rspr. zur „Scheinehe").

Der Ausschlusstatbestand des § 27 Abs. 1a Nr. 1 AufenthG erstreckt sich nicht nur auf Scheinehen und Scheinadoptionen, sondern auch auf sogenannte missbräuchliche Vaterschaftsanerkennungen zum Zweck der missbräuchlichen Erlangung eines Aufenthaltsrechts unter dem Deckmantel des Familiennachzugs. Denn nicht nur durch eine Adoption, sondern auch durch eine wirksame Anerkennung der Vaterschaft (§ 1594 BGB) wird das für das Eingreifen des Ausschlusstatbestandes tatbestandsmäßig erforderliche Verwandtschaftsverhältnis zwischen dem Vater und dem Kind begründet.

4. Feststellung der Anspruchsvoraussetzungen

Sofern die allgemeinen Erteilungsvoraussetzungen gemäß § 5 Abs. 1, Abs. 2 und Abs. 4 AufenthG und die allgemeinen Nachzugsvoraussetzungen gemäß §§ 27 und 29 AufenthG vorliegen, haben minderjährige ledige Kinder in den in § 32 Abs. 1 Nr. 1 und Nr. 2, Abs. 2 und 3 genannten Fällen des Kindernachzugs einen Anspruch auf Erteilung einer Aufenthaltserlaubnis bzw. eines Visums im Visumverfahren (vgl. § 6 Abs. 3 AufenthG; § 31 Abs. 1 und 3 AufenthV, zur Vorabzustimmung). Für im Bundesgebiet geborene Kinder findet § 33 AufenthG im Verhältnis zu § 32 AufenthG vorrangig Anwendung.

Hinsichtlich der Einhaltung der gesetzlichen Visumpflicht durch die Kinder gilt in Ersterteilungsfällen § 5 Abs. 2 AufenthG, der jedoch in den Fällen des § 39 AufenthV verdrängt wird. Falls der Antrag bei der Ausländerbehörde nach der Einreise in das Bundesgebiet unter Verletzung der Visumpflicht – ohne dass eine unerlaubte Einreise vorliegen muss – gestellt worden ist, greift § 5 Abs. 2 Satz 1 AufenthG unabhängig davon ein, ob die Altersgrenze für den Kindernachzug eingehalten wurde. Die im Ermessensbereich angesiedel-

ten Abweichungsmöglichkeiten nach § 5 Abs. 2 Satz 2 AufenthG
sind bei der Entscheidungsfindung im Interesse des Grundsatzes
der Verhältnismäßigkeit unter Würdigung besonderer Umstände
des Einzelfalles zu berücksichtigen.

Hinweis:

Hinsichtlich einer wirksamen Antragstellung siehe § 80 AufenthG (Handlungsfähigkeit).

Kann den Kindern die Einholung eines Nationalpasses zur Wahrung
der Passpflicht nach § 3 Abs. 1 AufenthG zugemutet (vgl. § 5 Abs. 2
AufenthV, zur Zumutbarkeit) werden, kommt die Erteilung einer
Aufenthaltserlaubnis im Regelfall nicht in Betracht (§ 5 Abs. 1 Nr. 4
AufenthG). Ansonsten müssen die Voraussetzungen für die Ausstellung eines Ausweisersatzes (vgl. § 48 Abs. 2 AufenthG), mit dem
die Passpflicht im Inland erfüllt werden kann, oder eines Reiseausweises für Ausländer vorliegen (vgl. jedoch § 48 Abs. 4 AufenthG,
bezüglich der im Bundesgebiet geborenen Kinder).

Wie allgemein bei Verpflichtungsklagen auf Erteilung eines Aufenthaltstitels ist auch in den Fällen des Kindernachzugs nach § 32
AufenthG hinsichtlich der Beurteilung des Vorliegens der tatbestandlichen Voraussetzungen grundsätzlich auf die Sach- und
Rechtslage im Zeitpunkt der letzten mündlichen Verhandlung oder
Entscheidung des Tatsachengerichts abzustellen (vgl. BVerwG, Urt.
v. 26.8.2008 – 1 C 32.07, InfAuslR 2009, 8 = AuAS 2008, 2 = ZAR
2009, 105, mit Anmerkungen *Pfersich*, auch zur Lebensunterhaltssicherung).

Falls das Kind während des Verfahrens die gesetzliche Altersgrenze
für den Nachzug überschreitet, ergeben sich aus dem materiellen
Recht und dem Grundsatz des Vertrauensschutzes Besonderheiten, die dazu führen, dass nicht allein auf den genannten Zeitpunkt abgestellt werden darf. Das Merkmal der Minderjährigkeit
ist auch dann erfüllt, wenn die Behörde erst nach Vollendung des
18. Lebensjahres des Ausländers eine Entscheidung trifft, der Ausländer den Erlaubnisantrag aber als Minderjähriger gestellt hat.
Nach dem Sinn und Zweck dieser Vorschrift, den Aufenthalt von
minderjährigen ausländischen Kindern, die Eltern im Bundesgebiet
haben, zu begünstigen, müssen die für die Erteilung der Aufenthaltserlaubnis erforderlichen tatbestandlichen Voraussetzungen

I

noch während der Minderjährigkeit eingetreten sein. Etwaige für den Aufenthalt sprechende Sachverhaltsänderungen während des Verfahrens (z. B. Erlangung integrativer Vorleistungen) sind daher nur beachtlich, wenn sie bis zur Vollendung der Volljährigkeit des Kindes eingetreten sind.

Hinweis:
Die tatbestandlichen Voraussetzungen des § 32 Abs. 1 AufenthG müssen spätestens im Zeitpunkt der Vollendung des 16. Lebensjahres vorliegen (VGH Mannheim, InfAuslR 1997, 306). Ist der Kindernachzug bis zum Eintritt der Volljährigkeit erlaubt, müssen die gesetzlichen Nachzugsvoraussetzungen zwar bis zu diesem Zeitpunkt erfüllt sein, bei der Altersbegrenzung ist jedoch darauf abzustellen, ob das Kind im Zeitpunkt der Antragstellung noch minderjährig war.

Bei der Bestimmung des Nachzugsalters im Einzelfall ist auf den Tag der (erstmaligen) Antragstellung abzustellen. Für das maßgebende Lebensalter ist nicht auf einen Entscheidungszeitpunkt, sondern auch im Interesse einer einheitlichen Handhabung unabhängig von der Dauer des Verfahrensablaufs auf den Zeitpunkt der Beantragung der Aufenthaltserlaubnis (nationales Visum) zum Zwecke des Kindernachzugs bei der zuständigen Behörde abzustellen; dies gilt auch für den Fall der visumfreien Einreise in das Bundesgebiet (vgl. BVerwG, Urt. v. 18.11.1997 – 1 C 22.96, InfAuslR 1998, 161). Durch die altersmäßige Begrenzung des Kindernachzugs zu Eltern wird der Zweck verfolgt, Kindern die Herstellung der Familieneinheit im Bundesgebiet bis zu einem bestimmten Alter zu erleichtern (Schutzzweck). Würde auf die Sach- und Rechtslage im Zeitpunkt der letzten Behörden- oder der Gerichtsentscheidung abgestellt, ließe sich der mit der Altersgrenze verfolgte Gesetzeszweck nicht verwirklichen, weil – trotz eines rechtzeitig gestellten Antrags – der dem nachzugsberechtigten Kind zukommende Schutz bis zum Erreichen der Altersgrenze wegen Zeitablaufs während eines sich an eine rechtswidrige Ablehnung des Antrags anschließenden Verfahrens entfallen könnte.

§ 78 Abs. 2 Nr. 1, Abs. 4 Nr. 2, Abs. 6 Satz 2 Nr. 1 und Abs. 7 Satz 2 AufenthG ermächtigen zum Eintrag des Geburtsdatums in den Aufenthaltstitel, in die Zone für das automatische Lesen, in den

Ausweisersatz, in die Duldungsbescheinigung bzw. in die Fiktions-
bescheinigung. Auf diese Regelungen lässt sich zwar eine Befugnis
für eine förmliche Altersfeststellung nicht stützen (vgl. VG Berlin,
Urt. v. 30.12.2004 – VG 35 A 129.03, InfAuslR 2005, 160; VG Freiburg,
Urt. v. 16.6.2004 – 2 K 1111/03, InfAuslR 2004, 462). Auch aus §§ 24
und 26 VwVfG ergibt sich keine gesetzliche Grundlage für eine
Altersfeststellung. Diese Normen enthalten keine Eingriffsermäch-
tigung für die Beschaffung notwendiger Daten und Informationen
bzw. die Erhebung erforderlicher Beweise (vgl. *Kopp/Ramsauer*,
VwVfG, 8. Aufl. 2003, § 24, Rn. 3). Dennoch können entsprechende
Erhebungen auf § 49 Abs. 1 und 2 AufenthG gestützt werden.
Hinsichtlich der Altersfeststellung ergibt sich eine Mitwirkungs-
und Nachweispflicht aus § 82 Abs. 1 AufenthG (z. B. Vorlage einer
Geburtsurkunde).

Bestehen Zweifel daran, ob der Ausländer schon das 16. oder 18. Lebensjahr vollendet hat, darf sein Alter gemäß § 49 Abs. 3 AufenthG
bestimmt werden. Der Ausländer ist nach § 49 Abs. 2 AufenthG
nachweispflichtig (vgl. auch § 82 Abs. 1 AufenthG).

Dazu können gemäß § 49 Abs. 6 AufenthG auch körperliche Eingriffe wie etwa röntgenologische Untersuchungen gehören, wenn sie
nach den Regeln der ärztlichen Kunst vorgenommen werden. Diese
Eingriffe sollten allerdings nur und erst dann durchgeführt werden,
wenn alle anderen möglichen und zumutbaren Maßnahmen der
Altersbestimmung, wie z. B. die Beiziehung von Personenstandsurkunden und sonstiger schriftlicher Unterlagen aus dem Heimatland, nicht ausreichen, um das Alter sicher zu ermitteln.

**Hinweis zur Altersfeststellung bei Kindern und Jugendlichen
nach § 42f SGB VIII:**

§ 42f SGB VIII sieht ein jugendamtliches Verfahren zur ver-
bindlichen Feststellung des Alters ausländischer Kinder und
Jugendlicher nach einer unbegleiteten Einreise vor. Gemäß
§ 42f Abs. 1 Satz 1 SGB VIII hat das Jugendamt im Rahmen der
vorläufigen Inobhutnahme der ausländischen Person gemäß
§ 42a SGB VIII deren Minderjährigkeit durch Einsichtnahme
in deren Ausweispapiere festzustellen oder hilfsweise mittels
einer qualifizierten Inaugenscheinnahme einzuschätzen und
festzustellen. Auf Antrag des Betroffenen oder seines Vertre-
ters oder von Amts wegen hat das Jugendamt nach § 42f Abs. 2

Satz 1 SGB VIII in Zweifelsfällen eine ärztliche Untersuchung zur Altersbestimmung zu veranlassen.

Diese für das Kinder- und Jugendhilferecht getroffene Wertung ist auf das Ausländerrecht ob der Verschiedenheit der Rechtsgebiete nicht zu übertragen und hat daher keine Bindungswirkung. Lässt sich nicht aufklären, ob das Kind noch minderjährig ist, darf grundsätzlich von dessen Minderjährigkeit ausgegangen werden (vgl. BGH, Beschl. v. 12.2.2015 – V ZB 185/14; VG Berlin, Beschl. v. 19.2.2009 – VG 35 A 314.08). Dennoch kann sich die Ausländerbehörde eine medizinische Alterseinschätzung zu eigen machen bzw. diese bei ihrer Entscheidung würdigen und ggf. darlegen, weshalb sie dieser Einschätzung nicht folgen kann.

Bei Zweifeln über das Alter des Kindes kann sich die Ausländerbehörde eine Altersbestimmung des Jugendamtes (§ 42f Abs. 2 Satz 1 SGB VIII) zu eigen machen (vgl. OVG Bremen, Beschl. v. 22.2.2016 – 1 B 303/15, InfAuslR 2016, 247, zum abgestuften Verfahren auf Feststellung der Minderjährigkeit nach § 42f Abs. 1 und 2 SGB VIII; VG Berlin, Beschl. v. 19.4.2016 – VG 18 L 81.16, AuAS 2016, 117); sie ist jedoch nicht an solche Altersbestimmungen zwingend gebunden und kann eigene Feststellungen nach § 49 Abs. 3 AufenthG vornehmen (§ 84 Abs. 1 Satz 1 Nr. 1a AufenthG, zur Vollziehbarkeit der Maßnahme).

5. Nachzugsberechtigung des Kindes zu bestimmten Bezugspersonen

In den Fällen des § 32 Abs. 1 und Abs. 2 AufenthG besteht der gesetzliche Nachzugsanspruch des minderjährigen ledigen Kindes im Verhältnis zu beiden ausländischen personensorgeberechtigten Elternteilen oder zu einem allein personensorgeberechtigten Elternteil. Zwischen der Bezugsperson und dem nachziehenden Kind muss eine familiäre Gemeinschaft tatsächlich gelebt werden (§ 27 Abs. 1 AufenthG). Die Nachzugsberechtigung besteht nur dann, wenn die Eltern das gemeinsame Personensorgerecht haben oder nur ein Elternteil allein personensorgeberechtigt ist.

Der Regelanspruch nach § 32 Abs. 3 AufenthG stellt darauf ab, dass zwar beide Eltern das gemeinsame Personensorgerecht haben, ein Elternteil jedoch ohne das Kind im Ausland verbleibt und sich mit dem Aufenthalt des Kindes im Bundesgebiet einverstanden erklärt oder sich Entsprechendes aus einer rechtsverbindlichen Entscheidung der zuständigen Stelle (z. B. Familiengericht) ergibt. In den Fällen des § 32 Abs. 3 AufenthG obliegt es den beiden sorgeberechtigten Eltern, den Aufenthaltsort des Kindes in Deutschland einvernehmlich zu bestimmen, wobei die Behörde bei ihrer Entscheidung das Kindeswohl zu berücksichtigen hat.

Die im Ermessensbereich angesiedelte Härtefallregelung des § 32 Abs. 4 AufenthG stellt nicht auf das Vorhandensein eines Personensorgerechts eines Elternteils ab.

6. Nachzugsanspruch des minderjährigen ledigen Kindes

Einen Anspruch auf Erteilung einer Aufenthaltserlaubnis nach § 32 Abs. 1 AufenthG zum Zwecke des Kindernachzugs haben minderjährige ledige Kinder,

- deren beide Eltern oder deren allein personensorgeberechtigter Elternteil sich im Bundesgebiet aufhalten und

- die entsprechende(n) Bezugsperson(en) eine Aufenthaltserlaubnis (§ 7 AufenthG), Blaue Karte EU (§ 19a AufenthG), Niederlassungserlaubnis (§ 9 AufenthG) oder Erlaubnis zum Daueraufenthalt-EU (§ 9a AufenthG) besitzen (vgl. auch § 29 Abs. 1 Nr. 1 AufenthG).

Ein Rechtsanspruch nach § 32 Abs. 1 AufenthG besteht daher nur, wenn beide Elternteile das Personensorgerecht gemeinsam haben oder der im Bundesgebiet lebende Elternteil das alleinige Personensorgerecht über das minderjährige ledige Kind hat. Zwischen den betreffenden Eltern oder dem allein personensorgeberechtigten Elternteil und dem Kind muss eine familiäre Lebensgemeinschaft i. S. v. § 27 Abs. 1 AufenthG bestehen. Dies bedeutet jedoch nicht, dass auch die beiden Eltern in einer ehelichen Lebensgemeinschaft zusammenleben müssen. In anderen Fallkonstellationen findet § 32 Abs. 3 und 4 AufenthG Anwendung.

Hinweis:

§ 32 Abs. 1 AufenthG räumt in Abgrenzung zu Absatz 2 einen Nachzugsanspruch ein und begrenzt das Nachzugsalter für den Kindernachzug auf 16 Jahre, ohne besondere Anforderungen wie in Absatz 2 Satz 1 zu stellen. Da § 32 Abs. 2 Satz 1 AufenthG den Nachzugsanspruch nach Absatz 1 beim Nachzug minderjähriger lediger Kinder nach Vollendung des 16. Lebensjahres einschränkt, ist in diesen Fällen vorgreiflich zu prüfen, ob eine entsprechende Beschränkung im Einzelfall eingreift.

I

In den Fällen des Kindernachzugs bis zum vollendeten 16. Lebensjahr wird von einer zeitgleichen Verlagerung des Lebensmittelpunkts der Familie in das Bundesgebiet oder von integrativen Vorleistungen des Kindes, wie dies § 32 Abs. 2 Satz 1 AufenthG für minderjährige Kinder nach Vollendung des 16. Lebensjahres voraussetzt, abgesehen.

Hinweise:

- Der Anspruch nach § 32 Abs. 1 AufenthG besteht selbst dann, wenn der Ausländer, zu dem der Nachzug stattfindet, sich nur für einen begrenzten Zeitraum und gegebenenfalls ohne Verlegung des Lebensmittelpunktes in Deutschland aufhält, wie dies etwa bei Gastwissenschaftlern (§ 5 Nr. 2 BeschV) oder Studenten (§ 16 Abs. 1 AufenthG) der Fall sein kann.

- Kein Anspruch besteht bei Erteilung eines Schengen-Visums (§ 6 Abs. 1 Nr. 1 AufenthG) für einen kurzfristigen Aufenthalt.

Beispiel: _____

Handelt es sich um ein nachzugsberechtigtes minderjähriges lediges Kind aus früherer Ehe des allein personensorgeberechtigten Ausländers, der außerdem ein minderjähriges lediges deutsches Kind hat, kommt die Erteilung einer Aufenthaltserlaubnis nach § 32 Abs. 1 AufenthG ausnahmsweise auch dann in Betracht, wenn der Lebensunterhalt des Kindes nicht nach § 5 Abs. 1 Nr. 1 AufenthG gesichert ist und die Lebensgemeinschaft mit dem minderjährigen ledigen deutschen Kind nur in Deutschland gelebt werden kann, weil er und der deutsche Ehegatte mit dem gemeinsamen Kind im Bundesgebiet zusammenleben. In diesem Fall drängt die Pflicht des Staates, die Familie nach Art. 6 GG zu schützen, einwanderungspolitische Belange, zu denen auch die Sicherstellung des Lebensunterhalts durch den Ausländer gemäß § 2 Abs. 3 AufenthG gehört, regelmäßig zurück (vgl. BVerfG, Beschl. v. 23.1.2006, InfAuslR 2006, 320; BVerfG, Beschl. v. 8.12.2005, BVerfGK 7, 49 = InfAuslR 2006, 122; OVG Berlin-Brandenburg, Beschl. v. 9.5.2008 – 2 M 17.08, InfAuslR 2008, 298). In diesem Fall liegen atypische Fallgesichtspunkte vor, die ein Abweichen von der Regelerteilungsvoraussetzung des § 5 Abs. 1 Nr. 1 AufenthG rechtfertigen, ohne dass der gesetzliche Anspruch nach § 32 Abs. 1 AufenthG berührt wird.

7. Nachzugsbeschränkung bei minderjährigen ledigen Kindern nach Vollendung des 16. Lebensjahres

§ 32 Abs. 2 AufenthG regelt im Zusammenwirken mit Absatz 1 den Nachzug von minderjährigen ledigen Kindern zu ihren gemeinsam personensorgeberechtigten Eltern oder dem allein personensorgeberechtigten Elternteil nach Vollendung des 16. Lebensjahres. § 32 Abs. 2 AufenthG betrifft ausländische Kinder, die das 16. Lebensjahr vollendet haben und noch nicht volljährig sind. Für den Nachzug von minderjährigen ledigen Kindern nach Vollendung des 16. Lebensjahres gelten nach § 32 Abs. 2 AufenthG besondere Anforderungen, bei deren Nichterfüllung der gesetzliche Anspruch nach § 32 Abs. 1 Satz 1 AufenthG nicht vorliegt und für Ermessen nur noch nach Maßgabe der Härtefallregelung des § 32 Abs. 4 AufenthG Raum ist.

Hinweis:

Die gemeinsame Verlagerung des Lebensmittelpunktes erfordert nicht zwingend die gleichzeitige Einreise aller Familienangehörigen in das Bundesgebiet. Gemeint ist ein Vorgang, dessen Dauer sich nach den Umständen des Einzelfalles bestimmt. So kann es z. B. sachgerecht sein, dem Kind vor dem Umzug nach Deutschland die Beendigung des laufenden Schuljahres zu ermöglichen.

Verlagert das minderjährige ledige Kind den Lebensmittelpunkt nicht gemeinsam mit den Eltern oder dem allein personensorgeberechtigten Elternteil – also nicht im zeitlichen Zusammenhang mit der Zuwanderung der betreffenden Bezugspersonen – ins Bundesgebiet, hält es der Gesetzgeber angesichts der oft weit reichenden

Vorbereitungen (Wohnungssuche, Suche eines Kindergarten- oder Schulplatzes, Auswahl von Betreuungspersonen etc.) für gerechtfertigt, den Nachzugsanspruch dann auszuschließen, wenn das Kind keine integrativen Vorleistungen nachweisen kann (§ 32 Abs. 2 Satz 1 AufenthG).

Bei integrativen Vorleistungen besteht nach § 32 Abs. 2 AufenthG ein gesetzlicher Anspruch auf Erteilung einer Aufenthaltserlaubnis zum Zweck des Kindernachzugs, wenn

■ das Kind die deutsche Sprache beherrscht (erste Alternative). Wann die Sprache beherrscht wird, ist entsprechend der Definition der Stufe C1 der kompetenten Sprachanwendung des Gemeinsamen Europäischen Referenzrahmens für Sprachen – GER – zu bestimmen (§ 2 Abs. 12 AufenthG, zum Begriff);

■ bei ihm gewährleistet „erscheint", dass es sich aufgrund seiner bisherigen Ausbildung und Lebensverhältnisse in der Bundesrepublik Deutschland einfügen kann (zweite Alternative). Dies ist im Allgemeinen bei Kindern anzunehmen, die in einem Mitgliedstaat der Europäischen Union oder des Abkommens über den Europäischen Wirtschaftsraum oder in einem sonstigen in § 41 Abs. 1 Satz 1 AufenthV genannten Staat aufgewachsen sind. Auch bei Kindern, die nachweislich aus einem deutschsprachigen Elternhaus stammen oder die im Ausland nicht nur kurzzeitig eine deutschsprachige Schule besucht haben, ist davon auszugehen, dass sie sich integrieren werden.

Eine positive Integrationsprognose hängt maßgeblich jedoch nicht allein von den Kenntnissen der deutschen Sprache ab. Fehlt es dem Kind an den erforderlichen Kenntnissen der deutschen Sprache oder integrativen Vorleistungen, besteht ein Anspruch auf Kindernachzug nur bis zur Vollendung des 16. Lebensjahres nach § 32 Abs. 3 AufenthG.

Die Anforderungen des § 32 Abs. 2 Satz 1 AufenthG sind nach Satz 2 nicht zu erfüllen, wenn es sich bei den Bezugspersonen um

1.

a) Resettlement-Flüchtlinge, die eine Aufenthaltserlaubnis nach § 23 Abs. 4 AufenthG besitzen,

b) Asylberechtigte nach Art. 16a Abs. 1 GG, die eine Aufenthaltserlaubnis nach § 25 Abs. 1 Satz 1 AufenthG besitzen,

c) international Schutzberechtigte (§ 2 Abs. 13 AufenthG; § 1 Abs. 1 Nr. 2 AsylG zum Begriff), die eine Aufenthaltserlaubnis nach § 25 Abs. 2 Satz 1 Alt. 1 oder 2 AufenthG, eine Niederlassungserlaubnis nach § 26 Abs. 3 AufenthG (Asylberechtigte nach Art. 16a Abs. 1 GG und Flüchtlinge nach § 3 Abs. 1 AsylG) oder nach Erteilung einer Aufenthaltserlaubnis nach § 25 Abs. 2 Satz 1 Alt. 2 AufenthG (international subsidiär Schutzberechtigte nach § 4 Abs. 1 AsylG) eine Niederlassungserlaubnis nach § 26 Abs. 4 AufenthG besitzen, oder

2. Ausländer oder seinen mit ihm in familiärer Lebensgemeinschaft lebenden Ehegatten, die eine Niederlassungserlaubnis nach § 19 AufenthG oder eine Blaue Karte EU (§ 19a AufenthG) besitzen,

handelt.

8. Regelanspruch bei gemeinsamem Sorgerecht

Haben die Eltern des minderjährigen ledigen Kindes das gemeinsame Sorgerecht und besitzt ein Elternteil eine Niederlassungserlaubnis, Erlaubnis zum Daueraufenthalt-EU, Aufenthaltserlaubnis oder eine Blaue Karte EU (§ 29 Abs. 1 Nr. 1 AufenthG), soll nach § 32 Abs. 3 AufenthG in den Fällen des Absatzes 1 oder 2 eine Aufenthaltserlaubnis zum Nachzug zu diesem Elternteil erteilt werden, wenn

- der andere Elternteil (ohne Zwang) sein Einverständnis mit dem Aufenthalt des Kindes im Bundesgebiet erklärt oder

- eine entsprechende rechtsverbindliche Entscheidung einer zuständigen Stelle (z. B. eines Gerichtes) vorliegt.

Ob ein Elternteil allein personensorgeberechtigt ist, richtet sich nach dem Recht des Herkunftsstaates. In vielen Staaten gibt es jedoch kein alleiniges Personensorgerecht.

Aufgrund der Ausgestaltung der Norm als Sollvorschrift besteht nach wie vor die Möglichkeit, den Nachzug des Kindes in Ausnahmefällen zu versagen, insbesondere, wenn es konkrete Anhaltspunkte für die missbräuchliche Ausnutzung des Nachzugsrechts gibt. Solche Anhaltspunkte können beispielsweise darin bestehen, dass der Antrag erst kurz vor Vollendung des 16. Lebensjahres des Kindes gestellt wird und das Kind bis dahin keinerlei Bezug zu Deutschland und dem hier lebenden Elternteil hatte.

Einverständniserklärung/Entscheidung der zuständigen Stelle

I. Aufenthalt aus familiären Gründen

Die nachweisliche Zustimmung insbesondere des Elternteils, der im Ausland verbleibt, oder eine diese Zustimmung ersetzende Entscheidung der zuständigen Stelle sind von großer Bedeutung in der praktischen Anwendung der Vorschrift. Wenn aufgrund konkreter Anhaltspunkte Zweifel an der Echtheit und der Rechtsverbindlichkeit solcher Zustimmungserklärungen oder gerichtlicher bzw. behördlicher Entscheidungen bestehen, ist eine gründliche Prüfung erforderlich, da die aufenthaltsrechtliche Entscheidung insbesondere nicht dazu führen darf, dass ein Kind ohne Einverständnis des mit personensorgeberechtigten Elternteils dessen Einflussbereich entzogen wird.

9. Ermessenserteilung in besonderen Härtefällen

Gehört das minderjährige ledige Kind nicht zu dem nachzugsberechtigten Personenkreis nach § 32 Abs. 1 bis 3 AufenthG, greift die im Ermessensbereich angesiedelte Härtefallregelung des § 32 Abs. 4 AufenthG ein. In den Härtefällen des § 32 Abs. 4 AufenthG ist es nicht erforderlich, dass die Elternteile personensorgeberechtigt sein müssen. Eine Ermessensbetätigung, bei der das Kindeswohl (vgl. Art. 24 Abs. 2 GRCh; UN-Kinderrechtskonvention) und die familiäre Situation von Gesetzes wegen angemessen zu berücksichtigen sind, setzt das Vorliegen einer „besonderen" Härte voraus. Diese Nachzugsregelung ist auch für im Bundesgebiet geborene Kinder ausländischer Eltern, die nicht nach § 33 Satz 1 oder 2 AufenthG begünstigt sind, anwendbar (VGH Mannheim, Urt. v. 12.5.2004 – 13 S 2833/02, InfAuslR 2004, 385, zu § 20 Abs. 4 AuslG 1990) und stellt im Vergleich zur Härtefallklausel des § 36 Abs. 2 Satz 1 AufenthG, die volljährige Kinder umfasst und bei der es um die Vermeidung eines „außergewöhnlichen" Härtefalls geht, insoweit einen Auffangtatbestand für den Nachzug minderjähriger lediger Kinder von Ausländern dar.

Hiernach kann über die Kindernachzugsregelungen des § 32 Abs. 1 bis 3 AufenthG hinaus dem minderjährigen ledigen Kind eines Ausländers eine Aufenthaltserlaubnis für den Nachzug erteilt werden, wenn es aufgrund der Umstände des Einzelfalls zur Vermeidung einer „besonderen" Härte erforderlich ist. Der ausländische Elternteil muss eine Aufenthaltserlaubnis, Blaue Karte EU, Niederlassungserlaubnis oder Erlaubnis zum Daueraufenthalt-EU besitzen (§ 29 Abs. 1 Nr. 1 AuslG).

Bei der Beurteilung, ob eine „besondere" Härte vorliegt, sind zur Vermeidung eines Beurteilungsdefizits zumindest folgende Gesichtspunkte zu berücksichtigen:

- das Kindeswohl,

- die familiäre (Sonder-)Situation.

Diese Beurteilungskriterien sind als Mindestanforderungen bei der Entscheidung zu berücksichtigen. Im Falle eines Beurteilungsdefizits ist die Entscheidung fehlerhaft. Die genannten Gesichtspunkte müssen unter Berücksichtigung der besonderen Umstände des Einzelfalls zu einer Abweichung von den normativ geregelten Nachzugsfällen Anlass geben und eine entsprechende Entscheidung unter Würdigung der besonderen Umstände des Einzelfalls erfordern. Die Konkretisierung eines Ausnahmefalls erfordert eine restriktive Entscheidungspraxis, um den Ausnahmefall nicht zum Regelfall werden zu lassen.

Bei der Anwendung des § 32 Abs. 4 AufenthG sind die vom Bundesverwaltungsgericht in seinem Urteil v. 18.11.1997 – 1 C 22.96, InfAuslR 1998, 161, entwickelten Grundsätze entsprechend anzuwenden. Unter Berücksichtigung der Umstände des Einzelfalls und unter Abwägung der öffentlichen und privaten Interessen ist darauf abzustellen, ob die Versagung der Aufenthaltserlaubnis das minderjährige Kind in den Folgen deutlich ungleich schwerer trifft als vergleichbare Ausländer. Anknüpfend an die Tatsache, dass das Kind bisher im Heimatland geblieben war, ist insoweit eine wesentliche Veränderung der konkreten Lebensumstände, die den Verbleib im Ausland bisher ermöglichten, zu berücksichtigen (BVerwG, Urt. v. 24.10.1996 – 1 B 180/96).

Das Umgangsrecht eines Elternteils nach § 1685 Abs. 1 und 2 BGB ist wie das nach Art. 6 Abs. 2 GG geschützte Elternrecht auf das Kindeswohl ausgerichtet und deshalb ein Recht im Interesse des Kindes (vgl. BVerfG, Beschl. v. 9.1.2009 – 2 BvR 1064/08, InfAuslR 2009,150; BVerfG, Urt. v. 1.4.2008, NJW 2008, 1287, zu Art. 6 GG; *Pfaff*, Die Beachtung des Kindeswohles – Normierungsdefizite im Ausländerrecht, ZAR 2009, 81). Falls der mit dem minderjährigen ledigen Kind umgangsberechtigte Elternteil einen Aufenthaltstitel besitzt (§ 29 Abs. 1 Nr. 1 AufenthG) und die Ausübung des Umgangsrechts dem Kindeswohl dient, kann ein Härtefall nach § 32 Abs. 4 AufenthG vorliegen. Nach § 1685 Abs. 1 und 2 BGB haben enge Bezugspersonen des Kindes ein Recht auf Umgang mit ihm, wenn sie für das

Kind tatsächliche Verantwortung tragen oder getragen haben und der Umgang dem Wohl des Kindes dient. Nach der Regelvermutung des § 1685 Abs. 2 Satz 2 BGB genügt es, dass der umgangsberechtigte Elternteil Verantwortung für das Kind in der Vergangenheit getragen hat, dass damit eine sozial-familiäre Beziehung zu dem Kind begründet wurde und dass dieser Elternteil deshalb für das Kind – jedenfalls in der Vergangenheit – eine enge Bezugsperson war (vgl. BGH, Beschl. v. 9.2.2005, FamRZ 2005, 705). In diesem Fall ist das Umgangsrecht auf das Wohl des Kindes ausgerichtet (vgl. OVG Hamburg, Beschl. v. 17.6.2008 – 4 Bs 76/08, InfAuslR 2008, 389; in Abgrenzung zu VGH Mannheim, Beschl. v. 22.11.2006, AuAS 2007, 38, Umgangsrecht als rechtliches Abschiebungshindernis verneint).

Hinweis:
So ist bei der Anwendung des § 32 Abs. 4 AufenthG hinsichtlich des Kindernachzugs in besonderen Härtefällen stets das Kindeswohl in die Erwägungen einzubeziehen und nach dem Grundsatz der Verhältnismäßigkeit zugunsten des Kindes besonders zu gewichten (vgl. *Benassi*, Kindeswohlvorrang ins Grundgesetz, InfAuslR 2011, 428, 429, zur Abwägungsleitlinie und Argumentationslast; *Salzberger*, Familienpsychologische Gutachten, 5. Aufl. 2011, zum Verfahrenswissen und diagnostischen Vorgehen bei der Begutachtung durch den gerichtlich bestellten Sachverständigen).

10. Kindernachzug – Geburt eines Kindes im Bundesgebiet

10.1 Allgemeines

Die Erteilung einer Aufenthaltserlaubnis bei Geburt eines Kindes im Bundesgebiet nach § 33 Satz 1 und 2 AufenthG setzt keinen Antrag bei der Ausländerbehörde nach § 81 Abs. 1 AufenthG voraus. Die Aufenthaltserlaubnis ist daher dem im Bundesgebiet geborenen Kind „von Amts wegen" zu erteilen. Keine Rolle spielt, ob die Eltern des Kindes miteinander verheiratet sind. Die Mitteilung über die Geburt eines Kindes erfolgt über die Meldebehörde (§ 72 Nr. 7 AufenthV).

Die Eltern-Kind-Beziehung muss grundsätzlich zum Zeitpunkt der Geburt bestehen. Zu diesem Zeitpunkt müssen die betreffenden Elternteile den entsprechenden Aufenthaltstitel besitzen. Im Falle der Adoption des im Bundesgebiet geborenen Kindes durch einen Ausländer, der im Zeitpunkt der Geburt des Adoptivkindes einen entsprechenden Aufenthaltstitel besitzt, können die Voraussetzungen des § 33 Satz 1 und 2 AufenthG erfüllt werden.

In Abgrenzung zu § 33 Satz 3 AufenthG findet § 81 Abs. 2 Satz 2 AuslG nur auf die im Bundesgebiet geborenen Kinder Anwendung, deren Elternteile keinen Aufenthaltstitel besitzen, die nicht von der Aufenthaltstitelpflicht befreit sind und bei denen die Voraussetzungen für eine Erteilung von Amts wegen daher nicht erfüllt sind. Besitzt ein Elternteil des im Bundesgebiet geborenen Kindes ein Visum oder darf er sich visumfrei im Bundesgebiet aufhalten (vgl. Art. 2 EUVisumVO), findet § 33 Satz 3 AufenthG Anwendung.

Die Verlängerung der Aufenthaltserlaubnis und die Erlangung eines eigenständigen Aufenthaltsrechts für das im Bundesgebiet geborene Kind richten sich nach § 34 AufenthG. Unter den Voraussetzungen des § 34 Abs. 1 AufenthG besteht ein Verlängerungsanspruch.

§ 33 Satz 1 und 2 AufenthG findet auch in den Fällen des § 29 Abs. 3 Satz 1 AufenthG, in denen die Elternteile des im Bundesgebiet geborenen Kindes eine Aufenthaltserlaubnis aus humanitären Gründen nach §§ 22, 23 Abs. 1 oder § 25 Abs. 3 AufenthG besitzen, Anwendung.

Beispiel:

Besitzt die Mutter nur eine Aufenthaltserlaubnis nach § 25 Abs. 5 AufenthG und der Vater keinen Aufenthaltstitel, kann dem im Bundesgebiet geborenen Kind unter Berücksichtigung des Ausschlusstatbestandes nach § 29 Abs. 3 Satz 3 AufenthG nur aus eigenem Recht (Art. 6 GG, Art. 7 GRCh; Art. 8 EMRK), aber nicht im Wege eines Familiennachzugs eine Aufenthaltserlaubnis nach § 25 Abs. 5 AufenthG auf Antrag erteilt werden. Die Erteilung einer Aufenthaltserlaubnis orientiert sich am mehr oder weniger gefestigten Aufenthaltsrecht der Eltern im Bundesgebiet. Für die spätere Erteilung einer Niederlassungserlaubnis ist nicht unmittelbar § 35 AufenthG, sondern § 26 Abs. 4 Satz 4 AufenthG (Rechtsgrundverweisung) maßgebend.

I

Hinweis:

Kinder türkischer Arbeitnehmer, die im Bundesgebiet geboren sind, können nach Maßgabe des Art. 7 Satz 1 ARB 1/80 ein Beschäftigungs- und Aufenthaltsrecht erlangen, wenn ihnen ein Aufenthaltsrecht nach § 33 Satz 1 oder 2 AufenthG eingeräumt worden ist (vgl. VGH Mannheim, Urt. v. 30.4.2008 – 11 S 1705/06, AuAS 2008, 266). Sie müssen daher nicht zwingend im Wege des Familiennachzugs in das Bundesgebiet eingereist sein.

10.2 Ermessenserteilung

Bei der Ermessensausübung nach § 33 Satz 1 AufenthG in Fällen, in denen nur ein Elternteil einen entsprechenden Aufenthaltstitel besitzt, ist dem besonderen Schutz der Familie nach Art. 6 GG, insbesondere dem Kindeswohl, mit einem personensorgeberechtigten Elternteil etwa in Ausübung des Umgangsrechts zusammenleben zu können, besondere Bedeutung beizumessen.

Beispiele:

- Lebt das Kind in einer familiären Lebensgemeinschaft mit beiden Elternteilen, kann das Ermessen im Hinblick auf die Bedeutung des Umgangsrechts beider Elternteile mit dem Kind (vgl. BVerfG, Beschl. v. 8.12.2005 – 2 BvR 1001/04, InfAuslR 2006, 122) unter Würdigung des Kindeswohls (Art. 24 GRCh) „auf Null" reduziert sein. Für den Elternteil, der in diesem Fall keinen Aufenthaltstitel besitzt, kann die Erteilung einer Aufenthaltserlaubnis nach § 25 Abs. 5 AufenthG dann in Betracht kommen, wenn ihm eine kurzfristige Trennung von dem Kind zur Einholung eines Visums (vgl. § 5 Abs. 2 AufenthG) nicht zugemutet werden kann (vgl. VG Freiburg, Beschl. v. 3.6.2008 – 7 K 569/08, AuAS 2008, 182); mangels Vorliegens eines Anspruchs findet § 39 Nr. 3 oder 5 AufenthV keine Anwendung.

- Lebt das Kind lediglich mit einem personensorgeberechtigten Elternteil, der keinen entsprechenden Aufenthaltstitel besitzt, zusammen und übt der andere personensorgeberechtigte Elternteil, der den entsprechenden Aufenthaltstitel besitzt, sein Personensorge- oder Umgangsrecht auch in Zukunft nicht aus, kann es insbesondere das Kindeswohl gebieten, die Aufenthaltserlaubnis im Ermessenswege dann zu versagen, wenn der andere Elternteil, der die Personensorge tatsächlich ausübt, die Voraussetzungen für die Erteilung eines Aufenthaltstitels nach der Einreise nicht zu erfüllen vermag.

10.3 Anspruchserteilung

Der Anspruch nach § 33 Satz 2 AufenthG in Fällen, in denen beide Elternteile die entsprechenden Aufenthaltstitel besitzen, setzt nach § 27 Abs. 1 AufenthG eine familiäre Lebensgemeinschaft der gemeinsamen Eltern oder des allein personensorgeberechtigten Elternteils mit dem im Bundesgebiet geborenen Kind voraus. Er besteht abweichend von den allgemeinen Erteilungsvoraussetzungen nach § 5 AufenthG und des Vorhandenseins ausreichenden Wohnraums gemäß § 29 Abs. 1 Nr. 2 AufenthG. Der Kann-Versagungsgrund des § 27 Abs. 3 AufenthG ist jedoch zu beachten; liegt ein entsprechender Versagungsgrund vor, entscheidet die Ausländerbehörde nach Ermessen.

Der Aufenthalt des Kindes nach der Geburt im Bundesgebiet ist rechtmäßig. Die Geltungsdauer der Aufenthaltserlaubnis ist daher rückwirkend auf den Zeitpunkt der Geburt zu bemessen.

10.4 Eintritt der Rechtmäßigkeitsfiktion bei der Geburt

Besitzt ein Elternteil des im Bundesgebiet geborenen Kindes zum Zeitpunkt der Geburt ein Visum oder darf er sich visumfrei im Bundesgebiet aufhalten (vgl. Art. 2 EUVisumVO; § 15 AufenthV), gilt nach § 33 Satz 3 AufenthG der Aufenthalt des Kindes bis zum Ablauf des Visums oder bis zum Wegfall des visumfreien Aufenthalts als erlaubt (Rechtmäßigkeitsfiktion). Die Rechtmäßigkeitsfiktion tritt mit der Geburt automatisch ein und erlischt ebenfalls automatisch beim Ablauf des Visums oder Wegfall des visumfreien Aufenthalts. Die Fiktionswirkung tritt unter den Voraussetzungen des § 33 Satz 3 AufenthG im Gegensatz zu den Fällen des § 81 Abs. 2 Satz 2 AufenthG kraft Gesetzes ein.

Der Eintritt der Fiktionswirkung erfordert daher nicht den Erlass eines Verwaltungsakts, sondern darüber wird nur eine Bescheinigung nach § 78 Abs. 7 AufenthG (von Amts wegen) ausgestellt. Wird vor der Beendigung des rechtmäßigen Aufenthalts ein Antrag auf Erteilung einer Aufenthaltserlaubnis zum Zweck des Kindernachzugs gestellt, gilt der Aufenthalt bis zur Entscheidung der Ausländerbehörde als erlaubt (§ 81 Abs. 3 Satz 1 AufenthG). Bei einer verspäteten Antragstellung gilt die Abschiebung als ausgesetzt (§ 81 Abs. 3 Satz 2 AufenthG). Die Entscheidung der Ausländerbehörde über die Ersterteilung einer Aufenthaltserlaubnis zum Kindernachzug richtet sich nach § 32 AufenthG.

11. Verlängerung der Aufenthaltserlaubnis

Auf die Verlängerung der nach § 32 oder § 33 Satz 1 oder 2 AufenthG erteilten Aufenthaltserlaubnis besteht gemäß § 34 Abs. 1 AufenthG ein Anspruch, der bis zur Erlangung eines eigenständigen Aufenthaltsrechts durch das nachgezogene Kind nach § 34 Abs. 2 AufenthG oder bis zur Erteilung einer Niederlassungserlaubnis nach § 9 oder § 35 oder einer Erlaubnis zum Daueraufenthalt-EU nach § 9a AufenthG reicht.

In den Verlängerungsfällen des § 34 Abs. 1 AufenthG ist das Bestehen eines Ausweisungsinteresses gemäß § 5 Abs. 1 Nr. 2 AufenthG im Regelfall relevant. Nach § 55 Abs. 2 Nr. 4 AufenthG wiegt das Ausweisungsinteresse insbesondere schwer, wenn der Ausländer minderjährig ist und dessen Eltern oder ein personensorgeberechtigter Elternteil sich rechtmäßig im Bundesgebiet aufhalten. Dieser Ausweisungsschutz dient der Konkretisierung des Auftrags zum Schutz der Familie nach Art. 6 GG, Art. 7 GRCh und Art. 8 EMRK. Er trägt dem Gesichtspunkt Rechnung, dass jugendliche Straftäter in der Regel im besonderen Maße auf den Familienschutz angewiesen sind, um in ein Leben ohne Straftaten zurückzufinden. Diese besondere Schutzwirkung für Minderjährige – wie sie in § 55 Abs. 2 Nr. 4 AufenthG bezüglich der Ausweisung fixiert ist – kann auch im Rahmen der Entscheidung über die Verlängerung der Aufenthaltserlaubnis nach § 34 Abs. 1 AufenthG bei einem im Bundesgebiet geborenen und aufgewachsenen minderjährigen Ausländer, dessen Eltern sich hier erlaubt aufhalten, erheblich sein und eine Atypik begründen. Die Verlängerung der Aufenthaltserlaubnis kann in diesem Fall nur unter ähnlich strengen Voraussetzungen versagt werden, wie sie für die Ausweisung Minderjähriger gelten (vgl. BVerwG, Urt. v. 16.7.2002 – 1 C 8/02, InfAuslR 2003, 217; VGH Mannheim, Beschl. v. 23.10.2006 – 11 S 387/06).

7 Nachzug der Eltern und sonstiger Familienangehöriger zur Vermeidung einer außergewöhnlichen Härte

1. Elternnachzug zu unbegleiteten Flüchtlingskindern und Resettlement-Flüchtlingen

§ 36 Abs. 1 AufenthG ist im Rahmen des ersten Richtlinienumsetzungsgesetzes v. 19.8.2007 (BGBl. I S. 1970) in Umsetzung des Art. 10 Abs. 3 Buchst. a FamiliennachzugRL/EU in das Aufenthaltsgesetz eingefügt worden (vgl. *Heinhold*, Der Elternnachzug nach § 36 Abs. 1 AufenthG, ZAR 2012, 142–147). Diese Regelung begünstigt unbegleitete Minderjährige, die ein Asylverfahren erfolgreich durchlaufen haben (Asyl- und international Schutzberechtigte) und gewährt einen gesetzlichen Anspruch auf Erteilung einer Aufenthaltserlaubnis in Abweichung von § 5 Abs. 1 Nr. 1 AufenthG (Sicherung des Lebensunterhalts) und von § 29 Abs. 1 Nr. 2 AufenthG (Verfügung über ausreichenden Wohnraum).

Die Eltern minderjähriger Resettlement-Flüchtlinge, die eine Aufenthaltserlaubnis nach § 23 Abs. 4 AufenthG besitzen, sind durch Art. 1 Nr. 20 des Gesetzes zu Neubestimmung des Bleiberechts und der Aufenthaltsbeendigung v. 27.7.2015 (BGBl. I S. 1386) in den nach § 36 Abs. 1 AufenthG anspruchsberechtigten Personenkreis einbezogen worden.

„Unbegleiteter Minderjähriger" (vgl. Art. 2 Buchst. f FamiliennachzugRL/EU, zum Begriff; § 104a Abs. 2 Satz 2 AufenthG) ist in diesem Sinne ein Drittstaatsangehöriger oder Staatenloser unter 18 Jahren, der ohne Begleitung

- eines für ihn nach den Gesetzen oder nach Gewohnheitsrecht verantwortlichen Erwachsenen nach Deutschland einreist, solange er sich nicht tatsächlich in der Obhut einer solchen Person befindet, oder

- im Bundesgebiet zurückgelassen wird, nachdem er in das Bundesgebiet eingereist ist.

„Flüchtling" ist der unbegleitete Minderjährige dann, wenn er als Drittstaatsangehöriger oder Staatenloser eine Aufenthaltserlaubnis nach § 25 Abs. 1 oder 2 AufenthG oder eine Niederlassungserlaubnis nach § 26 Abs. 3 AufenthG besitzt (vgl. Art. 2 Buchst. b FamiliennachzugRL/EU).

I. Aufenthalt aus familiären Gründen

Hält sich ein unbegleiteter Minderjähriger im Bundesgebiet auf und besitzt der eine Aufenthaltserlaubnis nach § 25 Abs. 1 oder 2 AufenthG oder eine Niederlassungserlaubnis nach § 26 Abs. 3 AufenthG (anerkannter Asyl- oder international Schutzberechtigter), so ist seinen Verwandten in gerader aufsteigender Linie ersten Grades (Elternteile, Adoptivelternteile) nach § 36 Abs. 2 Satz 1 AufenthG zum Zweck der Familienzusammenführung eine Aufenthaltserlaubnis (auch Visum) zu erteilen. Vorausgesetzt wird jedoch, dass sich im Zeitpunkt der Entscheidung kein sorgeberechtigter Elternteil im Bundesgebiet aufhält. In den Fällen des § 36 Abs. 1 AufenthG besteht ein gesetzlicher Anspruch auf Erteilung einer Aufenthaltserlaubnis.

Hinweise:

- Der Nachzugsanspruch beider Elternteile nach § 36 Abs. 1 AufenthG besteht nur bis zu dem Zeitpunkt, zu dem das Kind volljährig wird. Danach entfällt grundsätzlich die familienbezogene Schutzwirkung der elterlichen Sorge zum Wohl des unbegleiteten minderjährigen Kindes. Anders als in den Fällen des Kindernachzugs nach § 32 AufenthG reicht eine Antragstellung vor Erreichen der Volljährigkeit nicht aus, um den Anspruch zu erhalten. Durch eine (gezielte) Verfahrensverzögerung der Behörde darf jedoch der Nachzugsanspruch nicht vereitelt werden. Um einen Rechtsnachteil durch eine Verfahrensverzögerung nicht hinnehmen zu müssen, haben die Eltern die Möglichkeit, ihren Anspruch im Visumverfahren mit Hilfe einer einstweiligen Anordnung nach § 123 VwGO rechtzeitig vor Erreichen der Volljährigkeit des Kindes effektiv durchzusetzen (vgl. BVerwG, Urt. v. 18.4.2013 – 10 C 9.12, NVwZ 2013, 1344).

- Bei Vorliegen eines gesetzlichen Anspruchs auf Erteilung einer Aufenthaltserlaubnis lässt sich zwar die Sperrklausel des § 10 Abs. 1 oder Abs. 3 AufenthG überwinden. Dies ist jedoch in den Fällen des § 36 Abs. 1 AufenthG bei Anwesenheit eines sorgeberechtigten Elternteils im Bundesgebiet dann nicht mehr beachtlich, da in diesem Fall Nachzugsvoraussetzungen nicht mehr vorliegen.

2. Nachzug zur Vermeidung einer außergewöhnlichen Härte

Sonstigen Familienangehörigen kann im Ermessenswege eine Aufenthaltserlaubnis erteilt werden, wenn dies zur Vermeidung einer außergewöhnlichen Härte erforderlich ist (§ 36 Abs. 2 Satz 1 AufenthG). Diese im Nachzugsbereich auf exzeptionelle Fallkonstellationen reduzierte Härtefallklausel normiert die besondere Schutzwirkung des Art. 6 GG in Fällen, die nicht durch §§ 27 bis 35 AufenthG gedeckt sind und in denen dem rechtsstaatlichen Grundsatz der Verhältnismäßigkeit besondere Bedeutung beizumessen ist.

§ 36 Abs. 2 Satz 1 AufenthG kommt dabei insbesondere für den Nachzug folgender Fallgruppen in Betracht:

- Volljährige Kinder zu ihren Eltern,

- Eltern zu ihren ausländischen Kindern, Stief- und Pflegekindern (nicht Mündel),

- Nachzug von Großeltern.

Voraussetzung ist, dass eine familiäre Lebensgemeinschaft (§ 27 Abs. 1 AufenthG) in der Form einer Betreuungsgemeinschaft sowie ein außergewöhnlicher Härtefall vorliegt. Die familiäre Lebensgemeinschaft muss unter diesen Voraussetzungen tatsächlich gelebt werden.

Eine außergewöhnliche Härte i. S. d. § 36 Abs. 2 Satz 1 AufenthG wird dann angenommen, wenn sich die Ablehnung unter Berücksichtigung von Art. 6 GG im Vergleich zu den gesetzlich geregelten Fällen des Ehegatten- und Kindernachzugs als außergewöhnlich darstellt.

Mit der Tatbestandsvoraussetzung der außergewöhnlichen Härte wollte der Gesetzgeber in § 36 Abs. 2 Satz 1 AufenthG die bisherige Praxis (vgl. § 22 Satz 1 AuslG 1990) fortschreiben, den Nachzug ausländischer Familienangehöriger, die nicht Ehegatten oder minderjährige Kinder eines hier lebenden Ausländers sind, auf außergewöhnliche Härtefälle zu beschränken.

Beispiel:

Eine außergewöhnliche Härte kann bei besonderer Betreuungsbedürftigkeit wegen Krankheit oder psychischer Not vorliegen.

I. Aufenthalt aus familiären Gründen

Eine außergewöhnliche Härte kann nur angenommen werden, wenn die Ablehnung der Aufenthaltserlaubnis im Einzelfall zu Härten führt, die unter Berücksichtigung des Schutzgebotes aus Art. 6 GG im Vergleich zu den vom Aufenthaltsgesetz in den von §§ 27 bis 35 nicht gedeckten Fällen des Familiennachzugs als außergewöhnlich zu bezeichnen sind. Die bei der Auslegung und Anwendung des unbestimmten Rechtsbegriffs „außergewöhnliche Härte" zu berücksichtigende wertentscheidende Grundsatznorm des Art. 6 Abs. 1 GG, nach welcher der Staat die Familie zu schützen und zu fördern hat, verpflichtet in aufenthaltsrechtlicher Hinsicht zur Berücksichtigung der familiären Bindungen zwischen den sich berechtigterweise im Bundesgebiet aufhaltenden Personen und dem einreisewilligen Ausländer.

Beispiel:

Ein anderweitiger familiärer Schutz i. S. v. Art. 6 Abs. 1 GG kann sich aus dem Verhältnis zwischen dem im Bundesgebiete lebenden Ausländer und dem Zweitehegatten entwickeln. So kann unter dem Aspekt „Nachzug sonstiger Familienangehöriger" der Familiennachzug einer Zweitehefrau unter den erschwerten Voraussetzungen des § 36 Abs. 2 Satz 1 AufenthG zur Vermeidung einer außergewöhnlichen Härte in Betracht kommen, wenn dies mit der Wahrung der ehelichen Lebensgemeinschaft mit der Erstehefrau vereinbar ist und auch diese in die familiäre Hilfestellung eingebunden wird (vgl. VG Berlin, Gerichtsbescheid v. 8.5.2015 – 28 K 93.14 V, AuAS 2015, 146). Die bloße Trennung des Ehemanns von seiner Zweitehefrau stellt für sich allein keine außergewöhnliche Härte dar, da in diesem Fall von Gesetzes wegen kein Ehegattennachzug zugelassen werden kann (vgl. § 30 Abs. 4 AufenthG).

Wird eine familiäre Lebensgemeinschaft zwischen volljährigen Erwachsenen nur als Begegnungsgemeinschaft geführt und bestehen keine Lebensverhältnisse, die einen über die Aufrechterhaltung der Begegnungsgemeinschaft hinausgehenden Schutz angezeigt erscheinen lassen, kann sich aus Art. 6 Abs. 1 GG, Art. 7 GRCh, Art. 8 EMRK kein Anspruch auf Familiennachzug ergeben. Eine derartige Begegnungsgemeinschaft kann grundsätzlich durch wiederholte Besuche, durch Brief- und Telefonkontakte sowie durch Zuwendungen aufrechterhalten werden.

Besondere Schutzwirkungen aus Art. 6 Abs. 1 GG, Art. 7 GRCh, Art. 8 EMRK ergeben sich aber dann, wenn ein Familienmitglied auf die tatsächlich erbrachte Lebenshilfe des anderen Familienmitglieds angewiesen ist und sich diese Hilfe nur in der Bundesrepublik Deutschland erbringen lässt. Unter diesen Voraussetzungen erfüllt die Familie im Kern die Funktion einer Betreuungsgemeinschaft. Kann die familiäre Hilfe nur in der Bundesrepublik Deutschland geleistet werden, weil einem beteiligten Familienmitglied ein Verlassen der Bundesrepublik nicht zumutbar ist, so drängt die Pflicht des Staates, die Familie zu schützen, regelmäßig einwanderungspolitische Belange zurück. In diesen Fällen ist die Beziehung zwischen Eltern und erwachsenen Kindern aufenthaltsrechtlich ähnlich zu bewerten wie die Ehe eines deutschverheirateten Ausländers (vgl. BVerfG, Beschl. v. 12.12.1989, NJW 1990, 895 zum Fall der Erwachsenenadoption; VGH Mannheim, Beschl. v. 5.7.1999, InfAuslR 1999, 417 = VBlBW 1999, 468).

Beispiele:

- Eine Familie kann auch dann die Funktion einer Beistandsgemeinschaft erfüllen, wenn das die Lebenshilfe erbringende Familienmitglied berufstätig ist und deshalb die Hilfe nur während seiner Freizeit leisten kann.

- Liegt eine außergewöhnliche Härte i. S. v. § 36 Abs. 2 Satz 1 AufenthG vor, weil der im Bundesgebiet aufenthaltsrechtlich verfestigte Ausländer auf die persönliche Lebenshilfe des nachzugswilligen Familienangehörigen für nicht absehbare Zeit dringend angewiesen ist (z. B. wegen Pflegebedürftigkeit aufgrund schwerwiegender Erkrankung/Behinderung und/oder fortgeschrittenem Alter mit Pflegebedürftigkeit), können einwanderungspolitische und fiskalische Belange hinter den verfassungsrechtlichen Schutz der Familie nach Art. 6 Abs. 1 GG zurücktreten (vgl. OVG Lüneburg, Beschl. v. 2.11.2006 – 11 ME 197/06, ZAR 2007, 104 = EZAR NF 33 Nr. 7). In diesem Fall müssen besondere Umstände vorliegen, die es nach den verfassungsrechtlichen Wertentscheidungen erfordern, von den Regelerteilungsvoraussetzungen des § 5 Abs. 1 Nr. 1 und 2 AufenthG abzusehen (z. B. Ganztagspflege der mittellosen Bezugsperson).

- Die Betreuung der Enkelkinder durch einen ausländischen Großelternteil stellt grundsätzlich keinen außergewöhnli-

I

chen Härtefall im Sinne von § 36 Abs. 2 Satz 1 AufenthG dar, aufgrund dessen eine Aufenthaltserlaubnis zum Zweck des Familiennachzugs erteilt werden könnte, wenn beide Elternteile der im Bundesgebiet lebenden betreuungsbedürftigen Kinder nicht zwingend gehindert sind, das Personensorgerecht auszuüben. Eine andere Beurteilung ist nur dann gerechtfertigt, wenn die erziehungsberechtigten Eltern aus zwingenden sachlichen Gründen vorübergehend oder auf Dauer an der Ausübung des Personensorgerechts gehindert sind und eine Betreuung durch nahe Verwandte das Kindeswohl erfordert. Ist dieser Umstand zeitlich bedingt (z. B. schwer erkrankte Mutter; Inhaftierung eines Elternteils), kann die Geltungsdauer der Aufenthaltserlaubnis entsprechend zeitlich begrenzt und ein Verlängerungsausschluss nach § 8 Abs. 2 AufenthG, der einen Regelversagungsgrund bewirkt, angeordnet werden. In diesem Fall schafft die Ausländerbehörde keinen Vertrauenstatbestand i. S. v. § 8 Abs. 1 AufenthG, da der Aufenthaltstitel lediglich auf einen vorübergehenden Aufenthaltszweck ausgerichtet ist. Bei einem Verlängerungsausschluss nach § 8 Abs. 2 AufenthG wird mangels routinemäßiger Verlängerung des Aufenthaltstitels kein Vertrauensschutz erzeugt.

■ Hinsichtlich der Gewährung eines Aufenthaltsrechts nach § 36 Abs. 2 Satz 1 AufenthG zur Vermeidung einer außergewöhnlichen Härte ist erheblich, ob die Übertragung des Personensorgerechts für ein deutsches Kind auf die Ausländer nur zum Ziel hatte, ihnen ein Aufenthaltsrecht zu verschaffen (§ 27 Abs. 1a Nr. 1 AufenthG). Andernfalls müssen zwingende Gründe vorliegen, die es erforderlich machten, das Kind den leiblichen Eltern wegzunehmen und etwa in die Betreuungsgemeinschaft der Großeltern im Wege der Pflegschaft aufzunehmen. Liegen solche zwingenden Gründe nicht vor, kann aus der formellen Übertragung der Pflegschaft kein Aufenthaltsrecht hergeleitet werden. Ein entsprechendes Aufenthaltsrecht nach § 36 Abs. 2 Satz 1 AufenthG besteht nicht, wenn die Übertragung der Pflegschaft in kollusivem Zusammenwirken mit den Eltern eines deutschen Kindes, deren Verhalten sich die ausländischen Großeltern zurechnen lassen müssen, missbräuchlich (z. B. bewusst wahrheitswidrig) erfolgt ist, um ihnen ein Aufenthaltsrecht im Bundesgebiet zu verschaffen. Zwar ist auch in diesen Fällen von der Wirksamkeit der Pflegschaft auszugehen, gleichwohl ist es den ausländischen Großeltern verwehrt, ausländerrechtliche Ansprüche auf diese Pflegschaftsübertragung zu stützen.

Die Vermeidung eines offensichtlichen Missbrauchs gebietet es, dass aus der rein formalen Übertragung der Pflegschaft kein aufenthaltsrechtlicher Nutzen gezogen werden kann, da Ausländer ansonsten in den Genuss von Rechtspositionen kämen, auf die sie von Rechts wegen unter Verletzung des Grundsatzes von Treu und Glauben keinen Anspruch haben. Eine andere Beurteilung ist jedoch dann am Platze, wenn sich zwischen dem minderjährigen ledigen Kind und den Großeltern ein persönliches Verhältnis entwickelt hat, wie es ansonsten in einem Eltern-Kind-Verhältnis gelebt wird und das Zusammenleben dem Kindeswohl etwa nach einer Stellungnahme des Jugendamts förderlich ist.

- Der Nachzug von ausländischen Enkelkindern (z. B. Vollwaisen) zu ausländischen Großeltern ist in § 36 Abs. 2 Satz 1 AufenthG in einer an das Vorliegen einer außergewöhnlichen Härte geknüpften Ermessensentscheidung geregelt. Die insoweit erheblichen Umstände können daher im Rahmen des § 36 Abs. 2 Satz 1 AufenthG berücksichtigt werden.

- Im Fall der Erwachsenenadoption hat das Bundesverfassungsgericht die Beistandsgemeinschaft sogar für den Fall angenommen, dass die Adoptivmutter pflegebedürftig in einem Kurstift wohnte, also keine Haushaltsgemeinschaft mit dem Ausländer bestand und dieser berufstätig war. Es hat allerdings für die Annahme einer Beistandsgemeinschaft gefordert, dass die wesentliche Hilfe von dem Familienmitglied und nicht von anderen Personen geleistet wird. Für die aufenthaltsrechtlichen Schutzwirkungen des Art. 6 Abs. 1 GG kommt es somit nicht darauf an, ob die Beistandsgemeinschaft als Haushaltsgemeinschaft gelebt wird oder ob die von einem Familienmitglied tatsächlich erbrachte Lebenshilfe auch von anderen Personen erbracht werden kann (vgl. BVerfG, Beschl. v. 23.1.2006 – 2 BvR 1935/05, NVwZ 2006, 682; BVerfG, Beschl. v. 31.8.1999 – 2 BvR 1523/99, NVwZ 2000, 59; BVerfG, Beschl. v. 25.10.1995, DVBl 1996, 195).

I

- Die mit einem Krieg oder Hungersnot im Herkunftsstaat verbundenen existenziellen Gefahren und schwierigen Lebensbedingungen begründen keinen außergewöhnlichen Härtefall i. S. v. § 36 Abs. 2 Satz 1 AufenthG (vgl. VGH Mannheim, Urt. v. 3.11.1993 – 11 S 881/93, VBlBW 1994, 21). Diese Umstände können sich im Einzelfall zu einer Gefahrenlage verdichten und insoweit ein zwingendes Abschiebungsverbot, das eine Duldung nach § 60a Abs. 2 Satz 1 AufenthG erfordert, herbeiführen.

- Eine außergewöhnliche Härte i. S. v. § 36 Abs. 2 Satz 1 AufenthG liegt nicht schon deshalb vor, weil bei dem im Bundesgebiet lebenden Familienangehörigen Suizidgefahr besteht (vgl. VGH Mannheim, Beschl. v. 7.10.1999 – 11 S 586/99). Diese Gefahr wird grundsätzlich nicht durch die mit § 36 Abs. 2 Satz 1 AufenthG bezweckte Herstellung und Wahrung einer unter den Schutz des Art. 6 Abs. 1 GG fallenden familiären Lebensgemeinschaft vermieden, sondern ihr kann unter Berücksichtigung der besonderen Umstände des Einzelfalls durch einen vorübergehenden oder dauerhaften Ausschluss einer zwangsweisen Rückkehr des für eine Hilfeleistung in Betracht kommenden Ausländers im Wege der Duldung nach § 60a Abs. 2 Satz 3 AufenthG effektiv begegnet werden, wenn diese Hilfe zunächst nur im Bundesgebiet geleistet werden kann.

- Die Wahl des Aufenthaltstitels für eine bloße Hilfeleistung eines sonstigen Familienangehörigen richtet sich nach § 25 Abs. 4 Satz 1 AufenthG, wenn sich der Aufenthaltszweck von vornherein auf einen seiner Natur nach nur vorübergehenden Aufenthalt beschränkt (z. B. Mithilfe im Haushalt). Das Hineinwachsen in eine Zuwanderung (vgl. § 1 Abs. 1 AufenthG) verhindert in solchen Fällen ein Verlängerungsausschluss nach § 8 Abs. 2 AufenthG. Hingegen ist der in § 36 Abs. 2 Satz 1 AufenthG genannte Aufenthaltszweck, was sich auch aus § 36 Abs. 2 Satz 2 AufenthG schließen lässt, auf einen Daueraufenthalt angelegt und schließt eine rechtliche Verfestigung des Aufenthalts (§ 9, § 9a AufenthG) nicht aus. Daher eröffnet § 36 Abs. 2 Satz 1 AufenthG beim Familiennachzug in außergewöhnlichen Härtefällen eine Zuwanderung (vgl. BVerfG, InfAuslR 1987, 37, 38, zum Begriff).

3. Ermessensausübung

§ 36 Abs. 2 Satz 1 AufenthG setzt für eine Ermessensausübung voraus, dass

- eine familiäre Lebensgemeinschaft nach § 27 Abs. 1 AufenthG hergestellt und gewahrt wird und

- die Erteilung einer Aufenthaltserlaubnis zur Vermeidung einer außergewöhnlichen Härte „erforderlich" ist.

Die Ermessensausübung wird begrenzt durch Verfassungsrecht (Art. 7 GRCh; Art. 6 GG), Völkerrecht (Art. 8 EMRK) und die rechtsstaatlichen Grundsätze; § 5, § 27 Abs. 3 und § 29 Abs. 1 und 3 AufenthG finden Anwendung; Sperrklauseln (§ 10 Abs. 1 und 3, § 11 Abs. 1, 6 oder 7 AufenthG) sind zu berücksichtigen. Für die Güter- und Interessenabwägung ist auch im Lichte des Sozialstaatsprinzips maßgebend, wie dringend der im Bundesgebiet lebende Verwandte auf die persönliche Betreuung angewiesen ist und ob dessen Aufenthalt Nachteile für die Allgemeinheit mit sich bringen kann (z. B. er fällt nach der Einreise der öffentlichen Hand zur Last).

Das Merkmal der Erforderlichkeit ist jedoch eingeschränkt. Es kommt nicht darauf an, ob die von einem Familienmitglied zu erbringende Lebenshilfe auch von anderen Personen im Bundesgebiet erbracht werden könnte (vgl. BVerfG, BayVBl. 1996, 144; BVerfG, Beschl. v. 12.12.1989 – 2 BvR 377/88, NJW 1990, 895, 896 = InfAuslR 1990, 74).

4. Verlängerung der Aufenthaltserlaubnis

Für volljährige Familienangehörige, die nach § 36 Abs. 2 Satz 1 AufenthG nachgezogen sind, findet nach § 36 Abs. 2 Satz 2 AufenthG die Verlängerungsvorschrift des § 30 Abs. 3 AufenthG (Ehegattennachzug), die Erleichterungen in Bezug auf die Sicherung des Lebensunterhalts und der Verfügbarkeit ausreichenden Wohnraums enthält, sowie die Regelung über die Verlängerung der Aufenthaltserlaubnis zur Erlangung eines eigenständigen Aufenthaltsrechts nach § 31 AufenthG entsprechende Anwendung.

Für minderjährige Familienangehörige, die nach § 36 Abs. 2 Satz 1 AufenthG nachgezogen sind, findet nach § 36 Abs. 2 Satz 2 AufenthG die Verlängerungsvorschrift des § 34 AufenthG entsprechende Anwendung. Nachgezogene Minderjährige erwerben daher gemäß § 34 Abs. 2 AufenthG ein eigenständiges Aufenthaltsrecht.

8 Eigenständiges Aufenthaltsrecht der Familienangehörigen

1. Allgemeines

Entfällt der Aufenthaltszweck „Aufenthalt aus familiären Gründen" nach Kapitel 2 Abschnitt 6 des Aufenthaltsgesetzes, kann die Aufenthaltserlaubnis grundsätzlich nicht mehr verlängert werden, es sei denn, der Familienangehörige hat

- nach § 28 Abs. 3, § 31 oder § 34 Abs. 2 AufenthG ein vom bisherigen Aufenthaltszweck unabhängiges eigenständiges Aufenthaltsrecht erlangt,
- sich nach § 9, § 9a, § 28 Abs. 2 Satz 1, § 31 Abs. 3 oder § 35 AufenthG rechtlich verfestigt oder
- einen anderen Aufenthaltszweck nach dem Aufenthaltsgesetz erfüllt bzw. ein höherrangiges Aufenthaltsrecht (z. B. nach Art. 6 Abs. 1 oder Art. 7 ARB 1/80) erlangt.

Die Frist einer bereits erteilten oder verlängerten Aufenthaltserlaubnis für den Aufenthaltszweck „Aufenthalt aus familiären Gründen" kann nach § 7 Abs. 2 Satz 2 AufenthG auch nachträglich im Ermessenswege verkürzt werden, wenn eine für die Erteilung, Verlängerung oder Bestimmung der Geltungsdauer wesentliche Voraussetzung entfallen ist und nicht vorrangig ein Widerruf nach § 52 AufenthG oder eine Rücknahme nach § 48 (L)VwVfG in Betracht kommt.

Ein eigenständiges Aufenthaltsrecht kann nicht erlangt werden, wenn ein Missbrauch des Aufenthaltszwecks „Aufenthalt aus familiären Gründen" nach § 27 Abs. 1a AufenthG vorliegt (vgl. auch Art. 35 FreizügRL/EU, zum Rechtsmissbrauch). Gleiches gilt in Bezug auf die Erlangung eines höherrangigen Aufenthaltsrechts (z. B. nach Art. 6 Abs. 1 oder Art. 7 ARB 1/80).

Beispiele:

- Erlangt der Ehegatte kein eigenständiges Aufenthaltsrecht nach § 31 Abs. 1 und 2 AufenthG und besitzt er noch eine gültige Aufenthaltserlaubnis, kann nach § 7 Abs. 2 Satz 2 AufenthG die Geltungsdauer der Aufenthaltserlaubnis verkürzt werden. Mit der Verkürzung der Geltungsdauer besitzt der Ausländer zwar keine Aufenthaltserlaubnis mehr (vgl. § 84 Abs. 2 Satz 1 AufenthG). Der Ausländer darf jedoch die Beschäftigung während des Anfechtungsverfahrens nach Maßgabe des § 84 Abs. 2 Satz 2 AufenthG zumindest bis zum Ablauf der Geltungsdauer der Aufenthaltserlaubnis bzw. der zuletzt erteilten Zustimmung fortsetzen.

Eine Maßnahme nach § 7 Abs. 2 Satz 2 AufenthG kommt grundsätzlich dann nicht in Betracht, wenn der Ehegatte die Voraussetzungen für eine Arbeitsmigration nach §§ 18, 19, 19a oder 21 AufenthG unabhängig von § 27 Abs. 5 AufenthG erfüllt. Die allgemeinen Erteilungsvoraussetzungen des § 5 AufenthG müssen vorliegen. Im Anwendungsbereich des § 18 AufenthG muss er daher die Voraussetzungen für eine Beschäftigung nach der Beschäftigungsverordnung (BeschV) wie ein neu einreisender Ausländer erfüllen. Die Ermessensausübung nach § 18 AufenthG ist jedoch nach § 5 Abs. 1 Nr. 2 und 3 AufenthG beschränkt, wenn der Ehegattennachzug etwa auf einer Scheinehe (§ 27 Abs. 1a Nr. 1, § 95 Abs. 2 Nr. 2 AufenthG) beruht.

Fehlt es von vornherein an einer ehelichen Lebensgemeinschaft und lagen entgegen den Angaben des Ausländers (vgl. auch § 55 Abs. 2 Nr. 1, § 95 Abs. 2 Nr. 2 AufenthG) die Voraussetzungen für einen Ehegattennachzug nach § 27 Abs. 1a AufenthG nicht vor, kommt ein eigenständiges Aufenthaltsrecht nicht zustande. In diesem Fall sind wegen Erschleichens der Aufenthaltserlaubnis durch Täuschung Rücknahmegründe nach § 48 VwVfG erfüllt. In diesem Fall kann auch eine unerlaubte Einreise nach § 14 Abs. 1 Nr. 2a AufenthG vorliegen, die kraft Gesetzes eine vollziehbare Ausreisepflicht nach § 58 Abs. 2 Satz 1 Nr. 1 AufenthG bewirkt.

■ Ein türkischer Arbeitnehmer erwirbt im Falle einer durch Vortäuschen einer ehelichen Lebensgemeinschaft (= Scheinehe nach § 27 Abs. 1a Nr. 1 AufenthG) erlangten Aufenthaltserlaubnis kein Aufenthaltsrecht nach Art. 6 Abs. 1 oder Art. 7 Satz 1 ARB 1/80. In diesem Fall fehlt es an der erforderlichen ordnungsgemäßen Beschäftigung i. S. d. Art. 6 Abs. 1 ARB 1/80, da diese von vornherein umstritten ist. Dies gilt unabhängig davon, ob der Täuschende wegen seines Verhaltens bestraft worden ist bzw. freigesprochen wurde, weil etwa die Ehefrau im Strafverfahren die Aussage ver-

I

weigert hat. Unerheblich ist auch, ob frühere Aufenthaltserlaubnisse gemäß § 48 VwVfG zurückgenommen wurden,
da diese wegen Erschleichens durch Täuschung ohnehin
keine ordnungsgemäße Beschäftigung begründen konnten
(vgl. BVerwG, Urt. v. 12.4.2005 – 1 C 9/04; BVerwG, Urt. v.
17.06.1998 – 1 C 27/96, Buchholz 402.240 § 46 AuslG 1990
Nr. 4).

2. Eigenständiges Aufenthaltsrecht für Ehegatten und Lebenspartner

2.1 Verselbstständigung des Aufenthaltsrechts des Ehegatten und Lebenspartners

Bei „Aufhebung" der ehelichen Lebensgemeinschaft entsteht für
ausländische Ehegatten und Lebenspartner von Deutschen (§ 27
Abs. 2, § 28 Abs. 3 i. V. m. § 31 AufenthG) und von Ausländern (§ 31
AufenthG) unter bestimmten Voraussetzungen ein eigenständiges,
vom Zweck des Familiennachzugs unabhängiges Aufenthaltsrecht
(Verselbstständigung des Aufenthaltsrechts), wenn die Aufenthaltserlaubnis gemäß § 31 Abs. 1 AufenthG verlängert oder eine Niederlassungserlaubnis gemäß § 31 Abs. 3 AufenthG erteilt wird. Ein
eigenständiges Aufenthaltsrecht erlangt ein Ehegatte oder Lebenspartner nur dann, wenn er eine Aufenthaltserlaubnis nach Kapitel 2
Abschnitt 6 des Aufenthaltsgesetzes (Familiennachzug) besitzt.

Hinweise:

■ Die Verlängerungsvorschrift des § 31 Abs. 1 AufenthG dient
im Falle der Aufhebung der ehelichen Lebensgemeinschaft
der Erlangung eines vom Ehegattennachzug abgekoppelten
eigenständigen Aufenthaltsrechts. Da sich bei verspäteter
Antragstellung im Ausland der Begriff der Verlängerung
der Aufenthaltserlaubnis i. S. v. § 8 Abs. 1 AufenthG nicht
erfüllen lässt, ist das für die Erlangung eines eigenständigen
Aufenthaltsrechts erforderliche Tatbestandsmerkmal der
Verlängerung nicht erfüllt. Das Visum ist daher zu versagen
(vgl. BVerwG, Urt. v. 22.6.2011 – 1 C 5.10, AuAS 2011, 218 =
InfAuslR 2011, 373); für Ermessen ist kein Raum.

■ Der Besitz einer Aufenthaltserlaubnis nach § 25 Abs. 5
AufenthG (Kapitel 2 Abschnitt 5 des Aufenthaltsgesetzes)

erfüllt diese Anforderungen auch dann nicht, wenn der Aufenthaltstitel aus Gründen des Schutzes der Familie oder des Privatlebens gemäß Art. 6 GG bzw. Art. 8 EMRK erteilt worden ist (vgl. OVG Hamburg, Urt. v. 5.9.2006 – 3 Bf 113/06, ZAR 2007, 70).

2.2 Beisammensein der Ehegatten in einer gemeinsamen Wohnung

Nach § 31 Abs. 1 Satz 1 AufenthG ist erheblich, ob die eheliche Lebensgemeinschaft „aufgehoben" worden ist. Hierauf deutet etwa ein Scheidungsantrag hin. Entscheidungskriterium ist das Nichtbestehen einer ehelichen Beistandsgemeinschaft i. S. v. Art. 6 Abs. 1 GG unabhängig davon, ob die Ehe bereits geschieden ist. Ob ein weitergehendes Beisammensein der Ehegatten in einer gemeinsamen Wohnung nach Wegfall der ehelichen Beistandsgemeinschaft nicht als Trennung im familienrechtlichen Sinne gewertet wird, ist unerheblich. Eine bloße Wohngemeinschaft ist nicht einer ehelichen oder familiären Gemeinschaft i. S. v. § 27 Abs. 1 AufenthG gleichzustellen, zumal diese Lebensform nicht zwingend eine familiäre Lebensgemeinschaft voraussetzt und eine „Scheinehe" begründen könnte. Feststellungen und Entscheidungen des Scheidungsrichters, ob ein weiteres Beisammensein in der Form einer Wohngemeinschaft nach Einreichung des Scheidungsantrags familienrechtlich als Trennung einzustufen ist, entfalten keine Bindungswirkung für die Ausländerbehörde. Kommt sie zu einem anderen Ergebnis, hat sie die gegenteiligen Erwägungen in ihrer angreifbaren Entscheidung plausibel zu machen.

Nach § 31 Abs. 1 Satz 1 Nr. 1 AufenthG (vgl. auch § 28 Abs. 3 AufenthG) wird die Aufenthaltserlaubnis des ausländischen Ehegatten im Falle der Aufhebung der ehelichen Lebensgemeinschaft im Bundesgebiet als eigenständiges, vom Zweck des Familiennachzugs unabhängiges Aufenthaltsrecht für ein Jahr verlängert, wenn die eheliche Lebensgemeinschaft seit mindestens drei Jahren rechtmäßig im Bundesgebiet bestanden hat. Dies ist dann der Fall, wenn der Aufenthalt des ausländischen Ehegatten bis zur Aufhebung der ehelichen Lebensgemeinschaft diese Zeit rechtmäßig angedauert hat und der Ausländer (andere Ehegatte) noch eine Aufenthaltserlaubnis besitzt.

2.3 Prüfungskriterien hinsichtlich des Bestehens einer ehelichen Lebensgemeinschaft

Die Ausländerbehörde hat gemäß § 31 Abs. 1 Satz 1 Nr. 1 AufenthG zu prüfen, ob die eheliche Lebensgemeinschaft „seit mindestens drei Jahren rechtmäßig im Bundesgebiet" bestanden hat und der andere stammberechtigte Ehegatte zuletzt im Besitz einer Aufenthaltserlaubnis war.

Die Schutzwirkung des Art. 6 Abs. 1 GG und der auf das Vorliegen einer ehelichen Lebensgemeinschaft abstellenden ausländerrechtlichen Vorschriften greift nicht schon dann ein, wenn der Ausländer auf den bloßen Bestand einer formal ordnungsgemäß eingegangenen Ehe, also auf die schlichte Tatsache seines Verheiratetseins, verweisen kann. Vielmehr kommt es entscheidend darauf an, ob die durch das Institut der Ehe miteinander verbundenen Personen auch der Sache nach in einer ehelichen Lebensgemeinschaft im Sinne einer die persönliche Verbundenheit der Eheleute zum Ausdruck bringenden Bestandsgemeinschaft leben. Allerdings ist es nicht Sache des Staates, Eheleuten die Art und Weise des persönlichen Umgangs miteinander sowie die organisatorische Gestaltung der zu bewältigenden Arbeitsabläufe vorzuschreiben.

Von einer Aufhebung der ehelichen Lebensgemeinschaft kann ausgegangen werden, wenn die Ehegatten ihr „Füreinander-Dasein" in einer so nachhaltigen Weise aufgegeben haben, dass nicht mehr von einer Bestandsgemeinschaft, sondern allenfalls noch von einer bloßen Begegnungsgemeinschaft gesprochen werden kann; im Rahmen dieser Verhältnisse haben selbst regelmäßige Treffen und Freizeitaktivitäten nur noch den Charakter gegenseitiger Besuche miteinander befreundeter Personen.

Für das Ausländerrecht bedeutet dies, dass Eheleute im Regelfall allein durch Vorlage ihrer Heiratsurkunde und durch den Nachweis, dass sie beide gemeinsam eine Wohnung bewohnen und dort einen gemeinsamen Haushalt führen, das Bestehen einer ehelichen Lebensgemeinschaft belegen können.

Je mehr sich die individuelle Gestaltung einer Ehe indes nach dem äußeren Erscheinungsbild von diesem Regelfall entfernt, desto mehr bedarf es im Zweifelsfall zusätzlicher tatsächlicher Anhaltspunkte, um die Annahme zu rechtfertigen, dass die Beziehung der Ehegatten trotz der Zweifel auslösenden objektiven Umstände gleichwohl den inhaltlichen Kriterien entspricht, wie sie für eine eheliche Lebensgemeinschaft typisch sind.

Beispiel:

Solche Umstände können beispielsweise Zeiten gemeinsamer Freizeitbeschäftigung sein, gemeinsame Besuche bei Verwandten, Freunden und Bekannten, zusammen unternommene Reisen, gegenseitige Unterstützungshandlungen in Fällen von Krankheit oder sonstiger Not, gemeinsames Wirtschaften, Einkaufen, Essen, gemeinsame Kindererziehung oder sonstige praktisch gelebte, deckungsgleiche Interessen der Eheleute, die einen Schluss auf ihre persönliche Verbundenheit zulassen.

Macht die als Zeugin geladene, geschiedene Ehefrau eines Ausländers vor dem Verwaltungsgericht von ihrem Zeugnisverweigerungsrecht (§ 98 VwGO, § 383 Abs. 1 Nr. 2 ZPO) Gebrauch, steht dies der Verwertung ihrer früheren vom Familiengericht beurkundeten Angaben zum anfänglichen Nichtbestehen einer ehelichen Lebensgemeinschaft zwischen ihr und ihrem geschiedenen Ehemann nicht entgegen (vgl. OVG Berlin, Beschl. v. 1.4.2004 – OVG 8 S 27.04).

Haben Ehegatten eine Mitwirkungspflicht bei der Feststellung einer Scheinehe oder des Zeitpunktes der Aufhebung der ehelichen Lebensgemeinschaft?

Eine entsprechende Offenbarungspflicht besteht nicht nach § 82 Abs. 1 AufenthG. Der (deutsche) Ehemann einer Ausländerin hat nach dem Aufenthaltsgesetz keine Mitwirkungspflichten. Weder er noch seine ausländische Ehefrau sind auch verpflichtet, die für sie ungünstigen Umstände (z. B. Aufhebung der ehelichen Lebensgemeinschaft) der Ausländerbehörde mitzuteilen. So ist ein Ausländer mit einer ehebezogenen befristeten Aufenthaltserlaubnis nicht verpflichtet, der Ausländerbehörde das Scheitern seiner Ehe mitzuteilen (vgl. VGH München, Urt. v. 5.2.2002 – 10 B 01.2498, EZAR 019 Nr. 16), es sei denn, er hat sich zu einer entsprechenden Mitwirkung selbst verpflichtet (vgl. BVerwG, Urt. v. 14.5.2013 – 1 C 16.12, InfAuslR 2013, 328).

Es liegt daher an der Ausländerbehörde, im Rahmen des Amtsermittlungsgrundsatzes (§ 26 VwVfG) entsprechende Erhebungen anzustellen. Für die Erhebung personenbezogener Daten

I

gilt § 86 AufenthG und das Datenschutzgesetz des Landes. Hinsichtlich des deutschen Ehemanns kann daher bei der Meldebehörde ermittelt werden, ob er in der angegebenen gemeinsamen Wohnung angemeldet war und zu welchem Zeitpunkt er etwa ausgezogen ist. Auch bei Dritten sind entsprechende Erhebungen erforderlich, wenn Ehegatten nicht bereit sind, diesbezüglich Angaben zu machen. Besteht der begründete Verdacht auf eine Scheinehe, kann wegen unrichtiger Angaben im Visum- oder Antragsverfahren (vgl. § 95 Abs. 2 Nr. 2 AufenthG) Strafanzeige erstattet werden. In diesem Fall kann sich die Ausländerbehörde das Ergebnis des strafrechtlichen Ermittlungsverfahrens bei der Entscheidung, ob von vornherein eine eheliche Lebensgemeinschaft vorlag, zu eigen machen. Liegt eine Scheinehe vor, kann eine Ausweisung mit Sofortvollzug in Betracht kommen.

Liegen konkrete Anhaltspunkte dafür vor, dass die Ehegatten nach der Heirat zu keinem Zeitpunkt zusammengelebt haben, liegt der Verdacht auf eine Scheinehe nahe. Dennoch kann nicht in jedem Fall verschiedener Wohnungen automatisch davon ausgegangen werden, dass eine eheliche Lebensgemeinschaft nicht bestanden hat. Die Ausgestaltung der ehelichen Lebensgemeinschaft gehört zu der nach Art. 6 Abs. 1 GG geschützten Privatsphäre der Ehegatten (BVerwGE 45, 174). Der Begriff der ehelichen Lebensgemeinschaft setzt den rechtlichen und tatsächlichen Bestand der Ehe voraus. Der Begriff der ehelichen Lebensgemeinschaft fordert nicht zwingend eine häusliche Gemeinschaft (vgl. BVerwG, Urt. v. 27.1.1998 – 1 C 28.96, NVwZ 1998, 745). Berufliche oder sonstige persönliche Gründe, die nicht die ehelichen Bindungen berühren, können auch das Leben in verschiedenen Wohnungen plausibel erscheinen lassen (vgl. VGH Mannheim, InfAuslR 1995, 315; *Weichert*, Die ausländerrechtliche Ermittlung von „Scheinehen", NVwZ 1997, 1053).

Nach § 31 Abs. 1 Satz 1 Nr. 2 AufenthG wird die Aufenthaltserlaubnis des Ehegatten für ein Jahr verlängert, wenn die eheliche Lebensgemeinschaft im Bundesgebiet durch das Ableben des stammberechtigten Ausländers aufgehoben wurde und der verstorbene Ehegatte zu diesem Zeitpunkt im Besitz einer Aufenthaltserlaubnis war.

3. Ausschluss der Erlangung eines eigenständigen Aufenthaltsrechts

§ 31 Abs. 1 Satz 2 AufenthG, der durch Art. 1 Nr. 23 des ersten Richtlinienumsetzungsgesetzes v. 19.8.2007 (BGBl. I S. 1970) eingefügt worden und mit dessen Inkrafttreten auch in laufenden Verfahren anwendbar ist, schließt die Anwendung des Satzes 1, der die rechtliche Verselbstständigung des Aufenthaltsrechts des Ehegatten regelt, für Ausländer, denen eine langfristige aufenthaltsrechtliche Perspektive aufgrund ihrer aufenthaltsrechtlichen Position verwehrt ist, aus. Dieser personellen Beschränkung des eigenständigen Aufenthaltsrechts liegt der Gedanke zugrunde, dass das abgeleitete Aufenthaltsrecht des Ehegatten auch unter dem Gesichtspunkt einer rechtlichen Verselbstständigung des Aufenthaltsrechts grundsätzlich nicht weiter gehen darf als die dem Stammberechtigten eingeräumte aufenthaltsrechtliche Perspektive.

Diese Einschränkung ist im Interesse der Zuwanderungsbegrenzung darauf angelegt, dem Ehegatten, dessen eheliche Lebensgemeinschaft noch keine drei Jahre dauert, eine über das Aufenthaltsrecht des Ausländers hinausgehende aufenthaltsrechtliche Perspektive auch dann nicht zu bieten, wenn später das Vorliegen einer besonderen Härte erfolgreich geltend gemacht wird. Dies steht mit dem Grundsatz des Vertrauensschutzes dann in Einklang, wenn der Verlängerungsausschluss vor Eintritt der besonderen Härte wirksam geworden ist und der Ehegatte bislang nicht von einer günstigeren aufenthaltsrechtlichen Perspektive ausgehen konnte.

Hinweis:

Der Ausschlusstatbestand des § 31 Abs. 1 Satz 2 AufenthG greift dann nicht mehr ein, wenn der Ehegatte etwa den Aufenthaltszweck legal gewechselt hat und dieser Aufenthaltszweck nicht mit einem Ausschluss einer rechtlichen Verfestigung verknüpft ist (z. B. Aufnahme einer Beschäftigung gemäß § 18 AufenthG nach erfolgreich abgeschlossenem Studium). Ab diesem Zeitpunkt ist § 31 Abs. 1 Satz 1 AufenthG mit der Maßgabe anzuwenden, dass die Dauer des Bestands der ehelichen Lebensgemeinschaft in vollem Umfang anzurechnen ist.

Ausgeschlossen wird das eigenständige Aufenthaltsrecht der Ehegatten von Ausländern, die selbst keine langfristige aufenthaltsrechtliche Perspektive bezüglich eines Daueraufenthalts im Bundesgebiet haben. In diesen Fällen kann der Ehegatte nicht darauf vertrauen, dass ihm ein längerfristiges Aufenthaltsrecht als dem Ausländer im Bundesgebiet gewährt wird. Liegen Härtefallgründe beim Ehegatten, der nicht in den Genuss der Verselbstständigung des Aufenthaltsrechts kommt, vor und ist die Verlängerung des Aufenthaltstitels ausgeschlossen, kann bei Vorliegen der Voraussetzungen nach Kapitel 2 Abschnitt 5 des Aufenthaltsgesetzes ein Aufenthaltsrecht für den Ehegatten in Betracht kommen (vgl. § 25 Abs. 4 Satz 2 AufenthG).

Der Ausschlusstatbestand umfasst Fälle, in denen eine Rechtsnorm (Gesetz oder Verordnung; auch EU-Verordnung sowie EU-Richtlinie nach Ablauf der Umsetzungsfrist) oder ein Verlängerungsausschluss aufgrund einer Einzelanordnung nach § 8 Abs. 2 AufenthG der Erteilung bzw. Verlängerung des entsprechenden Aufenthaltstitels des Ausländers, von dem der Ehegatte das Nachzugsrecht abgeleitet hat, entgegensteht (vgl. Teil 3 der BeschV). Erheblich ist der auf die Rechtsnorm bezogene Ausschlusstatbestand nur dann, wenn der normative Verlängerungsausschluss auf den Zweck des Aufenthalts des Ausländers abstellt.

Der Verlängerungsausschluss kann sich aus einer Rechtsvorschrift ergeben oder auch durch eine Entscheidung der Ausländerbehörde nach § 8 Abs. 2 AufenthG bewirkt werden.

Beispiele:

- So schließen Regelungen in Teil 3 der Beschäftigungsverordnung die Verlängerung der Aufenthaltserlaubnis nach einer Höchstbeschäftigungs- bzw. Gesamtaufenthaltsdauer aus. Während des Studiums und der Arbeitssuche (vgl. § 16 Abs. 2 Satz 2, Abs. 4 Satz 2, Abs. 6 Satz 3 AufenthG) und während der Berufsausbildung (§ 17 Abs. 1 Satz 3 AufenthG) ist die Erteilung einer Niederlassungserlaubnis ausgeschlossen. Gleiches gilt in den Fällen des § 104a Abs. 1 Satz 3 Halbsatz 3 AufenthG.

- Die Erteilung einer Erlaubnis zum Daueraufenthalt-EU ist in den in § 9a Abs. 3 AufenthG genannten Fällen ausgeschlossen. Die den Ausschlusstatbestand konkretisierenden Merkmale sind alternativ angeordnet. So kann der Ehegatte eines Ausländers auch dann ein eigenständiges Aufenthaltsrecht erlangen, wenn er zwar unter § 9a Abs. 3 AufenthG fällt und ihm daher eine Erlaubnis zum Daueraufenthalt-EU nicht erteilt werden darf, er aber in den Genuss der Verfestigungsregelung des § 26 Abs. 4 AufenthG kommt.

4. Eigenständiges Aufenthaltsrecht zur Vermeidung einer besonderen Härte

Ist die Verlängerung der Aufenthaltserlaubnis des Ehegatten für ein Jahr zur Vermeidung einer „besonderen" Härte erforderlich und ist die Verlängerung der Aufenthaltserlaubnis nicht ausgeschlossen, „ist" nach § 31 Abs. 2 Satz 1 AufenthG vom dreijährigen rechtmäßigen Bestand der ehelichen Lebensgemeinschaft im Bundesgebiet abzusehen. § 31 Abs. 2 Satz 2 AufenthG regelt, unter welchen Voraussetzungen „insbesondere" ein Härtefall vorliegt bzw. welche Anforderungen an das Vorliegen einer solchen Härte zu stellen sind (Legaldefinition). Hat der Ehegatte in einem besonderen Härtefall das Angewiesensein auf Leistungen nach SGB II oder SGB XII zu vertreten, kann zur Vermeidung von Missbrauch die Verlängerung der Aufenthaltserlaubnis im Ermessenswege versagt werden (§ 32 Abs. 2 Satz 3 AufenthG). Diese Missbrauchsregelung findet in den Fällen des § 31 Abs. 1 AufenthG keine Anwendung (§ 31 Abs. 4 Satz 1 AufenthG).

Beispiel:

Betreut eine Ausländerin ihr Kind bis zur Vollendung des dritten Lebensjahres, kommt sie anschließend der Verpflichtung zur Teilnahme am Integrationskurs nach und ist ihr Lebensunterhalt infolgedessen nicht ausreichend gesichert, können diese Umstände eine Ausnahme von der Regelerteilungsvoraussetzung des § 5 Abs. 1 Nr. 1 AufenthG begründen (vgl. OVG Lüneburg, Beschl. v. 8.2.2007 – 4 ME 49/07, AuAS 2007, 62). Sie hat die fehlende Lebensunterhaltssicherung unter diesen Umständen auch nicht zu vertreten.

Eine besondere Härte liegt nach der Definition des § 31 Abs. 2 Satz 2 AufenthG insbesondere vor, wenn dem Ehegatten

- wegen der aus der Aufhebung der ehelichen Lebensgemeinschaft erwachsenden Rückkehrverpflichtung eine „erhebliche"

Beeinträchtigung seiner schutzwürdigen Belange droht (1. Alternative) oder

■ wegen der Beeinträchtigung seiner schutzwürdigen Belange das weitere Festhalten an der ehelichen Lebensgemeinschaft unzumutbar ist (2. Alternative; vgl. VGH Kassel, Beschl. v. 17.1.2007 – 7 TG 2908/06, AuAS 2007, 122, zur Zumutbarkeit).

Die erhebliche Beeinträchtigung schutzwürdiger Belange wegen der aus der Auflösung der ehelichen Lebensgemeinschaft erwachsenen Rückkehrverpflichtung (§ 31 Abs. 2 Satz 2 Halbsatz 1 Alt. 1 AufenthG) muss mit der Ehe oder ihrer Auflösung in Zusammenhang stehen (vgl. BVerwG, Urt. v. 9.6.2009 – 1 C 11.08, AuAS 2009, 230). So ist die Gefahr einer politischen oder sonstigen erheblichen Verfolgung im Herkunftsstaat i. S. v. §§ 3 bis 4 AsylG oder nach einer Entscheidung des BAMF nach § 24 Abs. 2 AsylG nicht als erhebliche Beeinträchtigung i. S. v. § 31 Abs. 2 Satz 2 Halbsatz 1 Alt. 1 AufenthG einzustufen und nur unter den Voraussetzungen des § 6 bzw. § 42 Satz 1 AsylG gemäß § 25 Abs. 2 und 3 AufenthG berücksichtigungsfähig. Nach Sinn und Zweck der Regelung über die Erlangung des eigenständigen Aufenthaltsrechts sind lediglich ehebezogene Umstände oder Beeinträchtigungen erfasst und sollen aufenthaltsrechtlich im Verhältnis zur Dauer der ehelichen Lebensgemeinschaft oder zu Inhalt und Schwere der Beeinträchtigung abgemildert werden.

Beispiel:

Die Lage türkischer Frauen, die aus den größeren Städten der Türkei kommen, hat sich in den letzten Jahren einer völligen Emanzipation genähert, so dass auch allein lebenden Frauen eine Rückkehr dorthin ohne Weiteres zumutbar ist.

Bei der zweiten Alternative des § 31 Abs. 2 Satz 2 AufenthG handelt es sich um die Regelung einer eigenständigen Fallgruppe, die die in der ersten Alternative angesprochene Fallgestaltung ergänzt, den Begriff der besonderen Härte also erweitert. § 31 Abs. 2 Satz 2 Alternative 2 AufenthG knüpft an eine bereits erfolgte und nicht erst drohende inlandsbezogene Beeinträchtigung schutzwürdiger Belange des Ehegatten an. Diese Regelung erfordert im Gegensatz zu § 31 Abs. 2 Satz 2 Alt. 1 AufenthG keine qualifizierte Beeinträchtigung der schutzwürdigen Belange des Ehegatten. Für die Beurteilung, ob die Voraussetzungen des § 31 Abs. 2 Satz 2 Alt. 2 AufenthG vorliegen, ist allein die objektive Unzumutbarkeit der Fortführung der ehelichen Lebensgemeinschaft für den nachgezogenen Ehegatten maßgebend. Bei der zweiten Alternative ist nicht zu fordern, dass sich die besondere Härte aus den Folgen der Rückkehrverpflichtung ergibt. Im Gegensatz zur ersten Alternative kommt es bei der zweiten Alternative allein auf die Gründe der Aufhebung der ehelichen Lebensgemeinschaft an (vgl. VG Würzburg, Urt. v. 17.6.2002, AuAS 2002, 220).

Beispiele:

- Ehebezogene Umstände, die das Vorliegen einer besonderen Härte begründen und zugleich beim stammberechtigten Ausländer einen Verlängerungsausschluss bewirken können (z. B. Bestehen eines Ausweisungsinteresses nach § 5 Abs. 1 Nr. 2 AufenthG durch Körperverletzung des Ehegatten), stehen der Erlangung eines eigenständigen Aufenthaltsrechts durch den Ehegatten nach § 31 Abs. 2 Satz 1 AufenthG nicht entgegen (vgl. VGH Kassel, Beschl. v. 17.1.2007 – 7 TG 2908/06, AuAS 2007, 122). Ob ein Verlängerungsausschluss i. S. v. § 31 Abs. 2 Satz 1 Halbsatz 2 AufenthG vorliegt, ist nach der Zielsetzung des Gesetzgebers unter Eliminierung der Umstände zu beurteilen, die zur Aufhebung der ehelichen Lebensgemeinschaft geführt haben.

- Eine solche Beeinträchtigung schutzwürdiger Belange liegt beispielsweise vor, wenn der nachgezogene Ehegatte wegen physischer oder psychischer Misshandlungen durch den anderen Ehegatten die Lebensgemeinschaft aufgehoben hat oder der andere Ehegatte das in der Ehe lebende Kind sexuell missbraucht oder misshandelt hat (vgl. VGH Mannheim, Beschl. v. 28.2.2003, NVwZ-RR 2003, 782; OVG Berlin; Beschl. v. 19.11.2002, NVwZ-Beilage I 2003, 33).

- Bei Eingriffen in die persönliche Freiheit handelt es sich zwar nicht um bedeutende Misshandlungen, sie erfüllen jedoch das Merkmal des Eingriffs in schutzwürdige Belange i. S. der zweiten Alternative, wenn der Ehegatte der Gefahr der weiteren Beeinträchtigung seiner Belange ausgesetzt ist. Denn die zweite Alternative des § 31 Abs. 2 Satz 2 AufenthG erfordert – anders als die erste Alternative dieser Bestimmung („erhebliche") – keine qualifizierte Beeinträchtigung der schutzwürdigen Belange des Ehegatten (vgl. VGH Mannheim, Beschl. v. 13.3.2003 – 13 S 340/03).

- Andererseits machen gelegentliche Ehestreitigkeiten, Auseinandersetzungen, Enttäuschungen, Meinungsverschiedenheiten, grundlose Kritik und Kränkungen, die in einer Vielzahl von Fällen trennungsbegründend wirken, für sich genommen noch nicht das Festhalten an der ehelichen Lebensgemeinschaft unzumutbar im Sinne des § 31 Abs. 2 Satz 2 AufenthG (vgl. VGH München, Beschl. v. 12.3.2003, BayVBl. 2003, 533; OVG Münster, Beschl. v. 24.1.2003, AuAS 2003, 14).

Eine besondere Härte i. S. d. § 31 Abs. 2 Satz 2 Alternative 2 AufenthG liegt grundsätzlich dann nicht vor, wenn der Ausländer und nicht der nachgezogene Ehegatte, der ein eigenständiges Aufenthaltsrecht geltend macht, die eheliche Lebensgemeinschaft von sich aus beendet hat und der Ehegatte sich bis dahin nicht auf eine Beeinträchtigung schutzwürdiger Belange berufen kann. Der Annahme einer besonderen Härte steht jedoch nicht entgegen, dass der Ehegatte trotz objektiv untragbarer Behandlung durch den Ausländer noch in der Ehe ausharrte und an ihr festhielt (z. B. aus traditionellen oder wirtschaftlichen Motiven oder in der Hoffnung auf Besserung), als dieser die eheliche Lebensgemeinschaft aufgelöst hat (VGH Kassel, Beschl. v. 17.1.2007 – 7 TG 2908/06, AuAS 2007, 122). Insoweit darf nicht vorausgesetzt werden, dass die Aufhebung der ehelichen Lebensgemeinschaft nur durch den nachgezogenen Ehegatten erfolgte (VGH Kassel, Beschl. v. 10.10.2005 – 9 TG 2403/05, AuAS 2005, 266). Bei der Würdigung, ob eine objektive Unzumutbarkeit i. S. d. § 31 Abs. 2 Satz 2 Alternative 2 AufenthG besteht, kann auch bedeutsam sein, aus welchen Gründen der Ausländer die eheliche Lebensgemeinschaft noch vor Ablauf von drei Jahren aufgehoben hat. Eine einseitig vom Ausländer ausgelöste Aufhebung der ehelichen Lebensgemeinschaft stellt insbesondere dann nicht eine entsprechende Beeinträchtigung der Belange des Ehegatten dar, wenn dieser an der ehelichen Lebensgemeinschaft weiterhin festhält und keine Anhaltspunkte für eine Interessenbeeinträchtigung (z. B. Misshandlung des Kindes) vorliegen (vgl. VGH Kassel, Beschl. v. 10.10.2005 – 9 TG 2403/05, AuAS 2005, 266). Im Trennungsgedanken sowie in der Trennungsabsicht und ihrer Verwirklichung liegt für sich allein keine Beeinträchtigung, auch wenn der Ausländer vorher Treueschwüre in Bezug auf das Festhalten an der Ehe gemacht hat.

5. Ausübung einer Erwerbstätigkeit

Die Aufenthaltserlaubnis berechtigt gemäß § 27 Abs. 5 AufenthG sowohl in den Fällen des Absatzes 1 als auch in den besonderen Härtefällen des Absatzes 2 AufenthG zur Ausübung einer Erwerbstätigkeit (§ 2 Abs. 2 AufenthG, zum Begriff).

Hinweis:
Eine entsprechende Nebenbestimmung ist gemäß § 4 Abs. 2 und 3 AufenthG im Aufenthaltstitel zu vermerken (Trägervordruck).

6. Verlängerung der Aufenthaltserlaubnis

Nach § 31 Abs. 1 Satz 1 AufenthG besteht unter den dort genannten Voraussetzungen ein Anspruch auf Verlängerung der Aufenthaltserlaubnis für ein Jahr. Fehlt es an der Sicherstellung des Lebensunterhalts des Ehegatten nach § 2 Abs. 3 AufenthG und nimmt dieser Leistungen nach SGB II oder SGB XII in Anspruch, steht dies nach § 31 Abs. 4 Satz 1 AufenthG der Verlängerung der Aufenthaltserlaubnis für ein Jahr dann nicht entgegen, wenn der Ehegatte die Voraussetzungen eines Anspruchs nach § 31 Abs. 1 Satz 1 AufenthG erfüllt und kein Missbrauchsfall nach § 31 Abs. 2 Satz 3 AufenthG, der eine Ermessensentscheidung erfordert, vorliegt. Insoweit wird § 5 Abs. 1 Nr. 1 AufenthG verdrängt.

Hinweis:
Damit soll dem Ausländer die Möglichkeit eingeräumt werden, im ersten Jahr nach dem Scheitern der Ehe eine eigene wirtschaftliche Existenz zu begründen. Gilt der weitere Aufenthalt namentlich aufgrund der Fiktionswirkung nach § 81 Abs. 4 AufenthG als fortbestehend, wird dieser Gesetzeszweck auch erreicht, wenn die Fiktionswirkung länger als ein Jahr dauert und dem Ausländer ausländerrechtlich die Ausübung einer Erwerbstätigkeit nicht verwehrt ist (vgl. BVerwG, Urt. v. 24.5.1995 – 1 C 7.94, BVerwGE 98, 313 = NVwZ 1995, 1131 = InfAuslR 1995, 287).

I. Aufenthalt aus familiären Gründen

Die zwingend vorgesehene Verlängerung der Aufenthaltserlaubnis für ein Jahr erübrigt sich dann, wenn die zuletzt im Rahmen des Ehegattennachzugs erteilte oder verlängerte Aufenthaltserlaubnis nach der Aufhebung der ehelichen Lebensgemeinschaft noch über ein Jahr besteht. Denn § 31 Abs. 1 Satz 1 AufenthG bestimmt im Rahmen einer typisierenden Betrachtungsweise, dass einem Ausländer mit der erstmaligen Erteilung einer eigenständigen Aufenthaltserlaubnis für ein Jahr die Möglichkeit eingeräumt wird, eine eigene wirtschaftliche Existenz zu begründen. Die Notwendigkeit wird dabei vom Gesetz generell vorausgesetzt, ohne eine Einzelfallprüfung zu ermöglichen. Daher ist es unerheblich, ob der Ausländer während der Laufzeit der letzten ehebezogenen Aufenthaltserlaubnis nach Aufhebung der ehelichen Lebensgemeinschaft Gelegenheit hatte, sich eine wirtschaftliche Existenzgrundlage aufzubauen (vgl. OVG Münster, Beschl. v. 1.2.2000 – 18 B 1120/99, NVwZ 2000, 1445 = InfAuslR 2000, 279 = AuAS 2000, 146). In diesem Fall hat die Behörde zur Vermeidung einer übermäßig langen „überschießenden" Aufenthaltsdauer die Möglichkeit, die akzessorische Aufenthaltserlaubnis nachträglich zu beschränken (vgl. § 7 Abs. 2 Satz 2 AufenthG). An einer zeitlichen Beschränkung kann im Hinblick auf die Rechtsfolgen ein durchaus gewichtiges öffentliches Interesse bestehen. Das Ermessen nach § 7 Abs. 2 Satz 2 AufenthG verengt sich nicht schon deswegen auf ein Beschränkungsverbot, weil der Ausländer einen Anspruch auf ein eigenständiges Aufenthaltsrecht hat (vgl. VGH Mannheim, Beschl. v. 27.11.2001 – 11 S 541/01).

Eine „weitere" Verlängerung der Aufenthaltserlaubnis liegt nach § 31 Abs. 4 Satz 2 AufenthG im Ermessen der Ausländerbehörde, bis die Voraussetzungen für die Erteilung einer Niederlassungserlaubnis oder einer Erlaubnis zum Daueraufenthalt-EU vorliegen. Bei der Ausübung des Verlängerungsermessens nach § 31 Abs. 4 Satz 2 (Ehegatte) und nach § 34 Abs. 3 AufenthG (minderjährige ledige Kinder) sowie von Versagungsermessen bezüglich eines Kindernachzugs nach § 27 Abs. 3 Satz 1 AufenthG ist zu berücksichtigen, ob den Familienmitgliedern günstige Eingliederungschancen prognostiziert werden können (z. B. ausreichende Deutschkenntnisse, regelmäßiger Schulbesuch, gute schulische Leistungen, erfolgreiche Ausbildung, Aufbau einer Existenzgrundlage in absehbarer Zeit). Fehlt es an entsprechenden Eingliederungsperspektiven, liegen gewichtige Gesichtspunkte vor, die für die Versagung der Aufenthaltserlaubnis im Anwendungsbereich des Kapitels 2 Abschnitt 6 des Aufenthaltsgesetzes sprechen (vgl. VGH Mannheim, Beschl. v. 29.11.2007 – 11 S 1702/07, EZAR NF 48 Nr. 7, zu geringen Integrationsleistungen minderjähriger Ausländer). Das Verlängerungsermessen wird durch die allgemeinen Erteilungsvoraussetzungen nach § 5 Abs. 1 und 4 AufenthG begrenzt.

Hinweis:
Besteht nach unanfechtbarer Versagung der Aufenthaltserlaubnis vollziehbare Ausreisepflicht (§ 58 Abs. 2 Satz 2 AufenthG) und liegen unüberwindbare Ausreisehindernisse z. B. wegen Passlosigkeit oder fehlender Rückübernahmebereitschaft des Heimatstaates (vgl. § 60a Abs. 2 Satz 1 AufenthG) vor, kann die Erteilung einer Aufenthaltserlaubnis nach § 25 Abs. 5 AufenthG unter Berücksichtigung des Familienschutzes nach Art. 6 GG, Art. 7 GRCh und Art. 8 EMRK in Betracht kommen.

7. Erteilung einer Niederlassungserlaubnis

Sichert der stammberechtigte Ausländer nach Aufhebung der ehelichen Lebensgemeinschaft den Lebensunterhalt des Ehegatten durch Unterhaltsleistungen aus eigenen Mitteln und besitzt er eine Niederlassungserlaubnis oder eine Erlaubnis zum Daueraufenthalt-EU, hat der Ehegatte nach § 31 Abs. 3 AufenthG Anspruch auf Erteilung einer Niederlassungserlaubnis. Die Niederlassungserlaubnis darf dem Ehegatten unter erleichterten Voraussetzungen erteilt werden. Der Ehegatte muss nicht alle Voraussetzungen für die Erteilung einer Niederlassungserlaubnis nach § 9 AufenthG erfüllen. § 31 Abs. 3 AufenthG erlaubt ein Abweichen von § 9 Abs. 2 Satz 1 Nr. 3, 5 und 6 AufenthG.

Diese Voraussetzungen müssen nicht im Zeitpunkt der Aufhebung der ehelichen Lebensgemeinschaft vorliegen, sondern können auch später, nach verlängerter Aufenthaltserlaubnis, eintreten. Voraussetzung für die Erteilung einer Niederlassungserlaubnis ist, dass eine Unterhaltsverpflichtung besteht und diese vom Ausländer, zu dem nachgezogen wurde, aus eigenen Mitteln tatsächlich erfüllt wird. Nicht berücksichtigt werden Unterhaltsleistungen von dritter Seite (vgl. dagegen § 2 Abs. 3 Satz 4 AufenthG).

8. Eigenständiges Aufenthaltsrecht für nachgezogene und im Bundesgebiet geborene Kinder

8.1 Begünstigter Personenkreis

Ein eigenständiges Aufenthaltsrecht erlangen nachgezogene und im Bundesgebiet geborene Kinder

- nach § 34 Abs. 2 AufenthG
  - mit dem Eintritt der Volljährigkeit (vgl. § 80 Abs. 3 AufenthG),
  - bei der Erteilung einer Niederlassungserlaubnis (§ 9 Abs. 1 AufenthG) oder Erlaubnis zum Daueraufenthalt-EU (§ 9a Abs. 1 AufenthG) oder
  - wenn die Aufenthaltserlaubnis unter den Voraussetzungen für das Recht auf Wiederkehr nach § 37 AufenthG verlängert wird,
- mit der Erteilung einer Niederlassungserlaubnis nach § 35 AufenthG.

§ 34 Abs. 2 AufenthG verknüpft das eigenständige Aufenthaltsrecht von Kindern u. a. mit dem Eintritt der Volljährigkeit. Bei Kindern von Ausländern, die in den Fällen des § 25 Abs. 4, 4b und 5, § 25a Abs. 2, § 25b Abs. 4, § 104a Abs. 1 Satz 1 und § 104b AufenthG eine Aufenthaltserlaubnis besitzen, greift die den Familiennachzug ausschließende Sperrklausel des § 29 Abs. 3 Satz 3 AufenthG ein und verhindert eine Anwendung des § 34 AufenthG samt Erlangung eines eigenständigen Aufenthaltsrechts, das den Besitz einer „Aufenthaltserlaubnis aus familiären Gründen" voraussetzt.

Der Übergang in ein eigenständiges Aufenthaltsrecht für ausländische Kinder von Deutschen ist unbeschadet des § 28 Abs. 2 Satz 1 AufenthG in § 28 Abs. 3 i. V. m. § 34 AufenthG geregelt.

8.2 Verlängerung der Aufenthaltserlaubnis nach Erlangung eines eigenständigen Aufenthaltsrechts

§ 34 Abs. 2 AufenthG konkretisiert den Aufenthaltszweck „eigenständiges Aufenthaltsrecht der Kinder" und § 34 Abs. 3 AufenthG setzt für die Verlängerung der Aufenthaltserlaubnis im Ermessenswege das Vorliegen eines eigenständigen Aufenthaltsrechts des Kindes nach Absatz 2 voraus. Im Gegensatz zu § 34 Abs. 1 AufenthG räumt Absatz 3 für den in Absatz 2 genannten Personenkreis keinen erleichterten Verlängerungsanspruch bis zur Erteilung einer

Niederlassungserlaubnis oder eine Erlaubnis zum Daueraufenthalt-EU ein. Die Berechtigung zur Ausübung einer Erwerbstätigkeit nach Erlangung eines eigenständigen Aufenthaltsrechts durch das Kind leitet sich aus § 27 Abs. 5 AufenthG her.

Nach § 34 Abs. 3 AufenthG kann die Aufenthaltserlaubnis nach Erlangung eines eigenständigen Aufenthaltsrechts im Ermessenswege verlängert werden, solange die Voraussetzungen für die Erteilung einer Niederlassungserlaubnis (vgl. z. B. § 35 Abs. 1 AufenthG) oder einer Erlaubnis zum Daueraufenthalt-EU (§ 9a AufenthG) noch nicht vorliegen. Bei der Verlängerung im Ermessensbereich müssen auch die allgemeinen Erteilungsvoraussetzungen nach § 5 AufenthG erfüllt sein, da sich der Ausländer im Zeitpunkt der Erlangung des eigenständigen Aufenthaltsrechts nach § 34 Abs. 2 AufenthG nicht mehr aus familiären Gründen im Bundesgebiet aufhält und daher die Familiennachzugsvorschriften (§§ 27, 29, 32 AufenthG) keine Anwendung mehr finden können.

Der Verlängerung der Aufenthaltserlaubnis steht im Regelfall entgegen, dass der Lebensunterhalt nicht gesichert ist (§ 5 Abs. 1 Nr. 1 AufenthG). Gemäß § 2 Abs. 3 Satz 1 AufenthG ist der Lebensunterhalt eines Ausländers gesichert, wenn er ihn einschließlich ausreichenden Krankenversicherungsschutzes ohne Inanspruchnahme öffentlicher Mittel bestreiten kann. Dabei bleiben die in § 2 Abs. 3 Satz 2 Nr. 1 bis Nr. 7 AufenthG genannten öffentlichen Mittel außer Betracht. So gehören z. B. ALG II und Wohngeld (vgl. dazu § 25b Abs. 1 Satz 2 Nr. 3 AufenthG) nicht zu den öffentlichen Mitteln, die auf einer Beitragsleistung beruhen (vgl. BVerwG, Urt. v. 26.8.2008 – 1 C 32.07, InfAuslR 2009, 8).

Beispiele:

- Ein Abweichen von der Regelerteilungsvoraussetzung nach § 5 Abs. 1 Nr. 1 AufenthG kommt dann in Betracht, wenn atypische Umstände, die so bedeutsam sind, dass sie das sonst ausschlaggebende Gewicht der gesetzlichen Regel beseitigen, vorliegen. Diese Umstände müssen sich jedoch auf den Regelungsinhalt, dass eine Sicherung des Lebensunterhalts aufgrund einer Sondersituation nicht zumutbar ist, beziehen. Liegen Anhaltspunkte vor, die erkennen lassen, dass im Falle der Verlängerung der Aufenthaltserlaubnis die Ausübung einer Erwerbstätigkeit zugemutet werden kann, ist die Regelerteilungsvoraussetzung des § 5 Abs. 1 Nr. 2 i. V. m. § 34 Abs. 3 AufenthG nicht erfüllt.

■ Dabei genügt, dass ein Ausweisungsinteresse nach § 54 AufenthG besteht. Ob eine Ausweisung nach § 53 Abs. 1 AufenthG verfügt werden könnte, ist für das Vorliegen der tatbestandlichen Voraussetzung des § 5 Abs. 1 Nr. 2 AufenthG unerheblich.

■ Deuten unter humanitären Gesichtspunkten Anhaltspunkte auf das Vorliegen eines außergewöhnlichen Härtefalls hin, kann eine Aufenthaltserlaubnis nach § 25 Abs. 4 Satz 2 AufenthG in Betracht kommen. Dies ist etwa dann der Fall, wenn wegen einer Beeinträchtigung schutzwürdiger Belange (z. B. physische und psychische Misshandlungen) eine Situation eingetreten ist, die es dem Ausländer unmöglich macht, die Verlängerungsvoraussetzungen des § 34 Abs. 3 AufenthG nach Erlangung eines eigenständigen Aufenthaltsrechts im Anschluss an den Kindernachzug zu erfüllen und somit eine außergewöhnliche Härte i. S. v. § 25 Abs. 4 Satz 2 AufenthG vorliegt.

9. Erlangung eines eigenständigen Aufenthaltsrechts im Adoptionsverfahren

§ 6 Abs. 3 AdÜbAG regelt die Erlangung eines eigenständigen Aufenthaltsrechts von ausländischen Kindern, die zur Adoption nach Maßgabe des Haager Übereinkommens vom 29.5.1993 über den Schutz von Kindern und die Zusammenarbeit auf dem Gebiet der internationalen Adoption nach Deutschland vermittelt worden sind und einen Aufenthaltstitel besitzen. Entfällt der in § 6 Abs. 1 AdÜbAG genannte Aufenthaltszweck „Herstellung und Wahrung einer familiären Lebensgemeinschaft zwischen den Adoptionsbewerbern und dem aufzunehmenden Kind", wird der dem Kind erteilte Aufenthaltstitel unabhängig von der Aufenthaltsdauer im Bundesgebiet und einer bisherigen Zweckbindung des Aufenthaltstitels als Aufenthaltserlaubnis auf der Grundlage eines eigenständigen Aufenthaltsrechts befristet erteilt bzw. verlängert, es sei denn, das Kind besitzt bereits einen unbefristeten Aufenthaltstitel.

Nach der Adoption gelten die allgemeinen ausländerrechtlichen Vorschriften über die Erlangung eines eigenständigen Aufenthaltsrechts für nachgezogene Kinder. Ein eigenständiges Aufenthalts-recht wird jedoch nicht erlangt, wenn die zuständige Stelle nach Art. 21 Abs. 1 Buchstabe c des genannten Übereinkommens die Rückkehr des Kindes in seinen Heimatstaat veranlasst hat.

9 Niederlassungserlaubnis für nachgezogene Kinder

1. Niederlassungserlaubnis für 16-jährige Ausländer

§ 35 Abs. 1 Satz 1 AufenthG begünstigt minderjährige Ausländer, die im Besitz einer Aufenthaltserlaubnis nach Kapitel 2 Abschnitt 6 des Aufenthaltsgesetzes – Aufenthalt aus familiären Gründen – sind und im Zeitpunkt der Vollendung ihres 16. Lebensjahres seit fünf Jahren diesen Aufenthaltstitel besitzen. Es ist darauf abzustellen, ob der Ausländer im Zeitpunkt der Vollendung des 16. Lebensjahres eine Aufenthaltserlaubnis nach Kapitel 2 Abschnitt 6 des Aufent-haltsgesetzes besitzt.

Im Anwendungsbereich des § 35 AufenthG sind auch die allgemei-nen Erteilungsvoraussetzungen des § 5 Abs. 1, 3 und 4 AufenthG zu berücksichtigen, soweit sie nicht von § 35 Abs. 1 Satz 2 Nr. 3 und Abs. 3 Satz 1 Nr. 1 bis 3 AufenthG verdrängt werden. Außerdem kommt die Erteilung einer Niederlassungserlaubnis nicht in Be-tracht, wenn bereits die Verlängerung einer Aufenthaltserlaubnis in rechtlich einwandfreier Weise versagt worden ist (vgl. § 84 Abs. 2 Satz 1 AufenthG) oder eine Ausweisung verfügt wurde (vgl. § 11 Abs. 1 AufenthG) oder ein sonstiges Einreiseverbot besteht (vgl. Art. 11 Abs. 1 RFRL).

2. Dauer des Besitzes einer Aufenthaltserlaubnis

§ 35 Abs. 1 Satz 1 und Satz 2 Nr. 1 AufenthG setzt u. a. voraus, dass der Ausländer „seit fünf Jahren im Besitz der Aufenthaltserlaubnis ist". Gemeint ist der Besitz einer Aufenthaltserlaubnis nach Kapitel 2 Abschnitt 6 des Aufenthaltsgesetzes. Dazu gehört auch der Besitz einer Aufenthaltserlaubnis nach § 34 Abs. 2 AufenthG, die ein ei-genständiges Aufenthaltsrecht einräumt und daher nicht mehr an den Familiennachzug gemäß § 27 Abs. 1 AufenthG geknüpft ist. Die Dauer des Besitzes eines für einen anderen Zweck erteilten Aufent-haltstitels ist nicht anrechenbar (Umkehrschluss aus § 102 Abs. 2 AufenthG). Ebenso wenig sind nach § 35 Abs. 2 AufenthG in der Regel Zeiten anrechenbar, in denen der Ausländer im Ausland die Schule besucht hat (Ausnahme: z. B. Besuch einer deutschen Schule).

I. Aufenthalt aus familiären Gründen

Die Dauer des rechtmäßigen Aufenthalts mit einem nationalen Visum wird auf die in § 35 Abs. 1 Satz 1 und Satz 2 Nr. 1 AufenthG genannte Dauer des Besitzes einer Aufenthaltserlaubnis angerechnet (§ 6 Abs. 3 Satz 3 AufenthG). Als Zeiten des Besitzes der Aufenthaltserlaubnis sind anzurechnen die Zeit von der Versagung der Aufenthaltserlaubnis bis zu ihrer Erteilung oder Verlängerung aufgrund eines erfolgreichen Rechtsbehelfs (§ 84 Abs. 2 Satz 3 AufenthG).

Beispiel:

Zeiten des Besitzes einer Aufenthaltsbefugnis, Aufenthaltsbewilligung oder Duldung nach altem Recht sind nicht anrechenbar, da es an einer entsprechenden Übergangsregelung, wie etwa in § 102 Abs. 2 AufenthG in Bezug auf § 26 Abs. 4 AufenthG, fehlt (vgl. VGH Mannheim, Urt. v. 8.10.2008 – 13 S 709/07, EZAR NF 24 Nr. 7, Anrechenbarkeit der Zeit des Besitzes einer Aufenthaltsbefugnis verneint).

Haben türkische Staatsangehörige, die im Wege des Kindernachzugs in das Bundesgebiet eingereist sind, ein Bewerbungsrecht oder ein freies Zugangsrecht nach Art. 7 Satz 1 ARB 1/80, das zugleich ein gefestigtes assoziationsrechtliches Aufenthaltsrecht bewirkt, erlangt (vgl. EuGH, Urt. v. 25.9.2008 – C 453/07 – Er, EZAR NF 19 Nr. 33 = InfAuslR 2008, 423, zum Fortbestand des freien Zugangsrechts trotz längerer Beschäftigungslosigkeit nach der Schulausbildung; EuGH, Urt. v. 4.10.2007 – C-349/06 – Polat, InfAuslR 2007, 425, Rn. 21), halten sie sich in dieser Position rechtmäßig im Bundesgebiet auf, auch wenn sie keine Aufenthaltserlaubnis besitzen und daher ihrer Nachweispflicht nach § 4 Abs. 5 AufenthG nicht nachkommen (vgl. dazu § 98 Abs. 2 Nr. 1 AufenthG). In diesem Fall kann es nach § 58 Abs. 2 AufenthG am förmlichen Besitz einer Aufenthaltserlaubnis fehlen (z. B. bei verspäteter Stellung eines Verlängerungsantrags; vgl. dazu § 81 Abs. 4 Satz 3 AufenthG). Dieser Umstand kann bei berechtigtem Interesse auf Antrag durch Verlängerung der Aufenthaltserlaubnis mit Rückwirkung ausgeräumt werden. § 85 AufenthG findet in diesen Fällen mangels Unterbrechung der Rechtmäßigkeit des Aufenthalts keine Anwendung.

3. Niederlassungserlaubnis für volljährige Ausländer

§ 35 Abs. 1 Satz 2 AufenthG setzt wie Satz 1 voraus, dass der Ausländer eine Aufenthaltserlaubnis nach Kapitel 2 Abschnitt 6 des Aufenthaltsgesetzes besitzt. Außerdem muss er volljährig und seit fünf Jahren im Besitz einer Aufenthaltserlaubnis sein.

Der Zeit des Besitzes einer Aufenthaltserlaubnis ist die Zeit gleichzustellen, für die der Ausländer rückwirkend die befristete Verlängerung seiner bisherigen Aufenthaltserlaubnis beanspruchen kann (§ 84 Abs. 2 Satz 3 AufenthG; vgl. BVerwG, Urt. v. 29.9.1998, DVBl. 1999, 172, zu § 24 Abs. 1 Nr. 1 AuslG 1990). Unterbrechungen der Rechtmäßigkeit des Aufenthalts auch vor Inkrafttreten des Aufenthaltsgesetzes können nach § 85 AufenthG unbeachtlich sein. Diese Unterbrechungszeiten sind nicht dem Besitz der Aufenthaltserlaubnis gleichzustellen und daher auch nicht anrechenbar.

3.1 Ausreichende Deutschkenntnisse

Die nach § 35 Abs. 1 Satz 2 Nr. 2 AufenthG erforderlichen ausreichenden Deutschkenntnisse (GER B 1; § 2 Abs. 11 AufenthG, zum Begriff) liegen vor, wenn der Ausländer den Integrationskurs (§ 43 AufenthG) erfolgreich abgeschlossen hat (vgl. auch § 9 Abs. 2 Satz 2 AufenthG). Die Anforderungen sind erfüllt, wenn der Ausländer im täglichen Leben einschließlich der üblichen Kontakte mit Behörden sich ohne fremde Hilfe (z. B. Dolmetscher) mündlich artikulieren und Schriftstücke erläutern kann. Es müssen Anhaltspunkte dafür vorliegen, dass sich der Ausländer in seiner deutschen Umgebung in mündlicher und schriftlicher Form ohne nennenswerte Probleme zurechtfindet und dass mit ihm ein seinem Bildungsstand entsprechendes Gespräch geführt werden kann. Anhaltspunkte, ob diese Voraussetzungen erfüllt sind, können sich auch aus Schul- oder Sprachzeugnissen, Nachweisen über ein Sprachstudium oder Berufstätigkeiten ergeben.

In den in § 35 Abs. 4 AufenthG genannten Fällen ist von diesen sprachlichen Voraussetzungen abzusehen.

3.2 Integrative Vorleistungen

Der volljährige Ausländer muss nach § 35 Abs. 1 Satz 2 Nr. 3 Alternative 1 AufenthG seinen Lebensunterhalt gemäß § 2 Abs. 3 AufenthG sichern können (vgl. BVerwG, Urt. v. 26.8.2008 – 1 C 32.07, InfAuslR 2008, 8).

§ 35 Abs. 1 Satz 2 Nr. 3 AufenthG enthält die Alternativregelung, dass der Lebensunterhalt des Ausländers entweder gemäß § 2 Abs. 3 AufenthG gesichert sein oder er sich in einer Ausbildung, die zu einem anerkannten schulischen oder beruflichen Bildungsabschluss oder einem Hochschulabschluss führt, befinden muss. § 5 Abs. 1 Nr. 1 AufenthG findet insoweit keine Anwendung. Der Lebensunterhalt muss aber nicht „eigenständig" gesichert sein. Der Unterhaltsanspruch an die gesetzlich dazu verpflichteten und leistungsfähigen Eltern im Bundesgebiet dürfte ausreichen. Anstelle der ausreichenden Existenzsicherung kann die „Ausbildung mit dem Ziel eines anerkannten schulischen oder beruflichen Bildungs- oder Hochschulabschlusses" treten (§ 35 Abs. 1 Satz 2 Nr. 3 Alt. 2 AufenthG). Der Ausländer muss sich noch in der Ausbildung befinden, ein Abschlusszeugnis kann daher nicht verlangt werden. Zu einem anerkannten schulischen oder beruflichen Bildungsabschluss führt nicht nur der Besuch einer allgemeinbildenden Schule, sondern auch der Besuch von Berufsfachschulen (z. B. Handelsschule) oder sonstigen öffentlichen oder staatlich anerkannten berufsbildenden Schulen. Die Berufsvorbereitung oder berufliche Grundausbildung sowie die Tätigkeit als Praktikant oder Volontär führt nicht zu einem anerkannten beruflichen Bildungsabschluss.

4. Ausschluss eines Anspruchs

§ 35 Abs. 3 AufenthG normiert abschließend die für den Ausschluss des Anspruchs auf Erteilung einer Niederlassungserlaubnis maßgebenden Tatbestände (Ausschlusstatbestände). Greift ein Ausschlusstatbestand ein, liegt es nach § 35 Abs. 3 Satz 2 AufenthG im Ermessen der Behörde, dennoch eine Niederlassungserlaubnis zu erteilen oder die Aufenthaltserlaubnis zu verlängern (Auswahlermessen).

4.1 Auf dem persönlichen Verhalten beruhendes Ausweisungsinteresse

Auf dem persönlichen Verhalten beruhen grundsätzlich Vorsatztaten. Die Versagung wegen eines auf dem persönlichen Verhalten beruhenden Ausweisungsinteresses kann nicht mit einwanderungspolitischen Zielen (vgl. § 1 Abs. 1, § 5 Abs. 1 Nr. 3 AufenthG) begründet werden (vgl. ähnliche Formulierung in § 6 Abs. 2 Satz 2 FreizügG/EU; Art. 27 Abs. 2 FreizügRL/EU, zum Begriff des persönlichen Verhaltens). Ein Ausweisungsinteresse, das nach § 35 Abs. 3 Satz 1 Nr. 2 AufenthG unbeachtlich ist, kann dem Ausländer nicht nach Nr. 1 entgegengehalten werden.

§ 35 Abs. 3 Satz 1 Nr. 1 AufenthG findet auch dann Anwendung, wenn gegen den Ausländer noch ein Strafverfahren anhängig ist und ein Ausweisungsinteresse, das noch verwertbar ist, besteht. Nach Abschluss des Strafverfahrens ist gemäß § 35 Abs. 3 Satz 1 Nr. 2 AufenthG zu berücksichtigen, ob der Ausländer in den letzten drei Jahren entsprechend verurteilt worden ist und dieser Ausschlusstatbestand unabhängig von Nr. 1 erfüllt wurde.

4.2 Verurteilung in den letzten drei Jahren

§ 35 Abs. 3 Satz 1 Nr. 2 AufenthG enthält an einen zeitlichen Rahmen geknüpfte Ausschlusstatbestände, die in drei Varianten eine bestimmte strafgerichtliche Verurteilung wegen einer Vorsatztat oder in der vierten Variante die Aussetzung der Verhängung einer Jugendstrafe voraussetzen.

Die Vorschrift ist durch das erste Richtlinienumsetzungsgesetz v. 19.8.2007 (BGBl. I S. 1970) insoweit verschärft worden, als dass nunmehr bereits eine Freiheitsstrafe von drei Monaten oder eine Geldstrafe in Höhe von 90 Tagessätzen (im Gegensatz zu bislang sechs Monaten und 180 Tagessätzen) zum Ausschluss führt. Insoweit bleibt die Parallelität zu dem ebenfalls geänderten § 12a Abs. 1 Satz 1 Nr. 2 und 3 StAG gewahrt.

Erheblich ist nicht, ob die Verurteilung rechtskräftig oder eine Strafe zur Bewährung ausgesetzt geworden ist; diese Gesichtspunkte sind jedoch im Anwendungsbereich des § 35 Abs. 3 Satz 3 AufenthG bei der Bestimmung der Geltungsdauer der Aufenthaltserlaubnis erheblich. § 35 Abs. 3 Satz 3 AufenthG räumt in Bezug auf den Ausschlusstatbestand des Satzes 1 Nr. 2 bei einer auf Bewährung verhängten Jugend- oder Freiheitsstrafe oder der Aussetzung einer Jugendstrafe einen Regelanspruch auf Verlängerung der Aufenthaltserlaubnis bis zum Ablauf der Bewährungszeit ein. Die Entscheidung ist gerichtlich voll nachprüfbar, die Ausländerbehörde hat im Regelfall kein Ermessen (vgl. VGH München, Beschl. v. 2.2.2009 – 10 CS 08.3358, AuAS 2009, 98 = EZAR NF 24 Nr. 10). Die Aussetzung der Vollstreckung eines Strafrestes gehört nicht zu den in § 35 Abs. 3 Satz 3 AufenthG genannten Fällen der Strafaussetzung zur Bewährung.

Hinweis:

Die Verurteilung darf nicht im Bundeszentralregister oder Jugendregister getilgt oder tilgungsreif sein; der Ausländer ist nachweispflichtig (§ 82 Abs. 1 AufenthG).

5. Niederlassungserlaubnis oder Aufenthaltserlaubnis im Ermessenswege

§ 35 Abs. 3 Satz 2 AufenthG ermöglicht trotz Wegfalls eines Anspruchs nach Eingreifen eines Ausschlusstatbestandes die Erteilung einer Niederlassungserlaubnis (Var. 1) oder die Verlängerung der Aufenthaltserlaubnis (Var. 2) im Ermessenswege. In diesem Fall ist das Ermessen jedoch nur dann eröffnet, wenn die Voraussetzungen des § 35 Abs. 1 AufenthG in vollem Umfang vorliegen. Von den Voraussetzungen des § 35 Abs. 1 AufenthG darf daher nicht im Ermessenswege abgewichen werden. In die Ermessensausübung sind die rechtsstaatlichen Grundsätze, Grundrechte (Art. 7 GRCh; Art. 6 GG), Völkerrecht (Art. 8 EMRK) einzubeziehen und nach dem Grundsatz der Verhältnismäßigkeit angemessen zu berücksichtigen.

6. Erleichterte Erteilung bei Krankheit oder Behinderung

Können Ausländer wegen einer körperlichen, geistigen oder seelischen Krankheit oder Behinderung die in § 35 Abs. 1 Satz 2 Nr. 2 und 3 oder Abs. 3 Satz 1 Nr. 3 AufenthG genannten Voraussetzungen nicht erfüllen, berührt dies den Anspruch auf Erteilung einer Niederlassungserlaubnis nicht. § 35 Abs. 4 AufenthG schreibt zwingend vor, von welchen Voraussetzungen in Absatz 1 und 3 abzusehen ist. Bei den nach § 35 Abs. 1 Satz 1 AufenthG begünstigten Ausländern ist nur von Abs. 3 Satz 1 Nr. 3 AufenthG abzusehen, da auf sie Abs. 1 Satz 2 Nr. 2 und 3 keine Anwendung findet.

Hinweis:

Es liegt nach § 82 Abs. 1 und 2 AufenthG am Ausländer, nachzuweisen, dass er die in § 35 Abs. 4 AufenthG genannten Voraussetzungen nicht erfüllen kann (z. B. Vorlage einer fachärztlichen Stellungnahme).

7. Aufenthaltserlaubnis für den Ehegatten, den Lebenspartner oder minderjährige ledige Kinder von gut integrierten Ausländern

§ 25a Abs. 2 Satz 3 AufenthG räumt einen Regelanspruch auf Erteilung einer Aufenthaltserlaubnis für den Ehegatten oder den (eingetragenen) Lebenspartner ein, der mit dem nach § 25a Abs. 1 AufenthG begünstigten Ausländer in familiärer Lebensgemeinschaft im Zeitpunkt der Erteilung einer Aufenthaltserlaubnis nach § 25a Abs. 1 AufenthG zusammenlebt, wenn sie die Voraussetzungen des § 25a Abs. 2 Satz 1 AufenthG erfüllen. Diesen Ausländern wird insoweit ein von der Bezugsperson abgeleitetes Aufenthaltsrecht eingeräumt, ohne dass es sich jedoch um einen Familiennachzug i. S. v. §§ 27 ff. AufenthG handelt. § 25a Abs. 2 Satz 3 AufenthG schließt jedoch einen späteren Familiennachzug zu dem nach § 25a Abs. 1 AufenthG begünstigten Ausländer nicht aus (vgl. § 29 Abs. 3 Satz 1 AufenthG).

Diese Ehegatten und Lebenspartner können in entsprechender Anwendung des § 31 AufenthG ein eigenständiges Aufenthaltsrecht erlangen (§ 25a Abs. 2 Satz 4 AufenthG).

Nach § 25a Abs. 2 Satz 5 AufenthG wird auch dem minderjährigen ledigen Kind des nach Absatz 1 Begünstigten ein Regelanspruch auf Erteilung einer Aufenthaltserlaubnis eingeräumt, wenn es mit ihm in familiärer Lebensgemeinschaft lebt.

Bei der Aufenthaltserlaubnis nach § 25a Abs. 2 Satz 3 und 5 AufenthG, die für Ehegatten, Lebenspartner und minderjährige ledige Kinder des nach § 25a Abs. 1 AufenthG begünstigten Ausländers erteilt werden soll, handelt es zwar um einen rein akzessorischen Aufenthaltstitel, jedoch nicht um einen Aufenthaltstitel, der für einen Aufenthalt aus familiären Gründen nach §§ 27 ff. AufenthG erteilt wird. § 29 Abs. 3 Satz 3 AufenthG schließt einen Familiennachzug zu Ausländern, die eine Aufenthaltserlaubnis nach § 25a Abs. 2 AufenthG besitzen, aus. Hingegen schließt § 29 Abs. 3 Satz 1 AufenthG einen Familiennachzug zu Ausländern, die eine Aufenthaltserlaubnis nach § 25a Abs. 1 AufenthG besitzen, nicht aus.

Für die Erteilung einer Aufenthaltserlaubnis nach § 25a Abs. 2 Satz 3 und 5 AufenthG wird vorausgesetzt, dass die begünstigten Familienangehörigen und der Lebenspartner in einer familiären Lebensgemeinschaft i. S. v. Art. 6 Abs. 1 GG (Beistand- bzw. Betreuungsgemeinschaft) leben. Dies setzt nicht zwingend das Bestehen einer häuslichen Gemeinschaft voraus.

8. Aufenthaltserlaubnis für den Ehegatten, den Lebenspartner oder minderjährige ledige Kinder von nachhaltig integrierten Ausländern

§ 25b AufenthG ist durch Art. 1 Nr. 13 des Gesetzes zur Neubestimmung des Bleiberechts und der Aufenthaltsbeendigung v. 27.7.2015 (BGBl. I S. 1386) in Kapitel 2 Abschnitt 5 des Aufenthaltsgesetzes – subsidiärer Schutzbereich – mit Wirkung vom 1.8.2015 eingefügt worden.

Ein Familiennachzug zu Ausländern, die eine Aufenthaltserlaubnis nach § 25b Abs. 1 AufenthG besitzen, ist unter den Voraussetzungen des § 29 Abs. 3 Satz 1 AufenthG möglich. Ein Familiennachzug nach §§ 27 ff. AufenthG zu den in § 25b Abs. 4 AufenthG genannten Familienangehörigen des nachhaltig integrierten Ausländers ist jedoch nach § 29 Abs. 3 Satz 3 AufenthG ausgeschlossen. Unter der Schutzwirkung des Art. 6 Abs. 1 GG, Art. 7 GRCh und Art. 8 EMRK können Einreise und Aufenthalt bei dem im Bundesgebiet lebenden Angehörigen nach §§ 22, 23 AufenthG in Betracht kommen.

II. Aufenthaltsrecht für Familienangehörige nach dem ARB 1/80

1	Anwendungsvorrang	214
2	Bescheinigung des materiellen Aufenthaltsrechts	214
3	Aufenthaltsrecht nach Art. 7 Satz 1 ARB 1/80	215
1.	Begünstigter Personenkreis	215
2.	Beschäftigungsrecht	218
3.	Art. 7 Satz 1 erster Spiegelstrich ARB 1/80	218
4.	Art. 7 Satz 1 zweiter Spiegelstrich ARB 1/80	219
4	Verlust des Assoziationsrechts	220
5	Eigenständiges Aufenthaltsrecht von Ehegatten	222
6	Aufenthaltsrecht nach Art. 7 Satz 2 ARB 1/80	223

II

1 Anwendungsvorrang

Der ARB 1/80 (ANBA 1981, 2) ist integraler Bestandteil des Unionsrechts, hat als supranationales Recht Anwendungsvorrang und gewährleistet nach regulärer Einreise in das Bundesgebiet vorrangige Aufenthaltsrechte (§ 4 Abs. 5 Satz 1 AufenthG), die dem Freizügigkeitsrecht der Unionsbürger angenähert sind. Die Gestaltung und Anwendung des innerstaatlichen Migrationsrechts unterliegt den sich aus dem ARB 1/80 ergebenden Beschränkungen zugunsten des Assoziationsberechtigten (dazu *Welte*, Anwendungsvorrang des Unionsrechts im Migrationsbereich, SächsVBl. 2013, 170, 171).

2 Bescheinigung des materiellen Aufenthaltsrechts

Sobald nach der regulären Einreise in das Bundesgebiet ein Assoziationsrecht (Erneuerungs-, Bewerbungs- und Zugangsrecht zum deutschen Arbeitsmarkt) nach Art. 7 Satz 1 und 2 ARB 1/80 erlangt wird, hat der Assoziationsberechtigte ein materielles Aufenthaltsrecht, das ihm durch einen deklaratorischen Aufenthaltstitel nach § 4 Abs. 5 Satz 1 AufenthG auf Antrag bescheinigt wird. Insoweit besteht im Gegensatz zur Aufenthaltstitelpflicht nach § 4 Abs. 1 Satz 1 AufenthG nur noch eine Nachweispflicht (vgl. § 98 Abs. 2 Nr. 1 AufenthG, zur Bußgeldbewehrung eines Verstoßes).

> **Hinweis:**
>
> Eine Aufenthaltserlaubnis nach § 4 Abs. 5 Satz 1 AufenthG, die für Familienangehörige türkischer Arbeitnehmer ein assoziationsrechtliches Daueraufenthaltsrecht nach Art. 7 Satz 1 Spiegelstrich 2 ARB 1/80 bescheinigt, muss mindestens fünf Jahre gültig sein. Außerdem muss sie eindeutig erkennen lassen, dass ihr ein assoziationsrechtliches Daueraufenthaltsrecht zugrunde liegt. Nur mit diesen Angaben können die betroffenen Ausländer im Rechtsverkehr das ihnen zustehende Daueraufenthaltsrecht auf einfache und praxisgerechte Weise dokumentieren (vgl. BVerwG, Urt. v. 22.5.2012 – 1 C 6.11, EZAR NF 24 Nr. 14 = InfAuslR 2012, 350 = ZAR 2013, 33, mit Anmerkung *Pfersich*).

§ 52a AufenthV wird in Umsetzung der Entscheidung des BVerwG v. 19.3.2012 – 1 C 12.12, InfAuslR 2013, 264, festlegen, in welcher Höhe Gebühren von assoziationsberechtigten türkischen Staatsangehörigen und ihren Familienangehörigen für die Erteilung von Aufenthaltstiteln zu erheben sind. Absatz 1 bestimmt für die Ausstellung von befristeten und unbefristeten Aufenthaltstiteln von assoziationsberechtigten türkischen Staatsangehörigen eine Gebühr in Höhe von 28,80 Euro. Wird ein Aufenthaltstitel für eine Person ausgestellt, die noch nicht 24 Jahre alt ist, gilt eine ermäßigte Gebühr von 22,80 Euro.

3 Aufenthaltsrecht nach Art. 7 Satz 1 ARB 1/80

II

1. Begünstigter Personenkreis

Zu den begünstigten Familienangehörigen gehören der Ehegatte und Kinder des türkischen Arbeitnehmers, der im Zeitpunkt des Familiennachzugs dem regulären Arbeitsmarkt angehört, sowie sonstige Verwandte des Ehegatten i. S. v. Art. 2 Nr. 2 RL 2004/38/EG (vgl. OVG Münster, InfAuslR 1998, 179, zum Begriff Familienangehöriger). Hingegen sind nach Art. 7 Satz 2 ARB 1/80 nur Kinder des türkischen Arbeitnehmers begünstigt. Zu den Familienangehörigen i. S. v. Art. 7 Satz 1 ARB 1/80 gehören daher die leiblichen und auch die adoptierten Kinder des türkischen Arbeitnehmers, der dem regulären Arbeitsmarkt des Aufnahmemitgliedstaats angehört oder angehört hat. Zu dem in Art. 7 Satz 1 ARB 1/80 genannten Personenkreis gehören auch volljährige Kinder eines türkischen Arbeitnehmers, auch wenn sie im Aufnahmemitgliedstaat geboren sind (§ 33 Satz 1 und Satz 2 AufenthG) und stets dort gewohnt haben.

Die Begünstigung endet nicht, wenn der türkische Arbeitnehmer als Bezugsperson inzwischen aus dem Erwerbsleben ausgeschieden ist (EuGH, Urt. v. 11.11.2004 – C 467/02 – Cetinkaya, InfAuslR 2005, 13). In diesen Fällen handelt es sich um eine familienbezogene Situation i. S. v. Art. 7 Satz 1 ARB 1/80. Der ARB 1/80 findet auf Staatenlose grundsätzlich keine Anwendung, es sei denn, der Betroffene genießt Rechte als Familienangehöriger eines türkischen Arbeitnehmers nach Art. 7 ARB 1/80. Der Begriff des Familienangehörigen eines türkischen Arbeitnehmers ist nicht verknüpft mit der türkischen Staatsangehörigkeit. Der Ehegatte kann daher auch einem anderen Drittstaat angehören (vgl. *Gutmann*, Türkische Familienangehörige türkischer Arbeitnehmer und der Status von Drittstaatsangehörigen, InfAuslR 2009, 1). Für den Fall, dass ein Türke Unionsbürger wird, verliert er im Verhältnis zu den vorrangigen Freizügigkeitsrechten die Rechte nach dem ARB 1/80.

II. Aufenthaltsrecht für Familienangehörige nach dem ARB 1/80

Der EuGH hat klargestellt, dass der Begriff „Familienangehöriger" auf Unionsebene einheitlich auszulegen ist, um seine homogene Anwendung in den EU-Mitgliedstaaten sicherzustellen. Danach ist – unbeschadet des Personenkreises der Nachzugsberechtigten nach nationalem Recht (vgl. §§ 27 ff. AufenthG) – der bei der Bestimmung der Bedeutung dieses Begriffs im Anwendungsbereich des ARB 1/80 des durch das Assoziierungsabkommen zwischen der Europäischen Wirtschaftsgemeinschaft und der Türkei eingerichteten Assoziationsrates v. 19.9.1980 über die Entwicklung der Assoziation auf die dem gleichen Begriff im Bereich der Freizügigkeit der Arbeitnehmer aus den EU-Mitgliedstaaten gegebene Auslegung abzustellen (vgl. Art. 2 Nr. 2 RL 2004/38/EG; § 3 Abs. 2 FreizügG/EU). Dies bedeutet jedoch nicht, dass dieser im Vergleich zum nationalen Nachzugsrecht erweiterte Personenkreis auch nachzugsberechtigt wäre. Aus dem ARB 1/80 lässt sich nicht herleiten, dass die Bedeutung des Begriffes „Familienangehöriger" des Arbeitnehmers nur auf dessen Blutsverwandte beschränkt wäre. Der EuGH gelangt unter Berücksichtigung der in seiner Rechtsprechung zum Familienbegriff entwickelten Grundsätze zu dem Ergebnis, dass der noch nicht 21 Jahre alte oder Unterhalt beziehende Stiefsohn eines türkischen Arbeitnehmers, der dem regulären Arbeitsmarkt eines Mitgliedstaates angehört, Familienangehöriger i. S. d. Art. 7 Satz 1 ARB 1/80 ist und die entsprechenden Assoziationsrechte besitzt, wenn er nach nationalem Recht die Genehmigung erhalten hat, zu diesem Arbeitnehmer in den Aufnahmestaat zu ziehen (EuGH, Urt. v. 30.9.2004 – C-275/02, EZAR 816 Nr. 16).

Zu den Familienangehörigen i. S. v. Art. 7 Satz 1 ARB 1/80 können auch Volljährige gehören, denen als (minderjährige) Kinder nach innerstaatlichem Recht erlaubt wurde, zu dem türkischen Arbeitnehmer zu ziehen (vgl. BVerwG, Urt. v. 15.7.1997 – 1 C 24/96, InfAuslR 1998, 4). Auch über 21-jährige Kinder sind unabhängig von Altersbegrenzungen im Unionsrecht als Familienangehörige i. S. d. Art. 7 Satz 1 ARB 1/80 unter dem Gesichtspunkt anzusehen, dass der ARB 1/80 lediglich eine Annäherung, jedoch keine Besserstellung gegenüber Unionsbürgern einräumt (vgl. *Mallmann*, NVwZ 1998, 1025, 1030). Nach Unionsrecht sind zwar die Freizügigkeitsrechte hinsichtlich des Begriffs des Familienangehörigen bei Kindern z. T. auf 21 Jahre begrenzt (vgl. § 3 Abs. 2 Nr. 1 FreizügG/EU); Art. 7 ARB 1/80 enthält jedoch keine entsprechende Begrenzung. Auch Beschränkungen nach Art. 6 Abs. 2 ARB 1/80 greifen mangels eines entsprechenden Verweises im Anwendungsbereich des Art. 7 ARB 1/80 nicht ein (vgl. OVG Münster, Beschl. v. 21.12.1994 – 18 B 2440/94, InfAuslR 1995, 190). Mit der Verwirklichung des Rechts auf freien Zugang zu einer ordnungsgemäßen Beschäftigung nach Art. 7 Satz 1 zweiter Spiegelstrich ARB 1/80 erlangt der Familienangehörige zugleich ein eigenständiges Aufenthaltsrecht, das nicht mehr vom Fortbestand der Familieneinheit mit einem dem regulären Arbeitsmarkt angehörenden türkischen Arbeitnehmer abhängig ist und nicht durch innerstaatliche Vorschriften beschränkt werden kann (EuGH, Urt. v. 16.3.2000 – C-329/97 – Ergat, InfAuslR 2000, 217 = DVBl. 2000, 691; VGH Mannheim, Beschl. v. 17.8.2000 – 13 S 950/00, DÖV 2001, 567, Spruchpraxis Nr. 97).

Beispiele:

- Im Bundesgebiet geborene Kinder türkischer Arbeitnehmer können nach Maßgabe des Art. 7 Satz 1 ARB 1/80 ein Beschäftigungs- und Aufenthaltsrecht erlangen, wenn ihnen ein Aufenthaltsrecht nach den innerstaatlichen Regelungen über den Familiennachzug eingeräumt worden ist (vgl. VGH Mannheim, Urt. v. 30.4.2008 – 11 S 1705/06, AuAS 2008, 266).

- Der Fortbestand des assoziationsrechtlichen Aufenthaltsrechts des nachgezogenen Kindes eines türkischen Arbeitnehmers wird nicht dadurch berührt, dass es etwa nach der Schulausbildung keiner Beschäftigung nachgeht (vgl. EuGH, Urt. v. 25.9.2008 – C-453/07, Rn. 33 – Er, InfAuslR 2008, 423).

- Für die Kinder eines die Rechtsstellung nach Art. 7 Satz 1 ARB 1/80 vermittelnden türkischen Arbeitnehmers hat der EuGH entschieden, dass diese ihr aus dem Beschäftigungsanspruch abgeleitetes Aufenthaltsrecht, wenn sie es rechtmäßig erworben haben, auch dann behalten, wenn sie nicht mehr bei dem Stammberechtigten wohnen, sondern ein eigenständiges Leben führen (vgl. Urt. v. 7.7.2005 – C-373/03 – Aydinli, Slg. 2005, I-6181, Rn. 32; Urt. v. 18.7.2007 – C-325/05 – Derin, Rn. 57; Urt. v. 4.10.2007 – C-349/06 – Polat, Rn. 21).

- Das Aufenthaltsrecht kann weiter geltend gemacht werden, wenn der türkische Stammberechtigte inzwischen aus dem Erwerbsleben ausgeschieden ist und erlischt ferner nicht dadurch, dass der Begünstigte etwa durch Verbüßung einer zeitigen Freiheitsstrafe zeitweilig dem Arbeitsmarkt nicht

II

zur Verfügung steht (vgl. EuGH, Urt. v. 11.11.2004 – C 467/02; VGH Kassel, Beschl. v. 29.12.2004 – 12 TG 3649/04, DVBl. 2005, 320 = NVwZ-RR 2005, 571).

2. Beschäftigungsrecht

Art. 7 Satz 1 ARB 1/80 vermittelt den Familienangehörigen eines türkischen Arbeitnehmers zwar kein Zuwanderungsrecht in das Bundesgebiet, denn er enthält keine Regelungen über Voraussetzungen für die Familienzusammenführung (VGH München, InfAuslR 1998, 154; VGH Mannheim, NVwZ-RR 1992, 657; vgl. *Fehrenbacher,* Einreise und Aufenthalt von türkischen Staatsangehörigen, ZAR 2008, 335, 341). Diesbezüglich ist daher nationales Recht maßgebend (vgl. §§ 27 ff. AufenthG). Dennoch hat Art. 7 ARB 1/80 eine unmittelbare Wirkung auf die aufenthaltsrechtliche Stellung der Familienangehörigen türkischer Arbeitnehmer nach der Einreise in den gesetzlich geordneten Bahnen nach § 6 Abs. 3 AufenthG, der die Einholung eines nationalen und nach § 31 Abs. 1 Satz 1 Nr. 1 AufenthV zustimmungspflichtigen nationalen Visums erfordert (vgl. VGH Mannheim, InfAuslR 1995, 51 bzw. 53).

Art. 7 Satz 1 ARB 1/80 vermittelt ein eigenständiges und dauerndes Aufenthaltsrecht, das unter dem Vorbehalt des Art. 14 ARB 1/80 (gegenwärtige, tatsächliche und schwerwiegende Gefahr für die öffentliche Ordnung, Sicherheit oder Gesundheit; vgl. ordre public-Klauseln in Art. 45 Abs. 3 und Art. 52 Abs. 1 AEUV) steht und mit der Ausreise für einen nicht unerheblichen Zeitraum aus einem nicht berechtigten Grund entfallen kann (vgl. EuGH, Urt. v. 4.10.2007 – C-349/06, Rn. 21 – Polat, InfAuslR 2007, 425; EuGH, Urt. v. 11.11.2004 – C-467/02, Rn. 31 – Cetinkaya, InfAuslR 2005, 13).

3. Art. 7 Satz 1 erster Spiegelstrich ARB 1/80

Das assoziationsrechtliche Beschäftigungsrecht der Familienangehörigen aus Art. 7 Satz 1 erster Spiegelstrich ARB 1/80 setzt die Zugehörigkeit des türkischen Arbeitnehmers (Bezugsperson) zum regulären Arbeitsmarkt voraus. Nicht begünstigt sind Familienangehörige, die zu einem anderen Aufenthaltszweck als zum Familiennachzug (z. B. Aufenthalt zum Zwecke der Ausbildung, Aufenthalt aus humanitären Gründen, Recht auf Wiederkehr) in das Bundesgebiet eingereist sind und sich zu diesem Zweck im Bundesgebiet aufhalten. Bei Geburt im Bundesgebiet oder einem Zweckwechsel in den Bereich des Familiennachzugs können sie auch noch nach der Einreise ein Aufenthaltsrecht nach Art. 7 Satz 1 ARB 1/80 erlangen. Diese Bestimmung vermittelt über einen Anspruch auf Erteilung einer Arbeitserlaubnis hinaus zugleich ein Aufenthaltsrecht, dem die Ausländerbehörde durch die Ausstellung der Aufenthaltserlaubnis nach § 4 Abs. 5 Satz 1 AufenthG Rechnung tragen muss.

Anders als bei Art. 6 Abs. 1 ARB 1/80 hängt die Entstehung und auch der Fortbestand des Bewerbungs- und freien Zugangsrechts der Familienangehörigen nicht davon ab, dass sie dem regulären **II** Arbeitsmarkt angehören und während einer bestimmten Dauer eine Beschäftigung im Lohn- und Gehaltsverhältnis ausüben. Ein türkischer Staatsangehöriger, der zu seinen in Deutschland lebenden Eltern nachzieht, erwirbt nur dann eine Rechtsposition aus Art. 7 Satz 1 ARB 1/80, wenn die Voraussetzungen dieser Bestimmung im Zeitpunkt des Nachzuges vorliegen. Das Recht entsteht, wenn der türkische Arbeitnehmer, zu dem auf der Grundlage nationalen Rechts nachgezogen wird, dem regulären Arbeitsmarkt angehört. Dies setzt voraus, dass er im Zeitpunkt des Vorliegens der Nachzugsvoraussetzungen im Fall des Aufenthalts des Familienangehörigen im Bundesgebiet dem regulären Arbeitsmarkt des betreffenden Mitgliedstaates angehört, sich ggf. als Arbeitsuchender meldet und der Arbeitsverwaltung zur Verfügung steht (vgl. EuGH, InfAuslR 1997, 146).

Art. 7 ARB 1/80 ist im Verhältnis zu Art. 6 Abs. 1 ARB 1/80 eine Spezialvorschrift und lässt daher die nach ihr erlangten Rechte auch dann unberührt, wenn ein Assoziationsrecht nach Art. 6 Abs. 1 ARB 1/80 oder ein Aufenthaltsrecht nach einer innerstaatlichen Regelung entfällt. Anders als bei Art. 6 Abs. 1 ARB 1/80 hängt die Entstehung und der Fortbestand des Bewerbungs- und Zugangsrechts der Familienangehörigen nicht davon ab, dass diese dem regulären Arbeitsmarkt angehören und während einer bestimmten Dauer eine Beschäftigung im Lohn- und Gehaltsverhältnis ausüben. Art. 7 ARB 1/80 gewährt ein Bewerbungsrecht sowie den Zugang zu einer Beschäftigung, verknüpft den Fortbestand der erlangten Rechte jedoch nicht mit der Ausübung einer Arbeitnehmertätigkeit.

4. Art. 7 Satz 1 zweiter Spiegelstrich ARB 1/80

Mit der Verwirklichung des Rechts auf freien Zugang zu einer ordnungsgemäßen Beschäftigung nach Art. 7 Satz 1 zweiter Spiegelstrich ARB 1/80 erlangt der Familienangehörige zugleich ein eigenständiges Aufenthaltsrecht, das nicht mehr vom Fortbestand der Familieneinheit mit einem dem regulären Arbeitsmarkt angehörenden türkischen Arbeitnehmer abhängig ist und nicht durch innerstaatliche Vorschriften beschränkt werden kann (vgl. EuGH, Urt. v. 16.3.2000 – C-329/97 – Ergat, DVBl. 2000, 691 = InfAuslR 2000, 217; VGH Mannheim, Urt. v. 17.8.2000 – 13 S 950/00, DÖV 2001, 567, Spruchpraxis Nr. 97).

II

4 Verlust des Assoziationsrechts

Ein türkischer Staatsangehöriger kann den bereits erworbenen Rechtsstatus nach Art. 7 Satz 1 ARB 1/80 grundsätzlich nur unter zwei Voraussetzungen verlieren:

- Das Verhalten des Ausländers gefährdet gemäß Art. 14 Abs. 1 ARB 1/80 tatsächlich und schwerwiegend die öffentliche Ordnung, Sicherheit oder Gesundheit. Auch eine längere Strafhaft berührt nicht die Rechte aus Art. 7 Satz 1 zweiter Spiegelstrich ARB 1/80 (EuGH, Urt. v. 11.11.2004 – C 467/02, InfAuslR 2005, 13 – Cetinkaya; EuGH, Urt. v. 7.7.2005 – C 373/03, Aydinli; BVerwG, Urt. v. 6.10.2005 – 1 C 5/04, InfAuslR 2006, 114).

- Der Betroffene hat den Aufnahmemitgliedstaat für einen beachtlichen Zeitraum und nicht nur vorübergehend ohne berechtigte Gründe verlassen (vgl. EuGH, Urt. v. 4.10.2007 – C-349/06, Rn. 21 – Polat, InfAuslR 2007, 425; EuGH, Urt. v. 18.7.2007 – C-325/05 – Derin, InfAuslR 2007, 326; EuGH, Urt. v. 11.11.2004 – C-467/02, Rn. 31 – Cetinkaya, InfAuslR 2005, 13; BVerwG, Urt. v. 25.3.2015 – 1 C 19.14, zur Auslegung des unbestimmten Rechtsbegriffs in Anlehnung an Art. 9 Abs. 1c Daueraufenthalt-RL 2003/109/EG bei Abwesenheit von zwölf aufeinander folgenden Monaten; BVerwG, Urt. v. 30.4.2009 – 1 C 6/08, Rn. 24, DÖV 2009, 870 = DVBl. 2009, 1192 = NVwZ 2009, 1162; VGH München, Urt. v. 13.5.2014 – 10 BV 12.2382, Rn. 25, 29; VG Augsburg, Beschl. v. 31.10.2014 – Au 1 E 14.1132, InfAuslR 2015, 99, 102). Ob ein Grund „berechtigt" ist, hängt, wie die Urteilsgründe in anderen Amtssprachen nahelegen (französisch: „sans motifs légitimes", englisch: „without legitimate reason", italienisch: „senza motivi legittimi" und spanisch: „sin motivos legítimos"), allein davon ab, ob die Gründe des türkischen Staatsangehörigen „legitim", also allgemein gesellschaftlich anerkannt sind, mithin nicht, ob

sie aus dem subjektiven Blickwinkel des türkischen Staatsangehörigen berechtigt erscheinen. Es kommt daher darauf an, ob
die Gründe ihrer Abwesenheit von Deutschland von der Allgemeinheit anzuerkennen oder eher zu missbilligen sind. Einem
Auslandsaufenthalt von mehr als zwölf Monaten kommt zwar
eine gewichtige Indizwirkung für eine rechtsvernichtende Verlagerung des Lebensmittelpunkts zu; bei der Beurteilung dürfen
jedoch die besonderen Umstände des Einzelfalls nicht vernach-
lässigt werden (vgl. OVG Bremen, Beschl. v. 13.4.2015 – 1 B 127/13,
AuAS 2015, 122). Die Ableistung des Wehrdienstes in der Türkei
führt nicht zum Verlust der Rechte nach Art. 7 ARB 1/80.

II

Von einer dauerhaften Rückkehr in die Türkei bzw. von der Aufgabe
des Lebensmittelpunktes im Bundesgebiet ist bei mehr als sechs-
monatiger Abwesenheit auszugehen (vgl. OVG Münster, Beschl. v.
8.3.2006 – 18 B 130/06, InfAuslR 2006, 312; OVG Münster, Beschl. v.
9.12.2002 – 18 B 840/02, AuAS 2003, 74 = EZAR 029 Nr. 22). Rechte
aus dem ARB 1/80 erlöschen folglich dahingehend nicht, wenn der
Betroffene sich bis zu sechs Monaten im Ausland aufgehalten hat
und anschließend wieder ins Bundesgebiet eingereist ist (LSG Stuttgart, Beschl. v. 23.1.1993 – L 3 Ar 2016/88, InfAuslR 1993, 190 ff.). Sie
erlöschen auch dann nicht, wenn der Assoziationsberechtigte aus
einem berechtigten Grund in die Türkei zurückgekehrt war.

Beispiele:

- Im Gegensatz zu Art. 6 Abs. 1 ARB 1/80 führt die Aufnahme
einer selbstständigen Tätigkeit für sich allein nicht zum
Verlust eines nach Art. 7 Satz 1 ARB 1/80 erlangten Rechts.

- Kinder türkischer Arbeitnehmer verlieren bei Aufgabe des
Lebensmittelpunktes im Bundesgebiet ohne berechtigte
Gründe die Rechte aus Art. 7 Satz 2 ARB 1/80 (VGH Mün-
chen, Beschl. v. 9.6.2000 – 10 ZS 00.1366, InfAuslR 2000, 424).
Bei der Verbüßung einer Haftstrafe im Ausland handelt es
sich nicht um einen berechtigten Grund für die Ausreise.

- Ein Rechtsverlust tritt nicht ein, wenn die Eltern eingebür-
gert werden und nicht mehr türkische Staatsangehörige
sind (vgl. VGH Mannheim, Beschl. v. 18.10.2006 – 13 S 192/06,
ZAR 2007, 68 = InfAuslR 2007, 49). Nach der Einbürgerung
liegen jedoch die Voraussetzungen für einen Neuerwerb
der Rechte nach Art. 7 Satz 1 ARB 1/80 nicht mehr vor, da es

am Tatbestandsmerkmal des türkischen Arbeitnehmers als Bezugsperson fehlt.

- Die Ableistung des Wehrdienstes führt, obwohl es sich um ein Verlassen für einen erheblichen Zeitraum handeln kann, grundsätzlich nicht zum Wegfall eines Aufenthaltsrechts nach Art. 6 Abs. 1 oder Art. 7 ARB 1/80, da es sich hierbei nicht um ein „Verlassen ohne berechtigten Grund" (Erfüllung einer staatsbürgerlichen Pflicht) handelt und dadurch die Absicht einer Wiederkehr oder einer Aufgabe des Lebensmittelpunkts im Aufnahmemitgliedstaat nicht automatisch entfällt.

5 Eigenständiges Aufenthaltsrecht von Ehegatten

Hat ein türkischer Arbeitnehmer, der zum Zwecke des Ehegattennachzugs in das Bundesgebiet eingereist ist, ein Erneuerungsrecht nach Art. 6 Abs. 1 erster Spiegelstrich ARB 1/80 erlangt, da er mehr als ein Jahr beim gleichen Arbeitgeber beschäftigt ist, entfällt ein dadurch entstandenes Aufenthaltsrecht nicht nach der Aufhebung der ehelichen Lebensgemeinschaft gemäß § 31 Abs. 1 AufenthG. Ihm wird auch nach Aufhebung der ehelichen Lebensgemeinschaft auf Antrag eine Aufenthaltserlaubnis nach § 4 Abs. 5 Satz 1 AufenthG ausgestellt. Diese Vergünstigung gilt jedoch nur, solange der Assoziationsberechtigte den Anspruch auf Ausstellung einer Aufenthaltserlaubnis nach § 4 Abs. 5 AufenthG hat.

Der Aufenthalt des türkischen Ehegatten ist nicht als gefestigt oder ordnungsgemäß anzusehen, wenn er durch Täuschung zustande gekommen ist (vgl. § 27 Abs. 1a AufenthG; EuGH, Urt. v. 5.6.1997 C-285/95 – Kol, Slg. 1997, I-3069 = DVBl. 1997, 894 = InfAuslR 1997, 338, zum Vorliegen einer ordnungsgemäßen Beschäftigung i. S. v. Art. 6 Abs. 1 ARB 1/80). Insoweit besteht kein Vertrauensschutz auf einen Behalt des Aufenthaltsrechts; der Aufenthaltstitel kann in diesem Fall auch für einen zurückliegenden Zeitraum nach § 48 (L)VwVfG zurückgenommen werden (vgl. EuGH, Urt. v. 8.11.2012 – C-268 – Gülbahce, InfAuslR 2013, 11).

6 Aufenthaltsrecht nach Art. 7 Satz 2 ARB 1/80

Art. 7 Satz 2 ARB 1/80 räumt ein Bewerbungsrecht für Kinder bestimmter türkischer Arbeitnehmer nach erfolgreich abgeschlossener Ausbildung (Studium, Berufsausbildung) ein. Ehegatten von türkischen Arbeitnehmern sind nicht begünstigt. Ob die Berufsausbildung im Wege des Familiennachzugs oder eines Ausbildungs- bzw. Studienaufenthalts aufenthaltsrechtlich zustande gekommen ist, ist unerheblich. Nach der Rechtsprechung hängt das Recht nach Art. 7 Satz 2 ARB 1/80 – im Gegensatz zu Satz 1 – nicht davon ab, aus welchem Grund dem Kind des türkischen Arbeitnehmers der Aufenthaltstitel erteilt wurde (vgl. EuGH, Urt. v. 5.10.1994 – C-355/93 – Eroglu, NVwZ 1995, 53).

II

Im Vergleich zu Art. 7 Satz 1 ARB 1/80 knüpft der beschäftigungs- und daher auch aufenthaltsrechtliche Anspruch für Kinder türkischer Arbeitnehmer nach Satz 2 dieser Vorschrift nicht an einen Familiennachzug und an einen ordnungsgemäßen Aufenthalt des Familienangehörigen von drei bis fünf Jahren an. Diesbezüglich unterscheiden sich beide Vorschriften in ihren tatbestandlichen Voraussetzungen und treffen somit Regelungen für ganz unterschiedliche Sachverhalte, die zu einem Zusammenleben unter türkischen Arbeitnehmern, die einer Familie angehören, führen können. Art. 7 Satz 2 ARB 1/80 stellt keine Modifikation des Satzes 1 dar, sondern knüpft den Anspruch an den Abschluss einer Berufsausbildung sowie an die ordnungsgemäße Beschäftigung eines Elternteils von mindestens drei Jahren; der Elternteil muss nicht zwingend im Bundesgebiet sein. Das Bewerbungsrecht setzt keine Beschäftigung des türkischen Kindes voraus, sondern ermöglicht diese erst. Eine ähnliche Regelung enthalten § 16 Abs. 4 bzw. Abs. 5b und § 17 Abs. 3 AufenthG für Ausländer, die das Studium erfolgreich abgeschlossen haben. Ihnen kann die Aufenthaltserlaubnis bis zu 18 Monaten nach dem Studium und bis einem Jahr nach der schulischen oder betrieblichen Berufsausbildung zur Suche eines dem Studium oder der Berufsausbildung angemessenen Arbeitsplatzes unter der Voraussetzung, dass eine Arbeitsmigration nach §§ 18 bis 21 AufenthG zugelassen werden kann, verlängert werden.

Wichtig: Das innerstaatliche Recht auf Arbeitsplatzsuche wird durch dieses vorrangige assoziationsrechtliche Bewerbungsrecht überlagert.

III. Famillienfreizügigkeit nach Unionsrecht

1   Familiennachzug von Familienangehörigen zu
    drittstaatsangehörigen Unionsbürgern 226

1. Allgemeines 226

2. Begriff des Familienangehörigen.................................... 229

3. Visumpflicht von drittstaatsangehörigen
    Familienmitgliedern eines Unionsbürgers....................... 230

4. Einreise- und Aufenthaltsrecht drittstaatsangehöriger
    Familienangehöriger.. 237

5. Rückkehrer-Fälle 239

6. Elterliche Sorge für ein Kind.. 244

7. Ausstellung einer Aufenthaltskarte.................................. 244

2   Bleiberecht der drittstaatsangehörigen
    Familienangehörigen... 245

3   Einreise- und Aufenthaltsverbot für
    Familienangehörige von Unionsbürgern.......................... 248

III

1 Familiennachzug von Familienangehörigen zu drittstaatsangehörigen Unionsbürgern

1. Allgemeines

Das Recht von Unionsbürgern auf Einreise und Aufenthalt ergibt sich unmittelbar aus dem primären Unionsrecht. Art. 20 AEUV vermittelt den Unionsbürgern das Recht, sich innerhalb der Europäischen Union frei zu bewegen und aufzuhalten (Freizügigkeit). Spezielle Freizügigkeitsgewährleistungen für bestimmte Personengruppen (Arbeitnehmer, Selbstständige, Dienstleistungserbringer) ergeben sich aus Art. 45, 49, 56 AEUV. Das Recht der Unionsbürger auf Freizügigkeit aus Art. 21 AEUV steht unter dem Vorbehalt der unionsrechtlichen Durchführungsbestimmungen (z. B. in Bezug auf Nichterwerbstätige). Grundlegende Bedeutung hierbei hat die FreizügRL/EU, deren Umsetzung durch Anpassungen im Freizügigkeitsgesetz/EU aufgrund des ersten Richtlinienumsetzungsgesetzes v. 19.8.2007 (BGBl. I S. 1970) erfolgt ist.

Hinweis:

Das Vereinigte Königreich hat die Erklärung über den Austritt aus der EU nach Art. 50 EUV am 29. März 2017 abgegeben. Sofern sich nicht alle 27 EU-Mitgliedstaaten (einschl. einiger Regionalparlamente) und das EU-Parlament auf ein neues Vertragsverhältnis (oder eine Fristverlängerung) einigen, ist das Vereinigte Königreich zwei Jahre später ein Drittstaat im Verhältnis zur Europäischen Union und deren Mitgliedstaaten.

Das Vereinigte Königreich will nach dem Ausscheiden aus der Europäischen Union die Freizügigkeit für andere Unionsbürger beenden. Dies bedeutet, dass Angehörige anderer EU-Mitgliedstaaten und deren Familienangehörige im Vereinigten Königreich nicht mehr freizügigkeitsberechtigt sind.

Die Angehörigen des Vereinigten Königreichs und deren Familienangehörige sind mit dem Ausscheiden ihres Landes aus der Europäischen Union nicht mehr Unionbürger i. S. v. Art. 20 AEUV und kommen daher nicht mehr in den Genuss des Freizügigkeitsrechts. Deren aufenthaltsrechtliche Position als Drittstaatsangehörige regelt sich daher nach innerstaatlichem Recht (AufenthG), es sei denn, dass im Unionsrecht auch aufenthaltsrechtliche Sonderregelungen geschaffen werden, die etwa dem

EWR-Abkommen (vgl. § 12 FreizügG/EU) oder dem Freizügigkeitsabkommen EG/Schweiz v. 21.6.1999, in denen allerdings
Freizügigkeit gewährleistet wird, angenähert sind. Ansonsten
wird sich die aufenthaltsrechtliche Position der Angehörigen
des Vereinigten Königreichs, deren Unionsbürgerstatus wegfallen wird, und die Position ihrer Familienangehörigen, die
bislang in den Genuss des Freizügigkeitsrechts gekommen sind,
nach innerstaatlichen Vorschriften, in denen der besonderen
Situation durch eine Übergangsregelung Rechnung getragen
werden kann, richten.

Diese Richtlinie gilt nach Art. 3 Abs. 1 für jeden Unionsbürger, der **III**
sich in einen anderen als den EU-Mitgliedstaat, dessen Staatsangehörigkeit er besitzt, begibt oder sich dort aufhält (vgl. § 1 FreizügG/
EU), sowie für seine Familienangehörigen i. S. v. Art. 2 Nr. 2 der
Richtlinie, die ihn begleiten oder ihm nachziehen (vgl. § 3 Abs. 2
FreizügG/EU). Zum Kreis der Familienangehörigen gehören auch
Drittstaatsangehörige. Deutsche Staatsangehörige fallen weder
unter den Anwendungsbereich der Richtlinie noch sind sie Normadressaten des Freizügigkeitsgesetzes/EU (§ 1 FreizügigG/EU). Die
Freizügigkeitsrichtlinie regelt das Einreise- und Aufenthaltsrecht von
Unionsbürgern innerhalb der Europäischen Union. Während sich
Unionsbürger im Rahmen der Ausübung des Freizügigkeitsrechts in
einem anderen EU-Mitgliedstaat aufhalten, fließt das Recht auf Aufenthalt im Herkunftsmitgliedstaat nicht aus dem Unionsrecht, sondern aus der Staatsangehörigkeit (EuGH, Urt. v. 7.7.1992 – C-370/90
– Singh, RN 22).

Hinweis:

Die Freizügigkeitsrichtlinie ist darauf angelegt, die Freizügigkeit der Arbeitnehmer sicherzustellen, deren Ausübung in
Freiheit und Menschenwürde es erfordert, dass die bestmöglichen Bedingungen für die Integration ihrer Familien im Aufnahmemitgliedstaat geschaffen werden (vgl. dazu EuGH, Urt.
v. 13.11.1990, – C-308/89 – Di Leo / Land Berlin, Slg. 1990, I-4185,
RN 13).

Das Aufenthaltsrecht von (drittstaatsangehörigen) Familienangehörigen von Unionsbürgern, die nicht Deutsche sind, richtet sich allein

III

nach dem Freizügigkeitsgesetz/EU. Das AufenthG kann nur über § 11 FreizügG/EU Anwendung finden. Im Hinblick auf den Nachzug von Familienangehörigen zu den nach Unionsrecht freizügigkeitsberechtigten Unionsbürgern (vgl. Art. 20, Art. 21 AEUV) in das Bundesgebiet finden insbesondere § 1, § 2 Abs. 1, 2 Nr. 7, § 3 und § 4 FreizügG/EU sowie insbesondere Art. 6 bis 14 FreizügRL/EU Anwendung.

Nach § 3 Abs. 1 FreizügG/EU haben die Familienangehörigen ein von der Freizügigkeit des Unionsbürgers abgeleitetes Aufenthaltsrecht. Die Freizügigkeit der Familienangehörigen ist daher auch auf die Herstellung und den Bestand einer familiären Lebensgemeinschaft (Art. 6 Abs. 1 GG) oder einer Lebenspartnerschaft ausgerichtet und in Bestand und Dauer grundsätzlich mit dem Aufenthaltsrecht des freizügigkeitsberechtigten Unionsbürgers verknüpft (vgl. jedoch Art. 12 und 13 FreizügRL/EU; § 3 Abs. 3 bis 5, § 4a Abs. 5 FreizügG/EU). Die Familienangehörigen von freizügigkeitsberechtigten Unionsbürgern kommen ungeachtet dessen, ob sie einem Drittstaat angehören, in den Genuss des Freizügigkeitsrechts, wenn sie dem stammberechtigten Unionsbürger nachziehen oder diesen begleiten. Dem Ehegatten, Lebenspartner und den Kindern wird unabhängig vom Fortbestand der Ehe unter bestimmten Voraussetzungen ein Bleiberecht (Art. 12, 13 FreizügRL/EU; § 3 Abs. 3 bis 5 FreizügG/EU) oder Daueraufenthaltsrecht (Art. 16 FreizügRL/EU; § 4a FreizügG/EU) eingeräumt.

Wichtig: Nach der Rechtsänderung aufgrund des Gesetzes zur Änderung des Freizügigkeitsgesetzes/EU und weiterer aufenthaltsrechtlicher Vorschriften v. 21.1.2013 (BGBl. I S. 86) ist mit § 2 Abs. 7 FreizügG/EU die sogenannte Nichtbestehensfeststellung eingeführt worden. Scheinehen, Scheinvaterschaften oder Scheinadoptionen entfalten keine positive aufenthaltsrechtliche Wirkung und sind zu bekämpfen. In diesen Fällen können in Bezug auf drittstaatsangehörige Familienangehörige nach § 2 Abs. 7 Satz 2 und Satz 3 FreizügG/EU eine sogenannte Nichtbestehensfeststellung erlassen sowie das Visum oder die Aufenthaltskarte versagt bzw. die Aufenthaltskarte schriftlich eingezogen werden. Unter diesen Voraussetzungen findet dann das Aufenthaltsgesetz Anwendung (§ 11 Abs. 2 FreizügG/EU). In diesen Fällen gewinnt § 14 Abs. 1 Nr. 2a AufenthG, der in solchen Fällen eine unerlaubte Einreise bewirkt und zur Vollziehbarkeit der Ausreisepflicht nach § 58 Abs. 2 Satz 1 Nr. 1 AufenthG führt, an Bedeutung.

Hinweis:

§§ 27 ff. AufenthG finden auf Unionsbürger und deren drittstaatsangehörige Familienangehörige keine Anwendung (vgl.
§ 11 Abs. 1 Satz 1 FreizügG/EU), es sei denn, die Meistbegünstigungsklausel des § 11 Abs. 1 letzter Satz FreizügG/EU greift
ein. So unterliegt der drittstaatsangehörige Ehegatte eines
Unionsbürgers beim Ehegattennachzug nicht dem Spracherfordernis nach § 30 Abs. 1 Satz 1 Nr. 2 AufenthG. Er hat
jedoch einen Anspruch auf Teilnahme am Sprachkurs, der sich
aus der Meistbegünstigungsklausel des § 11 Abs. 1 letzter Satz
FreizügG/EU herleiten lässt.

III

2. Begriff des Familienangehörigen

Der Begriff des Familienangehörigen ist in § 3 Abs. 2 FreizügG/EU
definiert und entspricht dem Familienbegriff des Art. 2 Nr. 2 Frei-
zügRL/EU (vgl. dazu Hailbronner, Neue Richtlinie zur Freizügigkeit
der Unionsbürger, ZAR 2004, S. 259–265; Die Unionsbürgerrichtlinie
und der ordre public, ZAR 2004, S. 299–305). Der begünstigte Ver-
wandtenkreis geht hinsichtlich der Einräumung eines gesetzlichen
Nachzugsanspruchs personell über den nach §§ 27 ff. AufenthG
nachzugsberechtigten Personenkreis hinaus. Lebenspartner sind
den Ehegatten gleichgestellt. So sind Kinder, die noch nicht 21 Jahre alt sind, begünstigt. Zum begünstigten Familienkreis nach § 3
Abs. 2 FreizügG/EU gehören auch die in gerader Linie Verwandten
der (drittstaatsangehörigen) Ehegatten (z. B. drittstaatsangehörige
Stiefkinder und Schwiegereltern des Unionsbürgers).

Ähnlich wie die in § 3 Abs. 1 Nr. 1 und Nr. 2 FreizügG/EU genannten
(drittstaatsangehörigen) Familienangehörigen werden die entsprechenden Familienangehörigen von Deutschen, die während ihres
länger als drei Monate dauernden Aufenthalts in einem anderen
Mitgliedstaat der Europäischen Union freizügigkeitsberechtigt waren und nicht nur einen Kurzaufenthalt durchlaufen haben, aufenthaltsrechtlich behandelt (sogenannte Rückkehrer-Fälle; vgl. Welte,
Familienfreizügigkeit im Rückkehrerfall, InfAuslR 2010, 329; Kluth/
Hund/Maaßen, S. 560, Rn. 22, 23).

Verwandte in gerader absteigender Linie sind Kinder, auch nichteheliche und adoptierte Kinder, sowie Enkelkinder und Stiefkinder.
Bei Verwandten in absteigender Linie ist Voraussetzung, dass sie

noch nicht 21 Jahre alt sind oder ihnen Unterhalt vom Unionsbürger, von dessen (drittstaatsangehörigem) Ehegatten oder Lebenspartner gewährt wird (vgl. Art. 2 Nr. 2 Buchst. c FreizügRL/EU). Die Unterhaltsgewährung wird auch für das Aufenthaltsrecht aller Verwandten der geraden aufsteigenden Linie gefordert (vgl. Art. 2 Nr. 2 Buchst. d FreizügRL/EU). Abzustellen ist dabei auf die tatsächliche Gewährung von Mitteln zur Bestreitung des Lebensunterhaltsbedarfs durch den Unionsbürger und nicht auf Leistungen, die vom Staat gewährt werden. Die Leistungen des Angehörigen müssen nicht den gesamten Lebensunterhalt decken; es genügt, wenn ein Teil des Lebensunterhalts (z. B. mietfreies Wohnen) gewährt wird. Die Unterhaltsgewährung kann durch die Freizügigkeitsberechtigten oder auch durch deren Ehepartner oder Lebenspartner erfolgen. Andere Familienangehörige dürfen zum Unterhalt beitragen (§ 11 Abs. 1 letzter Satz FreizügG/EU i. V. m. § 2 Abs. 3 Satz 4 AufenthG). Der Unterhalt darf jedoch – mit Ausnahme der in § 2 Abs. 3 Satz 2 Nr. 1 bis Nr. 7 AufenthG genannten öffentlichen Mittel – nicht ausschließlich aus öffentlichen Mitteln, die nicht auf einer Beitragsleistung beruhen, bestritten werden. Die Vermeidung einer außergewöhnlichen Härte i. S. v. § 36 Abs. 2 Satz 1 AufenthG ist nicht erforderlich.

Wichtig: Entfällt die Privilegierung als Familienangehöriger, ist im Anwendungsbereich des § 5 Abs. 4 FreizügG/EU zu prüfen, ob der Betroffene aus eigenem Recht freizügigkeitsberechtigt ist oder ob ein Bleiberecht oder Daueraufenthaltsrecht (§ 4a) nach dem FreizügG/EU besteht. Wird dies verneint, ist auch zu prüfen, ob nach Art. 6 Abs. 1 oder Art. 7 ARB 1/80 ein Aufenthaltsrecht besteht. Wird dies ebenfalls verneint, kann die Gewährung eines Aufenthaltsrechts nach dem Aufenthaltsgesetz (z. B. § 25 Abs. 5, §§ 31, 34, 35 AufenthG) in Betracht kommen (§ 11 Abs. 1 letzter Satz FreizügG/ EU, zur günstigeren Rechtsstellung nach dem Aufenthaltsgesetz; siehe auch Art. 14 FreizügRL/EU).

3. Visumpflicht von drittstaatsangehörigen Familienmitgliedern eines Unionsbürgers

Für die Einreise drittstaatsangehöriger Familienangehöriger von Unionsbürgern darf nach Art. 5 Abs. 2 Satz 1 FreizügRL/EU ein „Einreisevisum", das für die Einreise in das Bundesgebiet zur Geltendmachung des Freizügigkeitsrechts nach § 2 Abs. 2 Nr. 6 FreizügG/EU dient, gefordert werden (§ 2 Abs. 4 Satz 2 FreizügG/EU), es sei denn,

sie besitzen eine Aufenthaltskarte (Art. 5 Abs. 1 Satz 2 FreizügRL/
EU; § 2 Abs. 4 Satz 3 FreizügG/EU). Der Besitz einer Aufenthaltskarte
setzt allerdings voraus, dass sie in einem anderen EU-Aufenthaltsmitgliedstaat als Familienangehörige freizügigkeitsberechtigt sind
bzw. waren, da sie sich dort länger als drei Monate aufgehalten
haben (Art. 9 Abs. 1 und Art. 10 FreizügRL/EU). Dieser Personenkreis
kommt ungeachtet dessen, ob sich der Familienangehörige im Drittstaat oder einem EU-Mitgliedstaat aufhält oder ob der Ehegatte erst
nach der Einreise in das Bundesgebiet heiratet, in den Genuss der
FreizügRL/EU (vgl. EuGH, Urt. v. 25.7.2008 – C-127/08 – Metock, ZAR
2008, 354, mit Anmerkung *Laier*, = InfAuslR 2008, 377 = AuAS 218).
Nach Unionsrecht begünstigten drittstaatsangehörigen Familienangehörigen von freizügigkeitsberechtigten Unionsbürgern darf
unter Berücksichtigung des Grundsatzes der Verhältnismäßigkeit
wegen eines Verstoßes gegen die Visumpflicht weder die Einreise
noch die Ausstellung einer Aufenthaltskarte verweigert werden,
wenn sie ihre Identität und Familienzugehörigkeit an der Grenze
oder nach der Einreise nachweisen (Art. 5 Abs. 4 FreizügRL/EU; vgl.
EuGH, EZAR 814 Nr. 8 = AuAS 2003, 38).

III

Das nach § 2 Abs. 4 Satz 2 FreizügG/EU erforderliche Einreisevisum
dokumentiert das europarechtliche Aufenthaltsrecht nach Art. 7
Abs. 2 FreizügRL/EU, § 3 oder § 4 FreizügG/EU, das unmittelbar
nach der Einreise begründet wird. Bei dem Einreisevisum handelt
es sich daher nicht um ein nationales Visum nach § 6 Abs. 3 AufenthG, sondern nur um ein „Visum für die Einreise" in das Bundesgebiet (vgl. § 2 Abs. 4 Satz 2 FreizügG/EU) zur Verwirklichung des
Freizügigkeitsrechts. § 6 Abs. 3 AufenthG findet nach § 11 Abs. 1
Satz 1 FreizügG/EU im Anwendungsbereich des FreizügG/EU keine
Anwendung. Dieses Visum kann Drittstaatsangehörigen ansonsten nur für einen Kurzaufenthalt bis zu 90 Tagen je Zeitraum von
180 Tagen als Schengen-Visum (§ 6 Abs. 1 Nr. 1 AufenthG) erteilt
werden, wenn die Erteilungsvoraussetzungen des SDÜ und der
dazu ergangenen Ausführungsvorschriften (Art. 15 i. V. m. Art. 5
Abs. 1 Buchst. a, c, d und e SGK) vorliegen. Hingegen haben drittstaatsangehörige Familienangehörige von Unionsbürgern einen
unionsrechtlichen Anspruch auf Ausstellung des gebührenfreien
Visums, wenn sie als Familienangehörige von Unionsbürgern gemäß
§ 2 Abs. 2 Nr. 6 FreizügG/EU freizügigkeitsberechtigt sind (Art. 5
Abs. 2 Satz 1 RL) und somit den Unionsbürger in das Bundesgebiet

begleiten oder ihm nachziehen wollen. Ohne diesen Anspruch ließe sich das Freizügigkeitsrecht nicht praktisch umsetzen.

Das Einreisevisum zum Zweck des Familiennachzugs in den EU-Aufnahmemitgliedstaat nach Art. 2 EUVisumVO genügt für die Geltendmachung eines über drei Monate hinausgehenden längerfristigen Aufenthaltsrechts nach Art. 7 Abs. 2 RL aber nur dann, wenn der Unionsbürger (Stammberechtigte) nach § 2 Abs. 2 Nr. 1 bis Nr. 5 oder Nr. 7 FreizügG/EU freizügigkeitsberechtigt ist; dies kann sich auch erst nach der Einreise ergeben. Dabei ist unerheblich, ob der drittstaatsangehörige Familienangehörige bei der Einreise einen Kurzaufenthalt oder einen längerfristigen Aufenthalt beabsichtigt und welche Angaben von ihm diesbezüglich in einem Visumantrag gemacht worden sind, da das entscheidungserhebliche Merkmal für die Visumerteilung nur der Umstand ist, dass er als Familienangehöriger eines (künftig) freizügigkeitsberechtigten Unionsbürgers zu diesem in das Bundesgebiet nachzieht oder diesen bei der Einreise begleitet. Es müssen daher zumindest Nachweise über die Eigenschaft des Stammberechtigten als Unionsbürger sowie über die familiäre Beziehung zwischen dem Unionsbürger und dem drittstaatsangehörigen Familienangehörigen vorliegen (vgl. § 5a Abs. 2 FreizügG/EU). Geht es von vornherein um einen länger als drei Monate dauernden Aufenthalt des drittstaatsangehörigen Familienangehörigen im Bundesgebiet (Aufenthalt nach § 3 oder § 4 FreizügG/EU), reicht das Vorliegen der Voraussetzungen des Art. 7 Abs. 2 FreizügRL/EU aus.

Bei der Ausstellung eines Visums durch die deutsche Auslandsvertretung (§ 71 Abs. 2 AufenthG) lässt sich bei Geltendmachung eines (längerfristigen) Freizügigkeitsrechts sowie dem Begehren auf Ausübung einer Erwerbstätigkeit im Visumverfahren ein Zustimmungsvorbehalt der Ausländerbehörde gemäß § 31 Abs. 1 AufenthV nicht begründen. Das Visumverfahren ist beschleunigt zu handhaben (Art. 5 Abs. 2 Unterabs. 1 Satz 2 FreizügRL/EU). Für eine Zustimmung der Ausländerbehörde im Visumverfahren nach § 31 Abs. 1 AufenthV ist kein Raum, da diese Verfahrensvorschrift nicht nach § 11 Abs. 1 Satz 1 FreizügG/EU anwendbar ist und es sich beim Einreisevisum nach Art. 2 EUVisumVO nicht um ein nationales Visum nach § 6 Abs. 3 AufenthG handelt, auf welches sich diese Verfahrensvorschrift bezieht. So ist es in den Fällen des Kurzaufenthalts nach Art. 6 Abs. 2 RL bzw. § 2 Abs. 5 FreizügG/EU dem Unionsbürger und auch seinen drittstaatsangehörigen Familienangehörigen nicht verwehrt, nach der Einreise in das Bundesgebiet ein Recht auf Aufenthalt für mehr als drei Monate nach Art. 7 Abs. 1 und 2 FreizügRL/EU und § 2 Abs. 2 Nr. 1 bis 7 FreizügG/EU geltend zu machen oder eine Erwerbstätigkeit auszuüben. Das erlangte Freizügigkeitsrecht verbietet in diesen Fällen einen Verweis auf eine Nachholung des Visumverfahrens wie etwa in den Fällen des § 5 Abs. 2 Satz 1 AufenthG. Dem Verweis auf die Einhaltung der gesetzlichen Visumpflicht würde daher – wie etwa in den Fällen des § 5 Abs. 2 Satz 1 AufenthG – nach der Einreise in das Bundesgebiet keine besondere Bedeutung mehr zukommen, zumal bei Unionsbürgern und deren Familienangehörigen das besondere öffentliche Interesse an einer Steuerung und Kontrolle der Einreise entfällt. Die Grundfreiheit des Personenverkehrs in der EU (vgl. *Ruffert*, Die Grundfreiheiten im Recht der Europäischen Union, JuS 2009, 97) verdrängt dieses nationale einwanderungspolitische Interesse nach § 1 Abs. 1 Satz 1 AufenthG.

III

Für einen Kurzaufenthalt (vgl. Art. 6 Abs. 2 FreizügRL/EU) ist unter den erleichterten Voraussetzungen des § 2 Abs. 5 Satz 2 FreizügG/EU kein Einreisevisum erforderlich, sondern der Besitz eines gültigen Personalausweises oder Reisepasses ausreichend. Ein erforderliches Einreise- bzw. Schengen-Visum für einen Kurzaufenthalt des drittstaatsangehörigen Familienangehörigen bis zu drei Monaten im EU-Mitgliedstaat nach Art. 6 Abs. 2 FreizügRL/EU entfällt aber nur dann, wenn er den Unionsbürger begleitet oder zu diesem nachzieht (§ 2 Abs. 5 FreizügG/EU), ohne dass dieser nach § 2 Abs. 2 Nr. 1 bis 5 FreizügG/EU freizügigkeitsberechtigt sein muss; für das Kurzaufenthaltsrecht genügt die Eigenschaft als Unionsbürger (vgl. Art. 2 Nr. 1 FreizügRL/EU, zum Begriff). Fehlt es an der Begleitung des Unionsbürgers oder dem Nachzug zu ihm, besteht grundsätzlich Visumpflicht, es sei denn, der Drittstaatsangehörige ist ohnehin nach günstigeren Einreisevorschriften für einen Kurzaufenthalt (nach Art. 1 Abs. 2 EUVisumVO; Art. 20, 21 SDÜ; § 15 AufenthV) ohne Erwerbstätigkeit (§ 17 AufenthV) visumfrei (vgl. OVG Berlin-Brandenburg, Beschl. v. 14.9.2007 – 2 N 38.07, InfAuslR 2008, 22).

Ein Verstoß gegen die Visumpflicht führt grundsätzlich nicht zu einer aufenthaltsbeendenden Maßnahme. Der Verstoß gegen die Visumpflicht durch einen Drittstaatsangehörigen kann nicht zur Aufenthaltsbeendigung führen, wenn der Drittstaatsangehörige als Familienangehöriger eines Unionsbürgers i. S. v. Art. 2 Nr. 2 FreizügRL/EU diesen begleitet oder ihm nachzieht und daher nach der Einreise von seinem Freizügigkeitsrecht nach Art. 3 Abs. 1 FreizügRL/EU Gebrauch macht (vgl. EuGH, Urt. v. 25.7.2002 – C-459/99 – MRAX, Slg. 2002, I-6591 = InfAuslR 2002, 417). In diesem Fall liegen die Voraussetzungen für eine Feststellung nach § 5 Abs. 4 FreizügG/EU nicht vor (vgl. Art. 5 Abs. 4 FreizügRL/EU). Ein entsprechender Verstoß genügt auch nicht den Anforderungen, die eine Rechtsverlustfeststellung nach § 6 Abs. 1 FreizügG/EU voraussetzt (Art. 14 Abs. 4 FreizügRL/EU). Dies gilt unabhängig davon, ob die Einreise in das Bundesgebiet von einem Drittstaat oder einem EU-Mitgliedstaat aus erfolgt oder dass das die familiäre Bindung begründende Ereignis (z. B. Heirat, Adoption) erst nach der Einreise stattfindet (vgl. EuGH, Urt. v. 25.7.2008 – C-127/08, AuAS 2008, 218).

III

Der EuGH hat hinsichtlich der Rechte von drittstaatsangehörigen Ehegatten von Unionsbürgern im Zusammenhang mit der Einreise zum Zweck der Familienzusammenführung Folgendes klargestellt (vgl. Urt. v. 25.7.2002 – C-459/99 – MRAX, InfAuslR 2002, 417):

■ Eine Einreiseverweigerung eines mit einem Unionsbürger verheirateten Drittstaatsangehörigen, der keinen gültigen Personalausweis oder Reisepass oder kein erforderliches Visum besitzt, kommt dann nicht in Betracht, wenn

– der Betroffene seine Identität und die Ehe nachweisen kann und

– es keine Anhaltspunkte dafür gibt, dass er eine Gefahr für die öffentliche Ordnung, Sicherheit oder Gesundheit darstellt.

■ Unter den gleichen Voraussetzungen verbietet es das Unionsrecht, einem drittstaatsangehörigen Ehegatten eines Unionsbürgers die Erteilung einer Aufenthaltskarte zu verweigern oder ihn aus dem Hoheitsgebiet zu entfernen, nur weil er illegal in das Hoheitsgebiet eingereist ist. Entsprechendes gilt, wenn er zwar legal eingereist, das Visum aber vor Beantragung seiner Aufenthaltskarte abgelaufen oder nur für einen Kurzaufenthalt erteilt worden ist.

■ Darüber hinaus steht dem drittstaatsangehörigen Ehegatten und dem Lebenspartner von Unionsbürgern die im Sekundärrecht gewährten verfahrensrechtlichen Mindestgarantien (Art. 30, 31 FreizügRL/EU) zu, auch wenn sie zurückgewiesen werden, ihnen keine Aufenthaltskarte erteilt wird oder wenn eine Rechtsverlustfeststellung nach § 5 Abs. 4 FreizügG/EU verfügt wird.

Eine Rechtsverlustfeststellung nach § 6 Abs. 1 FreizügG/EU darf grundsätzlich nicht verfügt werden (Art. 14 Abs. 4 FreizügRL/EU). Eine Zurückweisung an der Grenze, Verweigerung der Aufenthaltskarte aufgrund von § 5 Abs. 4 FreizügG/EU und erst recht eine Entfernung aus dem Hoheitsgebiet, die ausschließlich darauf gestützt werden, dass die Betroffenen gesetzliche Formalitäten in Bezug auf die Ausländerüberwachung nicht erfüllen würden, tastet nach Auffassung des EuGH den Kern des unmittelbar durch das Unionsrecht verliehenen Aufenthaltsrechts an und steht offensichtlich außer Verhältnis zur Schwere der Zuwiderhandlung (vgl. Art. 5 Abs. 4, Art. 14 FreizügRL/EU). Deshalb können lediglich Verstöße gegen die öffentliche Ordnung, Sicherheit und Gesundheit im Einzelfall eine Beschränkung des Aufenthaltsrechts rechtfertigen (§ 6 Abs. 1 Satz 2 FreizügG/EU). Der EuGH stellt ausdrücklich klar, dass diese Grundsätze auch für drittstaatsangehörige Familienangehörige von Unionsbürgern gelten, wobei er die besondere Bedeutung, die der Unionsgesetzgeber dem Schutz des Familienlebens beigemessen hat, erneut unterstreicht.

III

Der EuGH sieht dabei allerdings weiterhin die Visumpflicht im Falle der Familienzusammenführung eines Drittstaatsangehörigen zum Unionsbürger für rechtmäßig an (vgl. Art. 5 Abs. 2 Satz 1 FreizügRL/EU). Für eine Beteiligung der Ausländerbehörde im Visumverfahren nach § 31 Abs. 1 AufenthV fehlt es jedoch an einer Rechtsgrundlage (vgl. § 11 Abs. 1 Satz 1 FreizügG/EU). Der EU-Aufnahmemitgliedstaat ist auch berechtigt, unter Beachtung der Richtlinie Sanktionen unbeschadet nationaler Sanktionsvorschriften (z. B. wegen Verstoßes gegen die Meldepflicht) zu verhängen, wenn die Einreise in sein Hoheitsgebiet und der Aufenthalt dort unter Verstoß gegen die nationalen Zuwanderungsbestimmungen erfolgt sind (Art. 5 Abs. 5 FreizügRL/EU). Das FreizügG/EU enthält jedoch keine entsprechenden Regelungen.

Die Grenzbehörden (§ 71 Abs. 3 AufenthG) erteilen drittstaatsangehörigen Ehegatten von Unionsbürgern, die bei der Einreise nicht im Besitz eines erforderlichen Visums sind, nach Prüfung und Feststellung der Einreisevoraussetzungen ein Ausnahmevisum (§ 11 Abs. 1 letzter Satz FreizügG/EU i. V. m. § 6 Abs. 4 und § 14 Abs. 2 AufenthG). Hierzu gehört neben der Klärung und Feststellung der Identität und des Personenstands (Ehegatte eines Unionsbürgers) die Feststellung, dass keine Anhaltspunkte für einen Verstoß gegen die öffentliche Ordnung, Sicherheit oder Gesundheit vorliegen. Sofern die Personen nicht im Besitz eines gültigen Reisedokumentes sind, ihre Identität und ihre Heirat jedoch anderweitig nachweisen können, wird ihnen an der Grenze ein Passersatzpapier ausgestellt.

Die Einholung eines Einreisevisums erübrigt sich – auch wenn eine Erwerbstätigkeit neben dem Familiennachzug beabsichtigt ist – gemäß Art. 5 Abs. 2 Satz 1 FreizügRL/EU, der auf die einzelstaatlichen Rechtsvorschriften verweist, in den Fällen des § 15 und des § 39 Nr. 6 AufenthV, da in diesen Fällen nach Art. 1 Abs. 2 EUVisumVO sowie Schengen-Recht (Art. 20, 21 SDÜ) auch kein Einreisevisum nach Art. 2 erster Spiegelstrich EUVisumVO, das dem Schengen-Visum (§ 6 Abs. 1 Satz 1 Nr. 2 AufenthG) gleichkommt, erforderlich ist und das Freizügigkeitsrecht des Familienangehörigen nach § 2 Abs. 2 Nr. 6 FreizügG/EU einen Aufenthalt von mehr als drei Monaten und die Ausübung einer Erwerbstätigkeit umfasst. In diesen Fällen greift die Meistbegünstigungsklausel des § 11 Abs. 1 letzter Satz FreizügG/EU, die sicherstellt, dass drittstaatsangehörige Familienangehörige von Unionsbürgern bezüglich der Befreiung von der Visumpflicht bei der Verwirklichung des Freizügigkeitsrechts nicht schlechter gestellt werden dürfen als nicht privilegierte Drittstaatsangehörige. Beim Visum nach Art. 2 EUVisumVO handelt es sich nicht um ein Visum nach Art. 2 Nr. 2 Buchst. a VK und daher um ein Schengen-Visum nach § 6 Abs. 1 Nr. 1 AufenthG, dessen Erteilung nicht vom Zustimmungsvorbehalt des § 31 Abs. 1 AufenthV umfasst wird.

Die EU-Mitgliedstaaten dürfen die Einreise und den Aufenthalt aus Gründen der öffentlichen Ordnung, Sicherheit oder Gesundheit verweigern, wobei eine solche Weigerung auf eine individuelle Prüfung des Einzelfalls gestützt werden muss (vgl. § 6 Abs. 1 Satz 2 FreizügG/EU; vgl. EuGH, Urt. v. 4.6.2013 – C-300/11 – ZZ; *Welte*, Das Einreiseverbot – ein Instrument zur Beschränkung der Freizügigkeit, ZAR 2013, 330–331). Sie dürfen außerdem die durch die FreizügRL/EU verliehenen Rechte (z. B. Freizügigkeit für Familienangehörige; vgl. Art. 3 Abs. 1 FreizügRL/EU; § 3 FreizügG/EU) im Falle von Rechtsmissbrauch oder Betrug – wie z. B. im Fall von familiären Scheinverhältnissen (z. B. Scheinehe, Scheinvaterschaft, Scheinadoption, Scheinpartnerschaft) – verweigern, aufheben (§ 48 VwVfG) oder widerrufen (vgl. EuGH, Urt. v. 25.7.2008 – C-127/08 – Metock, ZAR 2008, 354, mit Anmerkung *Laier* = InfAuslR 2008, 377 = AuAS 2008, 218; *Welte*, Das Einreiseverbot – ein Instrument zur Beschränkung der Freizügigkeit, ZAR 2013, 330–331). Dem entspricht § 2 Abs. 7 Satz 2 und Satz 3 FreizügG/EU.

4. Einreise- und Aufenthaltsrecht drittstaatsangehöriger Familienangehöriger

Die Familienangehörigen und Lebenspartner von Unionsbürgern (vgl. Art. 2 Nr. 2 RL 2004/38/EG; § 3 Abs. 2 FreizügG/EU, zum Begriff) erhalten unabhängig von ihrer Staatsangehörigkeit ein Einreise- und Aufenthaltsrecht, das Vorrang vor dem innerstaatlichen Aufenthaltsrecht hat. Die Rechte gelten für die gleichzeitige Einreise (= begleiten) mit dem Unionsbürger und für den Nachzug zu ihm (= akzessorisches Aufenthaltsrecht). Die Akzessorietät entfällt mit dem Erwerb eines Bleiberechts des Familienangehörigen (§ 3 Abs. 3 bis 6 FreizügG/EU).

III

Hinweis:

Aufgrund des Gesetzes zur Änderung des Freizügigkeitsgesetzes/EU und weiterer aufenthaltsrechtlicher Vorschriften v. 21.1.2013 (BGBl. I S. 86), das am 29.1.2013 in Kraft getreten ist, gelten für eingetragene Lebenspartner von Unionsbürgern in vollem Umfang dieselben Bestimmungen über die Einreise, den Aufenthalt und das Bleiberecht im Bundesgebiet wie für Ehegatten von Unionsbürgern. Begünstigt sind auch eingetragene Lebenspartner von Unionsbürgern, die einem Drittstaat angehören. § 27 Abs. 2 AufenthG findet daher keine entsprechende Anwendung mehr, wie dies der aufgehobene § 3 Abs. 6 FreizügG/EU bestimmt hatte.

Wichtig: Es muss sich um eine familiäre Lebensgemeinschaft i. S. v. Art. 6 Abs. 1 GG handeln. Für das Aufenthaltsrecht des drittstaatsangehörigen Ehegatten ist bis zur Scheidung nicht maßgeblich, ob er noch mit dem Unionsbürger zusammenlebt oder mit ihm eine gemeinsame Wohnung hat. Es muss jedoch eine schützenswerte eheliche Lebensgemeinschaft i. S. v. Art. 6 Abs. 1 GG weiterhin vorliegen (vgl. dazu § 2 Abs. 7 FreizügG/EU, zur Nichtbestehensfeststellung). Ein bloßes Getrenntleben der Ehegatten ohne Aufhebung der ehelichen Lebensgemeinschaft und ohne Scheidung erfordert nicht die Prüfung, ob eine Rechtsverlustfeststellung nach § 5 Abs. 4 FreizügG/EU im Ermessenswege in Betracht kommt. Steht eindeutig fest, dass es sich um ein familiäres Scheinverhältnis handelt, dem unrichtige Angaben zugrunde liegen, kann eine sogenannte Nichtbestehensfeststellung nach § 2 Abs. 7 Satz 2 FreizügG/EU im Ermessenswege verfügt werden mit der Folge, dass über § 11 Abs. 2 FreizügG/EU und § 1 Abs. 2 Nr. 1 AufenthG das Aufenthaltsgesetz uneingeschränkt Anwendung findet, sich auch die Frage einer Ausweisung nach § 53 Abs. 1 AufenthG stellt und gemäß dem Legalitätsprinzip eine Anzeige nach § 95 Abs. 2 Nr. 2 AufenthG zu fertigen wäre.

Art. 3 Abs. 1 FreizügRL/EU räumt drittstaatsangehörigen Familienangehörigen und Lebenspartnern von Unionsbürgern das Recht ein, den Unionsbürger in den EU-Aufnahmemitgliedstaat (vgl. Art. 2 Nr. 3 FreizügRL/EU, zum Begriff) zu begleiten, ihm nachzuziehen und sich bei dem Unionsbürger in dem EU-Aufnahmemitgliedstaat auf Dauer aufzuhalten, wenn der Unionsbürger, an dessen Aufenthaltsrecht angeknüpft wird, freizügigkeitsberechtigt ist (vgl. § 2 Abs. 2 FreizügG/EU). Voraussetzung ist, dass eine familiäre Lebensgemeinschaft oder entsprechende Lebenspartnerschaft hergestellt wird bzw. besteht (vgl. § 2 Abs. 7 Satz 2 und Satz 3 FreizügG/EU, zur Nichtbestehensfeststellung).

Dieses Recht des drittstaatsangehörigen Familienangehörigen oder Lebenspartners eines Unionsbürgers besteht unabhängig davon, ob er sich bereits in einem anderen EU-Mitgliedstaat z. B. mangels legaler Einreise rechtmäßig aufhält und ob die Eheschließung mit dem Unionsbürger vor oder nach der Zuwanderung in den EU-Aufnahmemitgliedstaat erfolgt ist (EuGH, Urt. v. 25.7.2008 – C-127/08 – Metock, ZAR 2008, 354, mit Anmerkung *Laier* = InfAuslR 2008, 377 = AuAS 2008, 218). Hieraus folgt, dass der Familiennachzug oder Nachzug des Lebenspartners zu Unionsbürgern ausschließlich auf der Grundlage des FreizügG/EU (§ 3) stattfindet, wobei es darauf ankommt, dass der Unionsbürger vom Drittstaatsangehörigen begleitet wird oder er ihm nachzieht. Insoweit ist auch er nach § 2 Abs. 2 Nr. 6 FreizügG/EU freizügigkeitsberechtigt und hat ein Kurzaufenthaltsrecht nach § 2 Abs. 5 Satz 2 FreizügG/EU. In diesem Rahmen besteht für ihn eine umfassende, aber vom Freizügigkeitsrecht des Unionsbürgers abhängige „Familienfreizügigkeit", aus der sich ein Bleiberecht entwickeln kann (Art. 11 und 12 FreizügRL/EU; § 3 Abs. 3 bis Abs. 5, § 4a FreizügG/EU).

Hinweis:

Bei dieser Rechtslage muss der drittstaatsangehörige Familienangehörige eines Unionsbürgers zwar keine ausreichenden deutschen Sprachkenntnisse nach GER B 1 (vgl. § 2 Abs. 11 AufenthG, zum Begriff) beim Ehegattennachzug nach § 30 Abs. 1 Satz 1 Nr. 2 AufenthG nachweisen (vgl. § 11 Abs. 1 Satz 1 FreizügG/EU), er hat jedoch aufgrund des Diskriminierungsverbots (Art. 18 AEUV) und der Meistbegünstigungsklausel des § 11 Abs. 1 letzter Satz FreizügG/EU einen Teilnahmeanspruch am Integrationskurs nach § 44 Abs. 1 Satz 1 AufenthG. Entfällt dieser Anspruch, kann die Teilnahme am Integrationskurs nach § 11 Abs. 1 Satz 1 FreizügG/EU i. V. m. § 44 Abs. 4 Satz 1 AufenthG im Ermessenswege zugelassen werden. Der Anspruch erlischt nach einem Jahr (§ 44 Abs. 2 AufenthG).

III

Für drittstaatsangehörige Familienangehörige von Unionsbürgern gilt unabhängig von ihrer bisherigen aufenthaltsrechtlichen Situation, dass ein Aufenthaltsrecht auf der Grundlage der FreizügRL/EU und des FreizügG/EU derjenige besitzt, wer seinen Status als Familienangehöriger oder Lebenspartner eines Unionsbürgers nachgewiesen hat (vgl. Art. 5 Abs. 4 FreizügRL/EU) und die in der FreizügRL/EU (vgl. Art. 2 Nr. 2, Art. 3 Abs. 1) aufgestellten Voraussetzungen erfüllt (§ 5a Abs. 2 FreizügG/EU). Nachzuweisen ist außerdem, dass der Unionsbürger von seinem Freizügigkeitsrecht Gebrauch gemacht hat und dass der drittstaatsangehörige Familienangehörige diesen begleitet oder ihm nachzieht sowie beim Nachzug zum nichterwerbstätigen Unionsbürger, dass ausreichende Existenzmittel vorhanden sind und ein umfassender Krankenversicherungsschutz besteht (vgl. Art. 7 Abs. 1 Buchst. b und c FreizügRL/EU; § 4, § 5a Abs. 1 Satz 1 Nr. 3 FreizügG/EU).

5. Rückkehrer-Fälle

Während des gemeinsamen Aufenthalts des deutschen Unionsbürgers mit seinen drittstaatsangehörigen Familienangehörigen im Heimatstaat (z. B. Deutschland) bis zu einem länderübergreifenden Ortswechsel in einen anderen EU-Mitgliedstaat (z. B. Frankreich) sind der drittstaatsangehörige Ehegatte, Lebenspartner oder Verwandte nicht freizügigkeitsberechtigt. Kehren sie mit dem freizügigkeitsberechtigten Unionsbürger aus dem anderen EU-Mitgliedstaat (z. B. Frankreich) in den Heimatstaat des Unionsbürgers (z. B. Deutschland) zurück, bleibt ihnen die im anderen EU-Mitgliedstaat während eines mehr als drei Monate dauernden Aufenthalts erlangte Freizügigkeit in Anlehnung an § 3 Abs. 1 FreizügG/EU erhalten (vgl. EuGH, Urt. v. 11.12.2007 – C-291/05 – Eind, InfAuslR 2008, 114; EuGH, Urt. v. 23.9.2003 – C-109/01 – Akirch, InfAuslR 2003, 409; vgl. auch EuGH, Urt. v. 9.1.2007 – C-1/05 – Jia, InfAuslR 2007, 178 = EZAR NF 14 Nr. 9; EuGH, Urt. v. 7.7.1992 – C-370/90 – Singh, InfAuslR 1992, 341; *Welte*, Einreise und Aufenthalt drittstaatsangehöriger Familienangehöriger von Unionsbürgern, ZAR 2009, 61; *Winkelmann*, Die Inanspruchnahme des gemeinschaftsrechtlichen Freizügigkeitsrechts durch drittstaatsangehörige Familienmitglieder von Freizügigkeitsberechtigten, InfAuslR 2009, 45). Ein drittstaatsangehöriger Familienangehöriger genießt auch dann Freizügigkeit in Deutschland, wenn er sich in dem Zeitpunkt, in dem er mit dem bislang freizügigkeitsberechtigten deutschen Unionsbürger in das Bundesgebiet wechselt oder zu ihm zieht, nicht rechtmäßig in dem anderen EU-Mitgliedstaat aufhält; maßgeblich ist nur, dass der deutsche Unionsbürger von seinem Freizügigkeitsrecht nicht nur während eines Kurzaufenthalts (vgl. § 2 Abs. 5 FreizügG/EU; Art. 6 FreizügRL/EU) Gebrauch gemacht hat.

Beispiel: Rückkehrer-Fall

Hat ein Deutscher sein Freizügigkeitsrecht in einem anderen EU-Mitgliedstaat wahrgenommen und kehrt er mit seinen drittstaatsangehörigen Familienangehörigen nach Deutschland zurück, haben diese Familienangehörigen aufgrund ihrer Freizügigkeit ein Einreise- und Aufenthaltsrecht in Deutschland (Art. 5 und 7 FreizügRL/EU), das durch die gebührenpflichtige Aufenthaltskarte nach § 5 Abs. 1 FreizügG/EU bescheinigt wird.

Hinweis:

Auf den Familiennachzug von Drittstaatsangehörigen zu Drittstaatsangehörigen (§§ 27, 29 ff. AufenthG) oder zu Deutschen (§§ 27, 28 AufenthG) aus einem Drittstaat oder dem EU-Aufnahmemitgliedstaat in das Bundesgebiet hat die Rechtsprechung des EuGH (Urt. v. 25.7.2008 – C-127/08 – Metock u. a., ZAR 2008, 354, mit Anmerkung *Laier*, = InfAuslR 2008, 377 = AuAS 2008, 218) grundsätzlich keinen Einfluss. Der EuGH hat klargestellt, dass sich das Freizügigkeitsrecht grundsätzlich nur auf grenzüberschreitende Sachverhalte in Bezug auf den Unionsbürger und seine drittstaatsangehörigen Familienangehörigen (vgl. Art. 3 Abs. 1 FreizügRL/EU) erstreckt und die Zuständigkeit des nationalen Gesetzgebers, im Übrigen strengere Regelungen des Familiennachzugs (vgl. § 28 Abs. 1 Satz 1 Nr. 1, §§ 30, 32 und 36 Abs. 2 AufenthG) zu treffen, davon unberührt bleibt. In den EU-Nichtverlassensfällen wird ausnahmsweise ein grenzüberschreitender Sachverhalt nicht vorausgesetzt.

Dies bedeutet jedoch nicht, dass auf einen grenzüberschreitenden Sachverhalt, in den ein freizügigkeitsberechtigter Deutscher mit seinen drittstaatsangehörigen Familienangehörigen bei der Rückkehr aus einem EU-Aufenthaltsmitgliedstaat (z. B. Spanien) nach Deutschland einbezogen ist, lediglich (strengeres) nationales Recht nach § 27 Abs. 1 und § 28 Abs. 1 AufenthG Anwendung findet. In diesem „Rückkehrer-Fall" sind die drittstaatsangehörigen Familienangehörigen des bislang freizügigkeitsberechtigten Deutschen auch dann in Deutschland freizügigkeitsberechtigt, wenn sie sich vor der Einreise in das Bundesgebiet nicht legal im EU-Aufenthaltsmitgliedstaat aufgehalten haben (vgl. EuGH, Urt. v. 11.12.2007 – C-291/05 – Eind, InfAuslR 2008, 114; EuGH, Urt. v. 9.1.2007 – C-1/05 – Jia, InfAuslR 2007 178 = EZAR NF 14 Nr. 9; *Kurzidem* in: Kluth/Hund/Maaßen, Zuwanderungsrecht, S. 560, Rn. 22, 23; *Winkelmann*, InfAuslR 2009, 45). Dies erfordert das Diskriminierungsverbot nach Art. 18 AEUV. Andernfalls wäre bei einem vergleichbaren grenzüberschreitenden Sachverhalt mit anderen Akteuren, etwa mit einem freizügigkeitsberechtigten Unionsbürger eines anderen EU-Mitgliedstaates (z. B. Franzose), der von seinem Freizügigkeitsrecht in einem EU-Aufnahmemitgliedstaat (z. B. Spanien) bis zur gemeinsamen Einreise mit seinen Familienangehörigen in das Bundesgebiet Gebrauch macht, dessen drittstaatsangehöriger Familienangehöriger nach § 2 Abs. 2 Nr. 6 FreizügG/EU besser gestellt als im Anwendungsbereich des § 28 Abs. 1 AufenthG, der lediglich den Familiennachzug zu Deutschen ohne den in Art. 3 Abs. 1 FreizügRL/EU umschriebenen grenzüberschreitenden Sachverhalt regelt. Ein deutschverheirateter Drittstaatsangehöriger würde in diesem Fall deswegen aufenthaltsrechtlich diskriminiert, weil er „nur" nach § 28 Abs. 1 Satz 1 Nr. 1 AufenthG eine aufenthaltsrechtliche Position, die weniger geschützt ist (vgl. § 6 und 7 FreizügG/EU), erlangen könnte. Auch der nachzugsberechtigte Personenkreis ist im Unionsrecht weiter gefasst als

III

nach nationalem Recht (z. B. Verwandte des Ehegatten oder des Lebenspartners in gerader Linie, denen „Unterhalt" gewährt wird; vgl. Art. 2 Nr. 2 Buchst. c und d FreizügRL/EU).

Beispiel:

Wie der EuGH festgestellt hat, kann ein Familienangehöriger sich dann nicht auf das Unionsrecht berufen, wenn der Arbeitnehmer, zu dessen Familie er gehört, von dem Recht auf Freizügigkeit innerhalb der EU nie Gebrauch gemacht hat (EuGH, Urt. v. 16.12.1992 – C-206/91 – Koua Poirrez; EuGH, Urt. v. 11.7.2002 – C-60/00 – Carpenter). Ein Familiennachzug zu Deutschen kann daher nach Unionsrecht nur dann stattfinden, wenn diese von ihrem Freizügigkeitsrecht bisher Gebrauch gemacht haben und sie ein Aufenthaltsrecht nach Art. 7 FreizügRL/EU hatten.

Beispiel:

Eine Kamerunerin, die einen freizügigkeitsberechtigten Deutschen in Spanien geheiratet hat, ist aufgrund dessen, dass ihr eine spanische Aufenthaltskarte ausgestellt worden ist, in Spanien freizügigkeitsberechtigt. Sie darf mit der Aufenthaltskarte den bislang freizügigkeitsberechtigten deutschen Ehemann in das Bundesgebiet visumfrei begleiten oder ihm nachziehen (§ 2 Abs. 4 Satz 3 FreizügG/EU) und sich im Bundesgebiet als freizügigkeitsberechtigte Familienangehörige nicht nur zu einem Kurzaufenthalt aufhalten, solange sie mit dem Deutschen verheiratet ist, weil der Deutsche sein Freizügigkeitsrecht aus Spanien in diesem Fall inkorporiert hat, d. h. sozusagen nach Deutschland mitbringt. Art. 21 SDÜ würde in diesem Fall dann nicht leerlaufen, wenn die Kamerunerin keine Aufenthaltskarte, aber einen gültigen spanischen Aufenthaltstitel samt gültigen Pass besitzen würde; in diesem Fall dürfte sie nicht schlechter gestellt werden als die nach § 39 Nr. 6 AufenthV begünstigten Drittstaatsangehörigen, die einen Aufenthaltstitel nach der Einreise einholen dürfen. Ansonsten wäre eine Kamerunerin, die als drittstaatsangehörige Familienangehörige z. B. mit einem freizügigkeitsberechtigten Franzosen, der von seiner Arbeitnehmerfreizügigkeit in Spanien Gebrauch macht, in das Bundesgebiet einreisen würde, nach § 2 Abs. 2 Nr. 6 FreizügG/EU besser gestellt und würde als Deutschverheiratete im Bundesgebiet deswegen entgegen Art. 18 AEUV aufenthaltsrechtlich diskriminiert, weil sie „nur" nach § 28 Abs. 1 Satz 1 Nr. 1 AufenthG eine aufenthaltsrechtliche Position erlangen könnte. Allerdings müssen die Voraussetzungen des § 2 Abs. 3, § 3 oder § 4 FreizügG/EU bei dem Deutschen und seiner Ehefrau wie bei Unionsbürgern weiterhin (hypothetisch) vorliegen. Die Kamerunerin erhält in diesem Fall gemäß § 5 Abs. 1 FreizügG/EU eine Aufenthaltskarte von der deutschen Ausländerbehörde. Entfällt bei ihr das Recht auf Freizügigkeit oder hat dieses Recht bei ihr nicht bestanden (z. B. durch Ehescheidung, wegen Vorliegens einer Scheinehe) und hat sie auch kein Bleiberecht erlangt, wird sie nach dem Aufenthaltsgesetz behandelt; dies würde jedoch eine Verfügung nach § 5 Abs. 4 FreizügG/EU erforderlich machen.

III

Maßgebend ist jedoch, ob der Deutsche überhaupt ein Freizügigkeitsrecht in Spanien erlangen konnte bzw. erlangt hat. Wird dies verneint, darf der Kamerunerin weder in Spanien noch in Deutschland eine Aufenthaltskarte ausgestellt werden. Der Deutsche hätte etwa eine Arbeitnehmertätigkeit ausüben oder studieren und auf diesem Wege ein Freizügigkeitsrecht in Spanien als EU-Aufnahmemitgliedstaat erlangen müssen. Ein Kurzaufenthalt i. S. v. § 2 Abs. 5 FreizügG/EU reicht dafür nicht aus und darf nicht zur Ausstellung einer Aufenthaltskarte für den drittstaatsangehörigen Familienangehörigen eines Unionsbürgers führen. In Deutschland kommt die Ausstellung einer Aufenthaltskarte grundsätzlich frühestens nach drei Monaten seit der Einreise in Betracht, es sei denn, das Vorliegen der Voraussetzungen des § 2 FreizügG/EU ist gemäß § 5a FreizügG/EU vorher glaubhaft gemacht worden.

Will die Kamerunerin nur zu einem Kurzaufenthalt in das Bundesgebiet einreisen und besitzt sie keine Aufenthaltskarte, ist eine Einreise ohne Visum durch Art. 21 SDÜ gedeckt, wenn sie einen spanischen Aufenthaltstitel samt Reisepass besitzt (vgl. VG Darmstadt, InfAuslR 2008, 340). Begleitet sie ihren (deutschen) Ehegatten, der als freizügigkeitsberechtigter Unionsbürger aus Spanien nach Deutschland einreist, oder zieht sie ihm nach, darf sie sich bis zu drei Monaten im Bundesgebiet aufhalten (§ 2 Abs. 5 FreizügG/EU), auch wenn sie als Drittstaatangehörige und ihr Ehegatte als Unionsbürger nicht ein Freizügigkeitsrecht nach § 2 Abs. 2 FreizügG/EU erlangt haben (vgl. Art. 6 Abs. 2 FreizügRL/EU).

6. Elterliche Sorge für ein Kind

Ein drittstaatsangehöriger Elternteil, der die elterliche Sorge für ein Kind eines Wanderarbeitnehmers wahrnimmt, das in der Europäischen Union seine Ausbildung fortsetzt, hat ein Recht auf Aufenthalt in diesem Aufnahmemitgliedstaat. Dieses Recht setzt nicht voraus, dass der Elternteil über ausreichende Existenzmittel verfügen muss und daher nicht auf Sozialhilfeleistungen angewiesen sein darf. Dies entschied der Gerichtshof in zwei ihm vom englischen Court of Appeal vorgelegten Vorabentscheidungsersuchen (vgl. EuGH, Urt. v. 23.2.2010 – C-310/08 – London Borough of Harrow / Nimco Hassan Ibrahim und 480/08 – Maria Teixeira / London Borough of Lambeth; VGH Mannheim, Urt. v. 22.3.2010 – 11 S 1626/08, DÖV 2010, 571 = VBlBW 2010, 405).

7. Ausstellung einer Aufenthaltskarte

Drittstaatsangehörige Familienangehörige von Unionsbürgern haben nach § 5 Abs. 1 FreizügG/EU Anspruch auf Ausstellung einer gebührenpflichtigen Aufenthaltskarte, die ebenfalls von Amts wegen erfolgt (Art. 10 FreizügRL/EU; § 5 Abs. 2, § 2 Abs. 6 FreizügG/EU; § 47 Abs. 3 AufenthV, zur Gebührenpflicht). Das Einreisevisum für drittstaatsangehörige Familienangehörige von Unionsbürgern ist gebührenfrei (§ 2 Abs. 6 FreizügG/EU).

Während das Einreisevisum durch die nach § 71 Abs. 2 AufenthG zuständige deutsche Auslandsvertretung auf Antrag gebührenfrei (Art. 5 Abs. 2 Unterabs. 1 Satz 2 RL) ausgestellt wird, ist die nach § 5 Abs. 1 FreizügG/EU nach der Einreise in das Bundesgebiet von Amts wegen innerhalb von sechs Monaten nach Vorliegen der erforderlichen Angaben von der Ausländerbehörde (§ 71 Abs. 1 AufenthG) auszustellende Aufenthaltskarte nach § 47 Abs. 3 AufenthV gebührenpflichtig.

Ist der drittstaatsangehörige Familienangehörige oder Lebenspartner mit erforderlichem Visum zur Geltendmachung des Freizügigkeitsrechts in das Bundesgebiet eingereist, genießt er als Familienangehöriger oder Lebenspartner eines Unionsbürgers (Art. 2 Nr. 2 FreizügRL/EU; § 3 Abs. 2 FreizügG/EU, zum Begriff) nach Maßgabe der unionsrechtlichen Vorgaben Freizügigkeit (§ 2 Abs. 2 Nr. 6 FreizügG/EU) und ihm wird „aufgrund behördlicher Feststellung" (deklaratorischer Verwaltungsakt) nach § 5 Abs. 1 FreizügG/EU eine Aufenthaltskarte, die nach § 47 Abs. 3 AufenthV gebührenpflichtig ist, von Amts wegen „ausgestellt". Nach der Einreise entfaltet das Visum keine aufenthaltsrechtliche Wirksamkeit mehr, da der drittstaatsangehörige Familienangehörige unter den Voraussetzungen des Art. 7 Abs. 2 RL und des § 2 Abs. 2 Nr. 6 FreizügG/EU freizügigkeitsberechtigt ist und mithin ein originäres unionsrechtliches Aufenthaltsrecht hat, das auch die Ausübung einer Erwerbstätigkeit umfasst. Entsprechendes gilt für das Aufenthaltsrecht bei einem kurzfristigen Aufenthalt nach Art. 6 Abs. 2 RL und § 2 Abs. 5 FreizügG/EU, da in diesem Fall ein Wechsel in das längerfristige Freizügigkeitsrecht offensteht.

Nach Unionsrecht begünstigten drittstaatsangehörigen Familienangehörigen von freizügigkeitsberechtigten Unionsbürgern darf unter Berücksichtigung des Grundsatzes der Verhältnismäßigkeit wegen eines Verstoßes gegen die Visumpflicht die Ausstellung einer Aufenthaltskarte nicht versagt werden, wenn sie ihre Identität und Familienzugehörigkeit an der Grenze oder nach der Einreise binnen angemessener Frist nachweisen (Art. 5 Abs. 4, Art. 10 Abs. 2, Art. 14 Abs. 2 Unterabs. 2 FreizügRL/EU; vgl. EuGH, Urt. v. 25.7.2008 – C-127/08 – Metock, InfAuslR 2008, 377 = AuAS 2008, 218 = ZAR 2008, 354; EuGH, Urt. v. 25.7.2002 – C-459/99 – MRAX, Slg. 2002, I-6591 = InfAuslR 2002, 417 = AuAS 2003, 38 = EuGH, EZAR 814 Nr. 8). Eine fehlende Rückkehrabsicht ist unerheblich.

Eine Versagung der Aufenthaltskarte kommt nur dann in Betracht, wenn die behördlichen Feststellungen ergeben haben, dass der Ausländer nicht die Voraussetzungen des Art. 6 Abs. 2 oder Art. 7 Abs. 2 FreizügRL/EU erfüllt oder bei ihm die Voraussetzungen des Art. 27 FreizügRL/EU, § 6 Abs. 1 FreizügG/EU für eine Beschränkung des Einreise- und Aufenthaltsrechts erfüllt sind (§ 6 Abs. 1 Satz 2 FreizügG/EU). Gleiches gilt für die Beschränkung eines Ausreiserechts aus dem EU-Aufenthaltsmitgliedstaat (vgl. EuGH, Urt. v. 10.7.2008 – C-33/07, ZAR 2008, 356, mit Anmerkung *Kluth* = EZAR NF 10 Nr. 10 = InfAuslR 2008, 337). Diese Entscheidungen bedürfen der Schriftform und sind zu begründen (Art. 30 FreizügRL/EU; § 11 Abs. 1 Satz 1 FreizügG/EU i. V. m. § 77 Abs. 1 AufenthG).

2 Bleiberecht der drittstaatsangehörigen Familienangehörigen

Gemäß § 3 Abs. 3 FreizügG/EU behalten drittstaatsangehörige Familienangehörige von verstorbenen Erwerbstätigen und verstorbenen

Bleibeberechtigten ein Aufenthaltsrecht. Gleiches gilt für Ehegatten, Lebenspartner und Verwandte von Nichterwerbstätigen, Rentnern und Studenten i. S. v. § 4 FreizügG/EU. Die Familienangehörigen werden unabhängig von ihrer Staatsangehörigkeit begünstigt. Bei bleibeberechtigten drittstaatsangehörigen Familienangehörigen finden bezüglich des Familiennachzugs, des Schutzes vor einer Rechtsverlustfeststellung, der Abschiebung und der Befristung des Einreise- und Aufenthaltsverbots die entsprechenden Vorschriften des Aufenthaltsgesetzes Anwendung (§ 3 Abs. 3 Satz 2 AufenthG).

§ 3 Abs. 3 Satz 1 FreizügG/EU erfordert, dass die drittstaatsangehörigen Hinterbliebenen die Voraussetzungen des § 2 Abs. 2 Nr. 1 bis 3 oder Nr. 5 FreizügG/EU persönlich erfüllen. Sie müssen daher entweder Arbeitnehmer, Selbstständige oder Erbringer von Dienstleistungen sein oder als Nichterwerbstätige die Voraussetzungen des § 4 FreizügG/EU erfüllen. Die Aussparung des § 2 Abs. 2 Nr. 4 FreizügG/EU in dem Verweis macht deutlich, dass der Empfang von Dienstleistungen für das Verbleiberecht nicht ausreicht. Soweit der Hinterbliebene als Dienstleistungserbringer i. S. d. § 2 Abs. 2 Nr. 3 FreizügG/EU freizügigkeitsberechtigt ist, bleibt sein Aufenthaltsrecht für die Dauer der Dienstleistungserbringung erhalten.

Das Aufenthaltsrecht des Ehegatten eines Unionsbürgers (vgl. Art. 7 FreizügRL/EU) besteht unabhängig davon fort, ob sie noch zusammen leben oder noch eine gemeinsame Wohnung haben, bis zur Scheidung oder Aufhebung der Ehe, es sei denn, es entsteht ein Bleiberecht nach § 3 Abs. 5 FreizügG/EU. Bis dahin kommt es nur darauf an, dass sie den Unionsbürger bei der Einreise „begleitet haben oder diesem nachgezogen sind" (§ 3 Abs. 1 Satz 1 FreizügG/EU) und eine eheliche Lebensgemeinschaft bestanden hat. Gemäß § 3 Abs. 5 AufenthG behalten auch drittstaatsangehörige Ehegatten, die von dem Unionsbürger geschieden worden sind oder deren Ehe aufgehoben worden ist, ein Aufenthaltsrecht (Bleiberecht). Entsprechendes gilt für Lebenspartner. Bei diesen bleibeberechtigten drittstaatsangehörigen Familienangehörigen finden bezüglich des Familiennachzugs, des Schutzes vor einer Rechtsverlustfeststellung, der Abschiebung und der Befristung des Einreise- und Aufenthaltsverbots die entsprechenden Vorschriften des Aufenthaltsgesetzes Anwendung (§ 3 Abs. 5 Satz 2 AufenthG). Bei ihnen gelten mit Ausnahme des Bleiberechts daher nicht mehr die unionsrechtlichen Privilegien.

Zum Regelungsgehalt des § 3 Abs. 4 FreizügG/EU gehört die Frage des Aufenthaltsrechts für Kinder und den Elternteil, der die elterliche Sorge tatsächlich wahrnimmt, wenn der Unionsbürger wegzieht oder verstirbt. Unter der Voraussetzung, dass die Kinder sich in Deutschland aufhalten und sie eine Bildungseinrichtung zu Ausbildungszwecken besuchen, bleibt das Aufenthaltsrecht bis zum Abschluss der Ausbildung erhalten (Art. 12 Abs. 3 FreizügRL/EU). Ausbildungseinrichtungen sind staatliche und staatlich anerkannte private Ausbildungseinrichtungen, die zum Abschluss einer Ausbildung im Sinne einer beruflichen Qualifikation führen. Das Kind „besucht" diese Einrichtung, wenn es der Ausbildung aktiv nachgeht, d. h. die Einschreibung allein reicht nicht aus.

III

Beispiel:

Zu § 3 FreizügG/EU – Trennung der ehelichen Lebensgemeinschaft:

Eine Georgierin reiste mit einem Schengen-Visum (§ 6 Abs. 1 Nr. 1 AufenthG) ein und heiratete im Bundesgebiet einen griechischen Staatsangehörigen. Nach einigen Monaten trennten sich die Eheleute dauerhaft, so dass der Antrag auf Erteilung einer Aufenthaltserlaubnis abgelehnt wurde, da sie die Voraussetzungen für ein eigenständiges Aufenthaltsrecht nicht erfüllt hat.

Das Verwaltungsgericht hob die Verfügung auf und die Ausländerbehörde wurde verpflichtet, über den Antrag unter Beachtung der Rechtsauffassung des Gerichts erneut zu entscheiden. Nach Auffassung des Verwaltungsgerichts hat die Georgierin nach § 28 Abs. 4 i. V. m. § 36 AufenthG und nach § 25 Abs. 5 AufenthG einen Anspruch auf eine Aufenthaltserlaubnis. Es wurde ihr eine Aufenthaltserlaubnis nach § 25 Abs. 5 AufenthG erteilt. Nun soll nach Auffassung des Rechtsanwaltes noch über den Antrag nach § 28 Abs. 4 i. V. m. § 36 AufenthG entschieden werden. Er droht nun mit Zwangsvollstreckungsmaßnahmen, wenn keine Bescheidung erfolgt. Muss über eine mögliche Aufenthaltserlaubnis nach § 28 Abs. 4 i. V. m. § 36 AufenthG entschieden werden, wenn bereits eine Aufenthaltserlaubnis aus humanitären Gründen erteilt wurde?

Orientierungshilfe:

III

In der Sache ist in erster Linie zu prüfen, ob die Georgierin, die einem Unionsbürger nachgezogen ist, noch mit diesem verheiratet ist und ob dieser (noch) ein Freizügigkeitsrecht hat. In diesem Fall findet das Aufenthaltsgesetz keine Anwendung, da die Georgierin als drittstaatsangehörige Familienangehörige eines Griechen bis zur gerichtlichen Scheidung oder Aufhebung der Ehe weiterhin freizügigkeitsberechtigt ist (§ 1 Abs. 2 Nr. 1 AufenthG) und Anspruch auf Ausstellung einer Aufenthaltskarte hat, es sei denn, es liegt eine Scheinehe vor, die kein Freizügigkeitsrecht drittstaatsangehöriger Familienangehöriger begründet. Die bloße Aufhebung der ehelichen Lebensgemeinschaft beseitigt – anders als in den Fällen des § 31 Abs. 1 AufenthG – nicht das Freizügigkeitsrecht und erfordert nicht eine Entscheidung nach § 5 Abs. 5 FreizügG/EU.

§ 28 AufenthG findet in der Sache keine Anwendung, da es nicht um den Ehegattennachzug zu einem Deutschen geht (§ 11 Abs. 1 Satz 1 FreizügG/EU). Im Falle der gerichtlichen Scheidung oder Aufhebung der Ehe wäre § 3 Abs. 5 FreizügG/EU zu beachten.

3 Einreise- und Aufenthaltsverbot für Familienangehörige von Unionsbürgern

Unionsbürger und ihre (drittstaatsangehörigen) Familienangehörigen, die ihr Freizügigkeitsrecht nach § 6 Abs. 1 FreizügG/EU verloren haben, dürfen nicht erneut in das Bundesgebiet einreisen und sich darin aufhalten (Einreise- und Aufenthaltsverbot nach § 7 Abs. 2 FreizügG/EU). Dieses Verbot ist von Amts wegen oder auf Ersuchen des Unionsbürgers zu befristen (Rechtsanspruch); die Frist beginnt mit der Ausreise (§ 7 Abs. 2 Satz 2 und 3 FreizügG/EU), wenn es nicht vorher aufgehoben wird. Solange dieses Verbot eingreift, sind Einreise und Aufenthalt ausgeschlossen und kann ein Freizügigkeitsrecht nicht verwirklicht und daher eine Aufenthaltskarte nicht ausgestellt werden (vgl. BVerwG, Urt. v. 7.12.1999, BVerwGE 110, 140 ff. = InfAuslR 2000, 176, zu § 8 Abs. 2 AuslG 1990; vgl. *Welte*, Das Einreiseverbot – ein Instrument zur Beschränkung der Freizügigkeit, ZAR 2013, 330–331).

In den (Missbrauchs-)Fällen des § 2 Abs. 7 FreizügG/EU – Nichtbestehensfeststellung – kann nach Maßgabe des § 7 Abs. 2 Satz 2 und 3 FreizügG/EU ein Einreise- und Aufenthaltsverbot im schweren oder wiederholten weniger schweren Missbrauchsfall i. S. v. Art. 35 RL 2004/38/EG (z. B. Vortäuschen des Freizügigkeitsrechts durch Scheinehe) verfügt werden. Der Eingriff nach § 2 Abs. 7 FreizügG/EU wird durch § 7 Abs. 2 Satz 2 bis 4 FreizügG/EU dadurch verschärft, dass zusammen mit der Nichtbestehensfeststellung nach § 2 Abs. 7 FreizügG/EU ein Einreiseverbot verfügt werden kann (vgl. Art. 1 Nr. 5 des Gesetzes zur Änderung des Freizügigkeitsgesetzes und weiterer Vorschriften v. 2.12.2014, BGBl. I S. 1922). Dies setzt jedoch mindestens voraus, dass dafür Gründe der öffentlichen Ordnung oder Sicherheit vorliegen, die den an eine Rechtsverlustfeststellung nach § 6 Abs. 1 FreizügG/EU gestellten Anforderungen entsprechen (z. B. Wiederholungsgefahr).

III

Nach § 7 Abs. 2 Satz 6 FreizügG/EU ist die Sperrfrist nach den Umständen des Einzelfalls zu bestimmen und darf nur in den Fällen des § 6 Abs. 1 FreizügG/EU fünf Jahre nicht überschreiten. Bei Befristungsentscheidungen nach § 7 Abs. 2 Satz 2 und 3 FreizügG/EU sind die in § 7 Abs. 2 Satz 4 FreizügG/EU genannten Gesichtspunkte zu berücksichtigen. Liegen Gründe vor, die eine Beschränkung der Freizügigkeit nicht mehr rechtfertigen, hat eine Befristung bzw. Aufhebung des Verbots in der Weise zu erfolgen, dass sich das Freizügigkeitsrecht sogleich entfalten kann (vgl. EuGH, Urt. v. 10.7.2008 – C-33/07, ZAR 2008, 356, mit Anmerkung *Kluth*). In diesen Fällen darf die Befristung oder Aufhebung des Verbots nicht davon abhängig gemacht werden, dass der mit dem Verbot belegte Unionsbürger zunächst aus dem Bundesgebiet ausreisen muss. Reist der Unionsbürger unter diesen Voraussetzungen (nach innerstaatlichem Recht unerlaubt; vgl. § 14 AufenthG) ein, kann ihm bis zur Gewährung des Befristungsanspruchs eine Ausreise ebenfalls nicht zugemutet werden (vgl. OVG Hamburg, Beschl. v. 29.9.2003 – 1 Bs 461/03, InfAuslR 2004, 57, zum vorläufigen Aufenthaltsrecht).

Wird das befristete Einreiseverbot aufgehoben, ist eine Ausreise aus dem Bundesgebiet nicht mehr erforderlich, da die Frist mit dem Verbot das rechtliche Schicksal teilt und somit weggefallen ist. Ist der Unionsbürger ausgereist und die Sperrfrist noch nicht abgelaufen, kann eine Einreise auf der Grundlage einer Betretenserlaubnis nach § 11 Abs. 1 Satz 1 FreizügG/EU i. V. m. § 11 Abs. 8 AufenthG erlaubt werden.

Literaturverzeichnis

Benassi, Unzureichende Änderung des § 39 Nr. 3 AufenthV im Falle dänischer Eheschließung, InfAuslR 2008, 127.

Beschorner/Petrowsky, Zulässigkeit gemeinschaftsrechtlicher Beschränkungen des Nachzugs Minderjähriger, ZAR 2007, 87.

Breitkreuz/Franßen-de la Cerda/Hübner, Das Richtlinienumsetzungsgesetz und die Fortentwicklung des deutschen Aufenthaltsrechts – Fortsetzung, ZAR 2007, 381.

Cremer, Zur Einwirkung der EMRK auf das deutsche Ausländerrecht, ZAR 2006, 341.

Davy, Aufenthaltssicherheit: Ein verlässliches Versprechen? – Teil 2, Menschenrechtlicher und grundrechtlicher Rahmen, ZAR 2007, 233, 235.

Dienelt, Der ordre public-Vorbehalt in der Familiennachzugsrichtlinie, InfAuslR 2005, 445.

Eckerts-Höfer, Neuere Entwicklungen in Gesetzgebung und Rechtsprechung zum Schutz des Privatlebens, ZAR 2008, 93.

Eichenhofer, J., Integrationsgesetzgebung, ZAR 2016, 251–261.

Eichenhofer, Umgangsrecht ohne Aufenthaltsrecht? Die Rechtsstellung nichtsorgeberechtigter ausländischer Elternteile im Völker-, Verfassungs- und Aufenthaltsrecht – geltende Rechtslage und Reformbedarf, ZAR 2013, 89.

Epiney, Zur Reichweite der Grundrechtsbindung des Gemeinschaftsgesetzgebers, ZAR 2007, 61.

Fischer-Lescano, Nachzugsrechte von drittstaatsangehörigen Familienmitgliedern deutscher Unionsbürger, ZAR 2005, 288.

Fritzsch, Zur Zulässigkeit wohnsitzbeschränkender Auflagen, ZAR 2007, 356.

Groenendijk, Standstill und Sprachprüfung, InfAuslR 2014, 410–412; Familienzusammenführung als Recht nach Gemeinschaftsrecht, ZAR 2006, 191.

Göbel-Zimmermann, „Scheinehen", „Scheinlebenspartnerschaften" und „Scheinväter" im Spannungsfeld von Verfassungs-, Zivil- und Migrationsrecht, ZAR 2006, 81.

IV

Göbel-Zimmermann/Born, Zwangsverheiratung – Integratives Gesamtkonzept zum Schutz Betroffener, ZAR 2007, 54.

Gutmann, Türkische Familienangehörige türkischer Arbeitnehmer und der Status von Drittstaatsangehörigen, InfAuslR 2009, 1.

Groß/Farahat, Europa- und verfassungsrechtliche Probleme des Spracherfordernisses beim Ehegattennachzug, InfAuslR 2011, 281.

Hailbronner, Die Wirkung ausländer- und asylrechtlicher EG-Richtlinien vor der Umsetzung ins deutsche Ausländerrecht, ZAR 2007, 6; Die Unionsbürgerschaft und das Ende rationaler Jurisprudenz durch den EuGH?, NJW 2004, S. 2185–2189; Langfristig aufenthaltsberechtigte Drittstaatsangehörige, ZAR 2004, S. 163–168; Neue Richtlinie zur Freizügigkeit der Unionsbürger, ZAR 2004, S. 259-265; Die Unionsbürgerrichtlinie und der ordre public, ZAR 2004, S. 299–305; Die Richtlinie zur Familienzusammenführung, FamRZ 12005, S. 1-8.

Hauschild, Neues europäisches Einwanderungsrecht: Das Recht auf Familienzusammenführung, ZAR 2003, 266.

Heinhold, Der Elternnachzug nach § 36 Abs. 1 AufenthG, ZAR 2012, 142–147.

Hillgruber, Mindestalter und sprachliche Integrationsvorleistung – verfassungsgemäße Voraussetzungen des Ehegattennachzugs?, ZAR 2006, 304, Verfassungskonformität bejaht.

Hoppe, Das Erlöschen von Aufenthaltstiteln bei Bezug von Leistungen nach SGB II und SGB XII kraft Nebenbestimmung – effektive Verwaltung oder Erlöschenstatbestand contra legem?, InfAuslR 2008, 292; Neuere Tendenzen in der Rechtsprechung zur Aufenthaltsbeendigung – Gibt es eine gemeinsame Linie in den Entscheidungen von EGMR, EuGH und BVerfG?, ZAR 2008, 251.

Jobs, Beweismaß und Beweislast beim Ehegattennachzug, ZAR 2008, 295.

Keßler/Habbe, Aufenthaltsrechtliche Wirkungen einer kirchlichen Trauung, InfAuslR 2009, 149.

Kilian, in: Höland – Hrsg., Wirkungen der Rechtsprechung des Europäischen Gerichtshofs für Menschenrechte im deutschen Recht, S. 131, 132, Berlin 2012.

Kingreen, Verfassungsfragen des Ehegatten- und Familiennachzugs im Aufenthaltsrecht, ZAR 2007, 13, Gegenposition.

IV

Kurzidem, in: Kluth/Hund/Maaßen, Zuwanderungsrecht, S. 560, Rn. 22, 23.

Langenfeld/Mohsen, Neue EG-Richtlinie zum Familiennachzug und ihre Einordnung in das Völkerrecht, ZAR 2003, 398-403.

Leutheusser-Schnarrenberger, Die Entwicklung des Schutzes der Grundrechte in der EU, ZRP 2002, 329, 330, II).

Mallmann, Neuere Rechtsprechung zum assoziationsrechtlichen Aufenthaltsrecht türkischer Familienangehöriger, ZAR 2006, 50 ff.; NVwZ 1998, 1025, 1030.

Maor, Die Visumbestimmungen der Aufenthaltsverordnung, ZAR 2005, 185.

Markard/Truchseß, Neuregelung des Ehegattennachzugs im Aufenthaltsgesetz, NVwZ 2007, 1025, 1028.

Marx, Die Sicherung des Lebensunterhalts nach Europarecht, ZAR 2010, 222; Aktuelle Entwicklungen im gemeinschaftsrechtlichen Ausweisungsschutz, ZAR 2007, 142, 143; Der aufenthaltsrechtliche Status des nichtsorgeberechtigten Elternteils nach der Rechtsprechung des Bundesverfassungsgerichts, InfAuslR 2006, 441.

Panzer, Die richterlichen Aufklärungs- und Begründungspflichten, ZAR 2008, 369, 372 f.

Pfaff, Die Beachtung des Kindeswohles – Normierungsdefizite im Ausländerrecht, ZAR 2009, 81

Rengelin/Szczekalla, Grundrechte in der EU, 2004.

Renner, Mehrstaatigkeit und Deutschkenntnisse, ZAR 2002, 339; Ausländerrecht in Deutschland, 1998, Rn. 232, 235.

Roeser, Die Rechtsprechung des Bundesverfassungsgerichts zum Grundrecht auf Asyl und zum Ausländerrecht 2002 bis 2004, EuGRZ 2007, 397, 406 f.

Ruffert, Die Grundfreiheiten im Recht der Europäischen Union, JuS 2009, 97; Die EMRK und innerstaatliches Recht, EuGRZ 2007, 245.

Schmid, A., Die vergessene Richtlinie 2001/55/EG für den Fall eines Massenzustroms von Vertriebenen als Lösung der aktuellen Flüchtlingskrise, ZAR 2015, 205–212.

IV

Tewocht, Der Schutz von Ehe und Familie im Ausländer- und Asylrecht, Hrsg. *Kluth*, Hallesche Schriften zum Öffentlichen Recht 3, 2007.

Thym, Integration kraft Gesetzes? Grenzen und Inhalte des „Integrationsgesetzes" des Bundes, ZAR 2016, 241-251; Europäischer Grundrechtsschutz und Familienzusammenführung, NJW 2006, 3249.

Tometten, Resettlement-Flüchtlinge: Die teilweise Gleichstellung nach der Reform des Aufenthaltsgesetzes und ihre Konformität mit dem internationalen Flüchtlingsrecht, ZAR 2015, 299–303.

Weh, Ausnahmen von der Anforderung einfacher Deutschkenntnisse beim Ehegattennachzug – Zum Anwendungsbereich von § 30 Abs. 1 Satz 3 Nr. 4 AufenthG, InfAuslR 2008, 381.

Weichert, Die ausländerrechtliche Ermittlung von „Scheinehen", NVwZ 1997, 1053.

Welte, Integrationsgesetz im Asylbereich, InfAuslR 2016, 389–391; Das Integrationsgesetz – Änderungen im SGB III und AsylbLG, ZAZ 2016, 269–274; Die neue aufenthaltsrechtliche Verfestigung von Asylberechtigten und Konventionsflüchtlingen, KommP spezial 3/2016; Der Familienschutz in der Dublin III-Verordnung, InfAuslR 2016, 157–162; Die Leistungsberechtigung im SGB II und XII und Asylbewerberleistungsgesetz im Verhältnis zum Aufenthaltsrecht – Hinweise zur Einschätzung der aufenthaltsrechtlichen Position für Leistungsträger, KommP spezial 2015, 131–136; Das Einreiseverbot – ein Instrument zur Beschränkung der Freizügigkeit, ZAR 2013, 330–331; Anwendungsvorrang des Unionsrechts im Migrationsbereich, SächsVBl. 2013, 170; Das nationale Spracherfordernis beim Ehegattennachzug, InfAuslR 2013, 128; Deckt § 28 AufenthG die überdimensionale Wirkung der Kernbestandsschutzes für Unionsbürger?, ZAR 2012, 336; Familiennachzug zu Deutschen gemäß Unionsrecht?, InfAuslR 2011, 265; Familienfreizügigkeit im Rückkehrerfall, InfAuslR 2010, 329; Familienfreizügigkeit der drittstaatsangehörigen Familienangehörigen von Unionsbürgern, ZAR 2009, 61; Die Reform des Zuwanderungsrechts 2007, Walhalla Fachverlag, 2008; Zur „schwierigen Rechtsfrage", ob eine Einreise i. S. v. § 39 Nr. 3 AufenthV vorliegt, InfAuslR 2008, 387; Mobilitätsrecht für langfristig Aufenthaltsberechtigte in der EU, ZAR 2008, 263; Die Daueraufenthaltsrichtlinie-EU, InfAuslR 2007, 45; Das Abkommen über den Europäischen Wirtschaftsraum – Freier Personenverkehr, ZAR 1994, S. 80–84.

Winkelmann, Die Inanspruchnahme des gemeinschaftsrechtlichen Freizügigkeitsrechts durch drittstaatsangehörige Familienmitglieder von Freizügigkeitsberechtigten, InfAuslR 2009, 45.

IV

Stichwortverzeichnis

Ablehnung der Eheschließung
79
Ableistung des Wehrdienstes
222
Abschiebung 39
Abweichungsermessen 46
Adoptionsverfahren 204
Adoptivkind 74, 157
Allgemeine Erteilungsvoraussetzungen 125
Allgemeine Nachzugsvoraussetzungen 119
Altersfeststellung 163
Altersgrenze 134, 150, 161
Altfälle 138
Angaben des Familienangehörigen 45
Anmeldung der Eheschließung
128
Antragsverfahren 122
ARB 1/80 70, 75, 214, 220
Arbeitslosengeld II 53, 154
Arbeitsmigration 143
Arbeitsplatzsuche 226
Arrangierte Ehen 81
Assoziationsberechtigte türkische
Staatsangehörige 215
Assoziationsrecht 75
Asylantrag 84, 122
– Rücknahme 37
Asylberechtigte 145, 155
Atypische Fallgestaltung 58
Aufenthalt aus familiären
Gründen 38, 72
Aufenthalte
– zweckungebundene 37
Aufenthalte zum Zweck der
Arbeitsplatzsuche 36

Aufenthaltsehe 74
Aufenthaltserlaubnis 62
– im Ermessenswege 104
– Rücknahme 93
– Verlängerung 41
Aufenthaltsgestattung 122
Aufenthaltsrecht
– Bezugsperson 121
– Ehegatte eines Unionsbürgers
246
– Stammberechtigter 121
Aufenthaltstitel 62, 69
– erforderlich für den Kindernachzug 159
Aufenthaltszweck 37
– humanitärer 37
Aufhebung der ehelichen
Lebensgemeinschaft 189
Aufklärungs- und Begründungspflichten 73, 98
Auflagen 62
Ausbildung 117
Ausländerzentralregister (AZR)
57
Ausnahme 54
Ausnahmefall 57
Ausreichende Deutschkenntnisse
207
Ausreichende Kenntnisse 114
Ausreichender Wohnraum
– Vorhandensein 123
Ausreichendes Einkommen 101
Ausreisehindernis 84, 106
Ausschluss
– Familiennachzug 124
Ausschlusstatbestand 36
Ausschlusstatbestände 37, 39,
40, 120, 124

V

Stichwortverzeichnis

Außergewöhnliche Härte 179
Ausübung einer Erwerbstätig-
keit 119
Ausweisersatz 60
Ausweisung 39
Ausweisungsinteresse 55, 58,
114, 116, 176, 208

Bedarfsgemeinschaft 53, 83
Bedingungen 62
Beeinträchtigung schutzwürdiger
Belange 196
Befreiung
– Erfordernis eines Aufenthalts-
titels 45
– Spracherfordernis 143
Befristung der Aufenthalts-
erlaubnis 85
Begegnungsgemeinschaft 130,
158, 180
Begrenzung der Zuwanderung
45
Behinderung 128, 210
Beistandsgemeinschaft 74, 130
Berechtigungsinhalt der Aufent-
haltserlaubnis 38
Berücksichtigung des Kindes-
wohls 46
Berufsausbildung
– betriebliche 223
– schulische 223
Berufstätigkeit an verschiedenen
Orten 130
Beschäftigungserlaubnis 122
Beschäftigungsrecht 79
Beschäftigungsverordnung 194
Beschränkung der Freizügigkeit
249
Besitz eines bestimmten Aufent-
haltstitels 156
Besonderes Schutzbedürfnis 49

Bestandsausländer 138, 143
Bestehen der ehelichen Lebens-
gemeinschaft 127, 149
Bestimmung des Nachzugsalters
162
Besuchsrecht 104, 107, 109
Betreuung der Enkelkinder 182
Betreuungsbedürftigkeit 158
Betreuungshandlungen 73
Beweislast 132
Beweiswürdigung 132
Bewerbungsrecht 223
Bezugsperson 34, 121, 156, 164
Bezugspersonen 156, 169
Biologischer Vater 157
Blaue Karte EU 34, 35, 42, 122,
146, 156, 165, 169, 171
Botschaft 44
Bruttoeinkommen 53
Bundeszentralregister (BZR) 57

Common European Framework
of Reference for Languages
95, 135

Dänemark 127
– Eheschließung 92
Daueraufenthalt-EU 35, 42, 115,
122, 142, 146, 156, 171, 176,
194, 195, 200, 201, 202
DaueraufenthaltRL/EU 142
Deutsche Auslandsvertretung 44
Deutschkenntnisse 135
Deutschverheiratung 84
Diskriminierungsverbot 33, 51,
241
Doppelehe 154, 155
Doppelstaater 99
Drittstaatsangehörige 35
Drittstaatsangehörige Familien-
angehörige 230, 232, 233, 241

V

Drittstaatsangehöriger 42
Duldung 84, 104, 122
Duldungsgrund 91

Ehe 46, 49
– bereits bestandene 145
– nach islamischem Ritus im In-
land geschlossen 129
Eheaufhebungsgrund 78
Ehefähigkeitszeugnis 91
Ehefremde Zwecke 76
Ehegatte eines Unionsbürgers
236
Ehegatten
– eines Deutschen 88
– von Forschern 147
Ehegattennachzug 35, 126, 133,
152, 222
– im Ermessenswege 149
– Spracherfordernis 139
– zu Deutschen 90, 137
Eheliche Lebensgemeinschaft 74,
129, 188
– Ausgestaltung 192
Eheschließung 91
Eheschließung im Ausland 91,
127
Eheschließungsfreiheit 91, 130
Ehestreitigkeiten 198
Ehewillenserklärung 128
Eigene Erwerbstätigkeit 52
Eigenständiges Aufenthaltsrecht
35, 38, 71, 87, 121, 125, 186
– Ausschluss der Erlangung 193
Einbürgerung
– Eltern 221
Eingetragene Lebenspartner 126
Eingetragene Lebenspartner-
schaft 34, 152

Einreise- und Aufenthaltsverbot
39, 248
Einreiseverbot
– Dauer 39
Eintrag des Geburtsdatums 163
Einwanderungspolitische Be-
lange 181
Einwanderungspolitische Er-
wägungen 59
Elementare Menschenrechte 81
Elterliche Sorge 244
Eltern-Kind-Gemeinschaft 73,
97, 106
Eltern-Kind-Verhältnis 102
Elternnachzug 35, 90, 177
Elternteil
– eines minderjährigen ledigen
Deutschen 88, 118
– nicht sorgeberechtigter 103
Enkelkinder 183
Erforderliche Feststellung 115
Erfüllung der Passpflicht 60
Erhebliche Beeinträchtigung 196
Erkenntnishorizont 133
Erlaubnis zum Daueraufenthalt-
EU 35, 38, 62, 126, 145, 165
Ermessen 47, 48, 63
Ermessensausübung 90, 151, 174,
185
Ermessensbetätigung 170
Ermessensentscheidung 59
Ermessenserwägungen 152
Ermessensreduzierung 59, 123
Ermessensweg 238
Ersterteilungsfälle 160
Erstes Richtlinienumsetzungs-
gesetz 99, 100, 102, 177, 193,
209, 226
Erteilung eines Aufenthaltstitels
42

V

Erteilungsvoraussetzungen 41, 71
Erwachsenenadoption 183
Erwerbstätigkeit 38, 69, 118
EU-Aufenthaltsmitgliedstaat 51
EU-Mitgliedstaaten 227
EUVisumVO 42
Existenzgrundlage 200

Fallgestaltung, atypische 132
Familiäre Beziehung 96
Familiäre Lebensgemeinschaft 33, 72, 73, 86, 165, 179, 228
Familiäre Scheinverhältnisse 75, 236
Familiäre (Sonder-)Situation 171
Familiäres Scheinverhältnis 238
Familienangehörige 215, 216, 220
– Begriff 229
– drittstaatsangehörige 136
– Unterhalt 82
– von Unionsbürgern 36
– von verstorbenen Bleibeberechtigten 246
– von verstorbenen Erwerbstätigen 246
Familienangehörige eines türkischen Arbeitnehmers 218
Familienangehörige von Deutschen 229
Familienangehörige von Unionsbürgern 228
Familienbegriff 34
Familienbuch 128
Familiengericht 97, 165
Familiennachzug 34, 38, 71, 72, 122
– allgemeine Voraussetzungen 71
– Beschränkung 124

– Forscher 86
– im Verbund 122
– zu Asylberechtigten 120
– zu Ausländern 119
– zu Deutschen 86, 88
– zu international Schutzberechtigten 120
– zu Resettlement-Flüchtlingen 120
FamiliennachzugRL/EU 85, 142, 147
Familiennachzugsrichtlinie 72
Familiennachzug zu Ausländern 149
Familienzusammenführung 33, 71, 234
Finanzielle Leistungsfähigkeit 53
Flüchtlinge 155
Flüchtlingskind 177
Forscher 145
Fortbestand der Familieneinheit 220
Fortgeltungswirkung 62
Fortgeltungswirkung eines Verlängerungsantrags 44
Freizügigkeit 226
Freizügigkeitsgesetz/EU 226
Freizügigkeitsrecht 51, 88, 233

Gastdozent 145
Gebot der Verhältnismäßigkeit 50
Gebührenpflichtige Aufenthaltskarte 244
Geburt eines Kindes im Bundesgebiet 172
Geburtsortsprinzip 99
Gefährdung sonstiger Interessen der Bundesrepublik 59
Gefahrenlage, Verdichtung 184
Gefahrenprognose 61

V

Geltungsdauer 85
Gemeinsame Lebensführung 130
Gemeinsames Sorgerecht 157
Gemeinsame Wohnung 130, 189
GER 95, 116, 135, 168, 207
Geschäftsfähigkeit 127
Gesundheit
– Gefahr 234
– Verstoß 235
Getrenntleben 87
Gewöhnlicher Aufenthalt 86
GPS-Peilsender 93
Grenzbehörde 44
Grenzüberschreitende Sachverhalte 241
Grundrechte 134
Grundsatz der Gleichbehandlung 113
Grundsatz der Meistbegünstigung 33
Grundsatz der Verhältnismäßigkeit 58, 73, 138, 161, 231
Grundsatz von Treu und Glauben 160
Grundtatbestand für den Familiennachzug 72
Grundvoraussetzungen 120
Güter- und Interessenabwägung 185

Handschuhehe 128
Härtefall 118, 204
Härtefallgründe 194
Härtefallregelung 165
Härteklausel 134, 149
Hausgemeinschaft 130
Haushaltsangehörige 82
Haushaltseinkommen 83
Häusliche Gemeinschaft 74
Heiratsurkunde 126, 131

Herstellung und Wahrung der familiären Lebensgemeinschaft 38, 72, 88
Herstellung und Wahrung einer ehelichen Lebensgemeinschaft 77
Hinweis- und Anstoßpflicht 132
Humanitäre Gründe 124, 173
Hungersnot im Herkunftsstaat 184

Inanspruchnahme öffentlicher Mittel 52
Individualinteressen 59
Inländerdiskriminierung 88
Integration 94, 100
Integrationsbedarf 143
Integrationskurs 115, 116, 137, 239
Integrationskursteilnahme 138
Integrative Vorleistungen 207
Interesse des Kindeswohls 41, 54
Internationales Privatrecht 91, 127
International subsidiär Schutzberechtigte 145

Jugendamt 97, 99

Kategorien des Familiennachzugs 35
Kenntnisse der deutschen Sprache 168
Kernbestand 111
Kernbestand der Rechte 111, 112
Kinder
– eigenständiges Aufenthaltsrecht für nachgezogene 202
Kindernachzug 35, 41, 152, 156, 168

V

Stichwortverzeichnis

Kindeswohl 103, 157, 165, 171, 174
Kleinfamilie 34, 74
Konfliktpotenzial 100
Konsulat 44
Konventionsflüchtlinge 145
Körperverletzung des Ehegatten 197
Krankenversicherungsschutz 239
Krankheit 210
Krieg im Herkunftsstaat 184
Kurzaufenthalt 43, 46, 233, 234

Länderübergreifender Orts-wechsel 239
Lebenspartner 188
Lebens- und Erziehungsgemein-schaft 60
Lebensunterhalt 99, 102, 153, 208
– Sicherung 41
Lebensunterhalt beim Kinder-nachzug 54
Leistungen nach SGB II oder SGB XII 55, 90, 152
LPartG 153

Materielle Beweislast 76, 132
Medizinische Versorgungslage 106
Mehrehe 154
Meistbegünstigungsklausel 239
Migrationshintergrund 100
Minderjährige 88, 185
Minderjähriges lediges deutsches Kind 117
Minderjähriges lediges Kind 169
Minderjährigkeit 161
Mindestalter 133, 134
– Ausnahmen 141
Mindestfrist 85

Mindestnachzugsalter 87
Missbrauch des Aufenthalts-zwecks 186
Missbräuchliche Vaterschafts-anerkennung 96, 160
Misshandlung 197
Mithilfe im Haushalt 184
Mitwirkungspflicht 60, 191
Mobilitätsberechtigte Dritt-staatsangehörige 145
Motivforschung 78

Nachentschluss 46, 51
– rechtserheblicher 45
Nachgezogene Kinder 121
Nachholung des Visumverfahrens 49
Nachweis der Staatsangehörig-keit 128
Nachweis des Assoziationsrechts 70
Nachzug
– ausländisches minderjähriges Kind 95
– berechtigter Personenkreis 87
– des nichtsorgeberechtigten Elternteils 103
– des sorgeberechtigten Eltern-teils 97
– Erteilungsvoraussetzungen 42
– Familienangehörige 35
– Grundvoraussetzungen 40
– zu Ausländern 35
– zu Drittstaatsangehörigen 40
– zu minderjährigen ledigen Be-zugspersonen 101
Nachzugsalter 166
Nachzugsanspruch des minder-jährigen ledigen Kindes 165
Nachzugsberechtigung des Kindes 164

V

Nachzug von Familienangehöri-
gen 42
Nachzug von minderjährigen
ledigen Kindern 167
Nachzug zu Ausländern 34
Nachzug zu Deutschen
– von ausländischen Ehegatten
35
– von Eltern 35
– von Kindern 35
Nationales Spracherfordernis
138
Nationales Visum 62, 136, 162
Nationalpass 161
Nebenbestimmung 69, 119
– deklaratorische 38
Nebenzweck 38
Nichtbestehensfeststellung 228,
237
Nichteheliches Kind 157
Niederlassungserlaubnis 38, 62,
114, 126, 145, 165, 201, 210
Niederlassungserlaubnis für
16-jährige Ausländer 205
Niederlassungserlaubnis für voll-
jährige Ausländer 207

Obdachlosigkeit 124
Offenbarungspflicht 78
Öffentliche Interessen 60
Öffentliche Ordnung
– Gefahr 234
– Verstoß 235
Öffentliches Interesse an der
Auswelsung 58
ordre public 92
Ordre public 127
Ordre public-Klauseln 218
Ort der Eheschließung 128

Passpflicht 60, 161

Personensorge 118, 159
Personensorgeberechtigter
Elternteil 159
Personensorgerecht 164, 165,
169
Pflegebedürftigkeit 50
Pflegekind 74
Positive Integrationsprognose
168
Prinzip der Einehe 154
Prozesskostenhilfe 78, 133

Räumliche Beschränkung 63
Recht auf informationelle Selbst-
bestimmung 93
Recht auf Umgang 98
Rechtliche Verfestigung 35
Rechtmäßigkeit des Aufenthalts
46
Rechtmäßigkeitsfiktion 175
Regelanspruch 115
Regelerteilungsvoraussetzung
54, 203
Regelfall 52, 57, 87, 99
Resettlement-Flüchtlinge 177
Rückkehrer-Fall 88, 241
Rückkehr in die Türkei 221

Sach- und Rechtslage 162
Sachverhaltsaufklärung 77
Scheidungsantrag 131
Scheinadoption 74, 228
Schein- bzw. Zweckehe 132
Scheinehe 74, 75, 76, 92, 94, 228
Scheinpartnerschaft 75
Scheinvaterschaft 74, 96, 228
Schengen-Staat 44
Schengen-Visum 56, 136, 233
Schutzberechtigte
– international und national 41

V

Schutz der Sicherheit der Bundes-
republik Deutschland 61
Schützenswerte familiäre Lebens-
gemeinschaft 110
Schutztatbestände 152, 154
Schutz von Ehe und Familie 33,
45
Schutzwirkung 54
Schutzwirkung des Art. 6 Abs. 1
GG 130
Schutzwürdige Interessen 96
Schwangerschaft 104
sgb12 102
SGB II 53, 83, 100, 102, 103, 113,
114, 195, 199
SGB XII 53, 83, 100, 103, 113, 114,
195, 199
Sicherheit
– Gefahr 234
– Verstoß 235
Sicherstellung des Lebensunter-
halts 52, 82, 101, 109, 113, 116,
199
Sicherung des Lebensunterhalts
52, 117, 151, 177
Sonstige Interessen 60
Sorgerecht 159
Sozialgeld 53
Sozialhilferechtliche Grundsätze
54
Sozialleistungen 83
Sozialstaatsprinzip 185
Spätaussiedlerin 91
Sperrklausel 39
Sperrklauseln 37, 125, 185
Sperrwirkung 39
Spontanmitteilung 97
Spracherfordernis 87, 94, 133,
135, 136, 139, 140, 141
– Ausnahmen 141
Sprachkurs 136

Sprachniveau 115
Stammberechtigte 232
Stammberechtigter 34, 121
Standesamt 97
Standesbeamten 82
Stellvertreter im Willen 128
Stiefkind 74
Strafhaft 220
Suizidgefahr 184

Täuschung 75
Trägervordruck 38
Trauungsorgan 128
Trennungsgedanke 199
Türkische Assoziationsberechtig-
te 139

Übergangsfälle 146
Übertragung des Personensor-
gerechts 182
Umgangsrecht 73, 104, 107, 171
Unbegleitete Minderjährige 177
Unbeschränkter Arbeitsmarkt-
zugang 71
Ungleichbehandlung 52
Unionsbürger 33, 86, 110, 136,
226
Unionsrecht 51, 86, 134, 142,
226, 227, 245
UN-Kinderrechtskonvention 158,
170
UNMIK-Urkunden 129
Unterhalt des Kindes 159
Unterhaltsbedarf 53
Unterhaltsgewährung 230
Unterhaltsleistungen 73
Unzumutbarkeit der Fortführung
der ehelichen Lebensgemein-
schaft 197

Vaterschaftsanerkenntnis 96

V

Vaterschaftsanerkennung 96, 159
Verfassungsrecht 185
Verkürzung der Geltungsdauer der Aufenthaltserlaubnis 38
Verlängerung der Aufenthaltserlaubnis 87, 151, 153, 176, 199, 202
Verlöbnis 127
Vermeidung einer außergewöhnlichen Härte 179
Vermeidung einer besonderen Härte 171, 195
Vermeidung von Missbrauch 195
Vermittlungsbemühungen der Arbeitsverwaltung 100
Verordnung (EG) Nr. 539/2001 42
Versagungsermessen 55, 56, 82, 83, 100, 102
Versagungsgrund 61, 89
Verselbstständigung des Aufenthaltsrechts des Ehegatten 188
Vertrauensschutz 76
Verwandte 230
Verwandte der geraden aufsteigenden Linie 230
Videoüberwachung 93
Visum
– national erforderlich 44
– nationales 42, 44, 52
Visumantrag 42, 45
Visumfreiheit 143
Visumpflicht 42, 44, 45, 87, 160
– Verstoß 245
Visumverfahren 42, 50
Völkerrecht 59, 90, 134, 185
Völkerrechtliche Verpflichtungen 158
Volljährigkeit 202
Vollziehbare Ausreisepflicht 187

Vorabzustimmung 45
Vorliegen einer außergewöhnlichen Härte 183
Vornahmefall 131
Vortäuschen einer ehelichen Lebensgemeinschaft 75, 187
Vorübergehende Trennung 48

Wahrung politischer Interessen 124
Wegfall des Aufenthaltszwecks 38
Wertentscheidende Grundsatznorm 74
Wissenschaftler 145
Wissenschaftler oder Gastdozenten 150
Wohl des Kindes 97, 158
Wohl des unbegleiteten minderjährigen Kindes 178
Wohnraum 123, 153
Wohnraumerfordernis 151
Wohnsitzauflage 64
Wohnsitzregelung 64

Zeugnisverweigerungsrecht 191
Zuneigung 73
Zurückschiebung 39
Zustimmung der Ausländerbehörde 44
Zustimmungsvorbehalt 232
– verwaltungsintern 42
Zwangsehe 74, 80, 92, 150
Zwangsheirat 79, 80
Zwangsverheiratung 82, 94
Zwangsverheiratungen 79
Zweckehe im Abwehrfall 77
Zweckgemeinschaft 75, 77

V